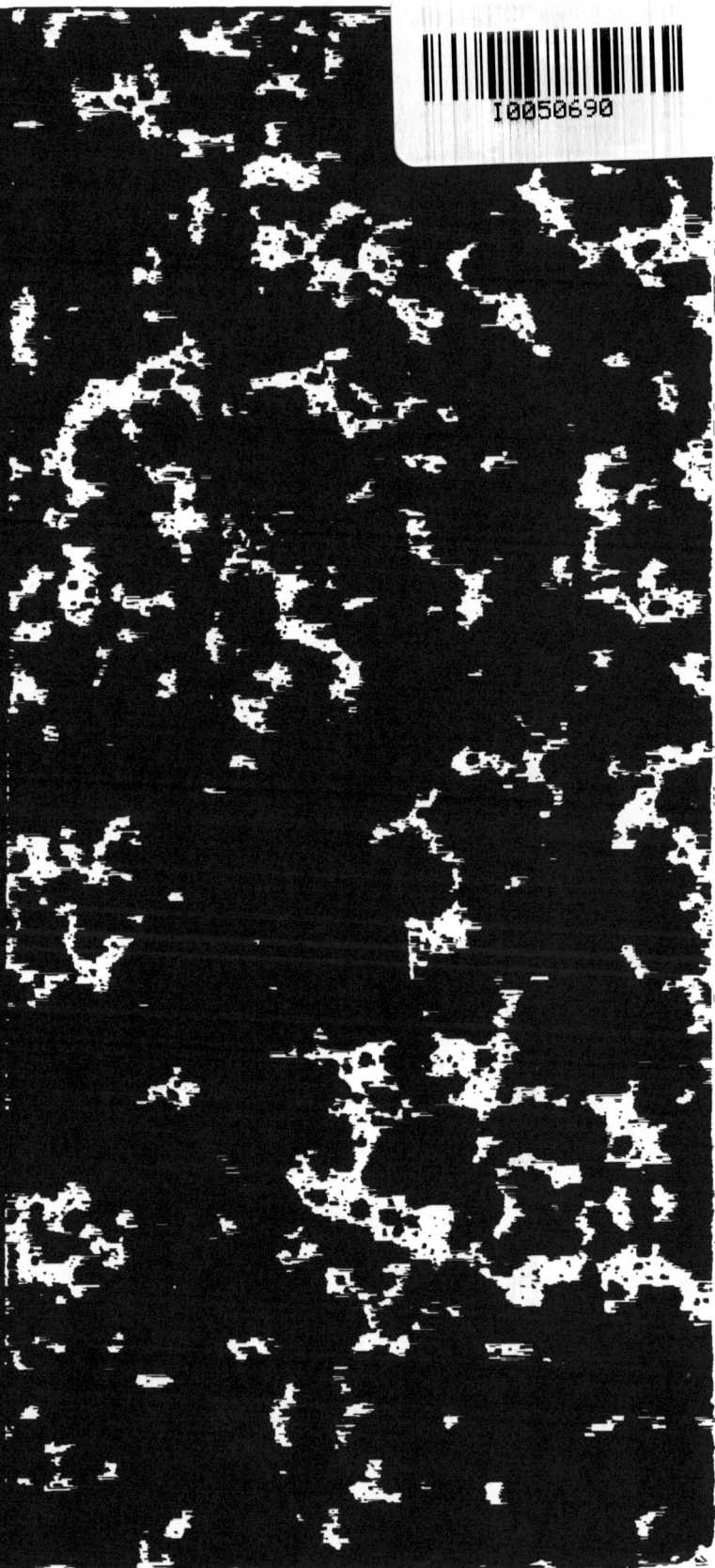

I0050690

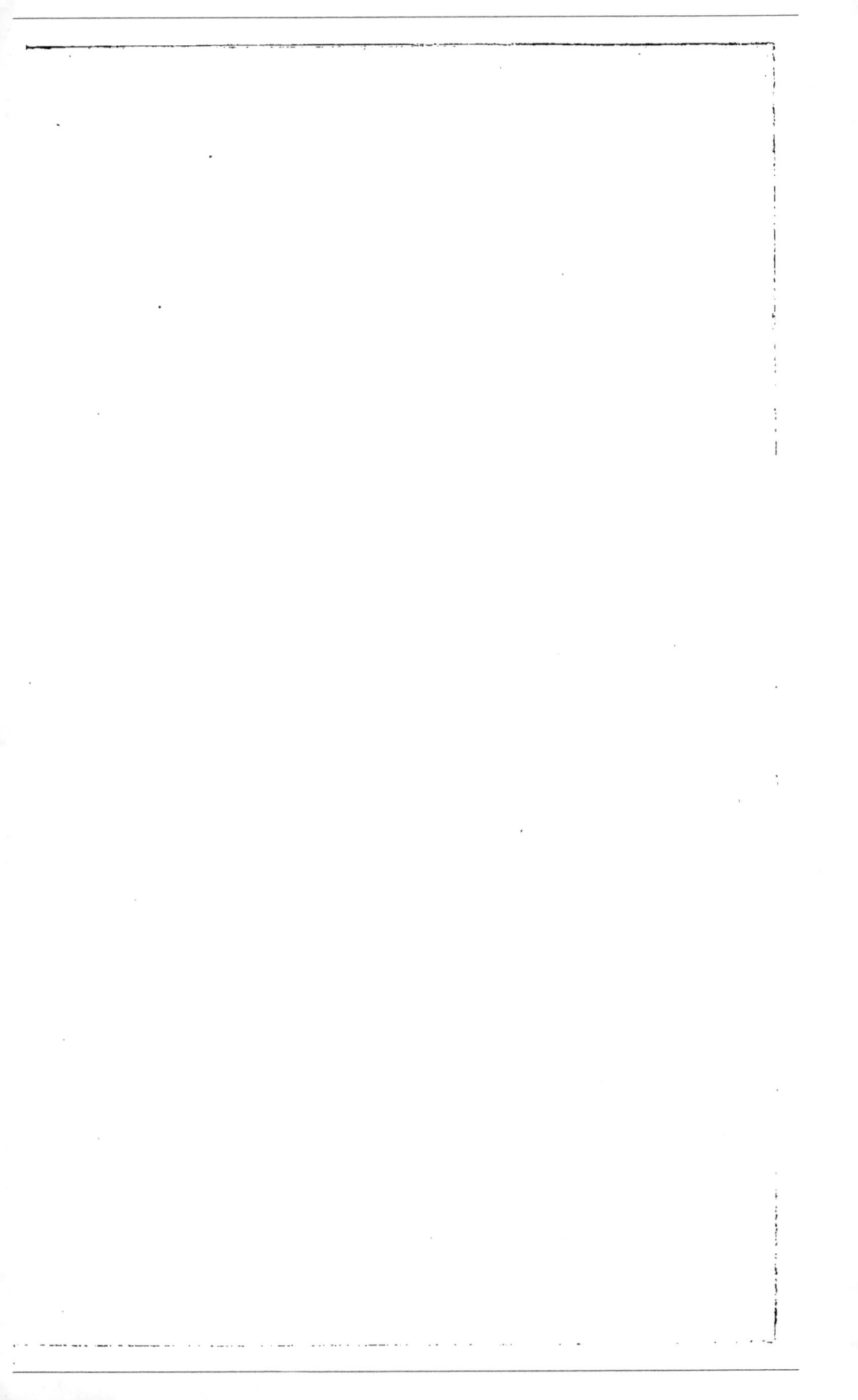

43484

TRAITÉ

DE L'ÉTAT DES FAMILLES

LÉGITIMES ET NATURELLES,

ET DES SUCCESSIONS IRRÉGULIÈRES.

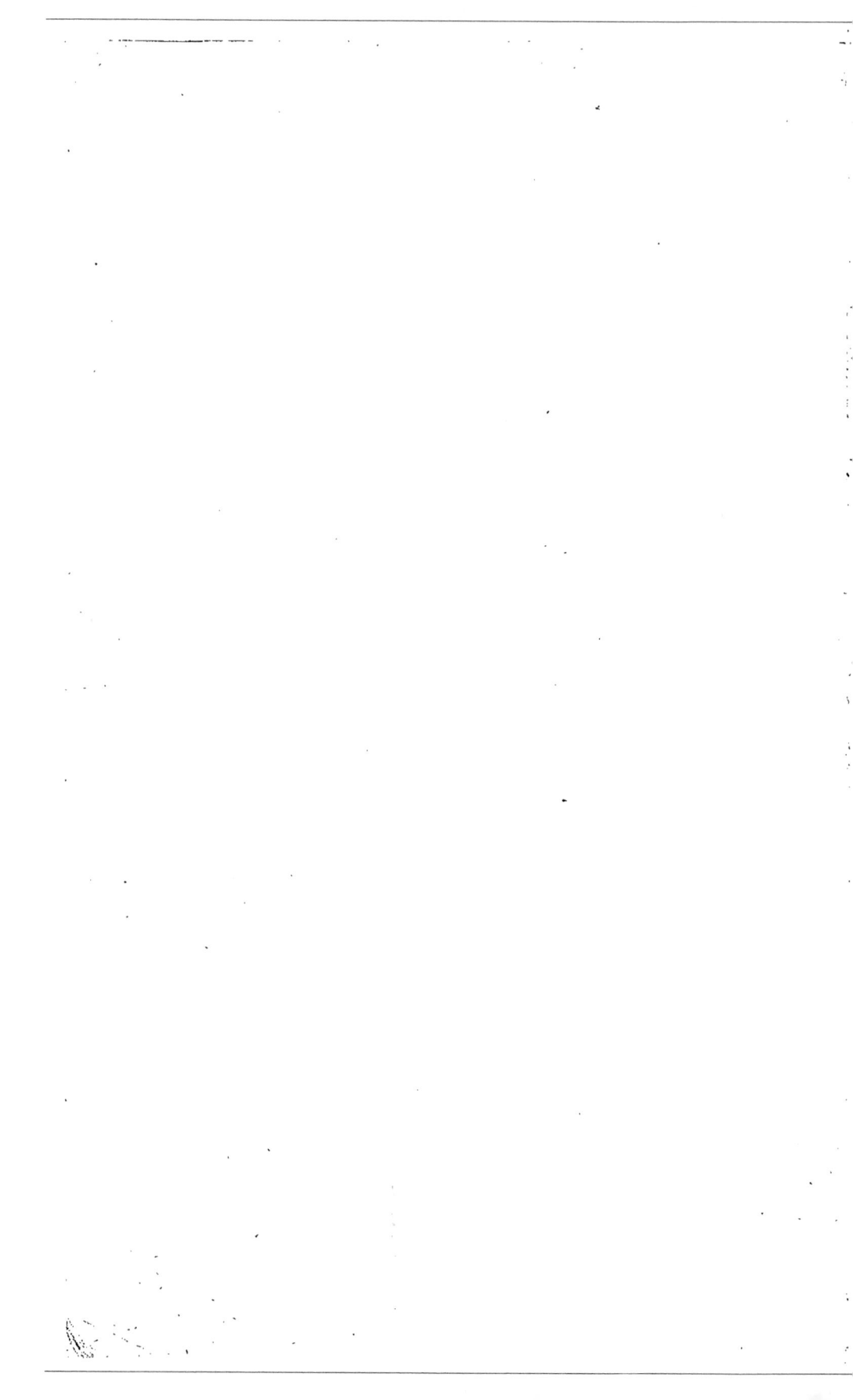

TRAITÉ

DE

L'ETAT DES FAMILLES

Légitimes et Naturelles,

ET

DES SUCCESSIONS IRRÉGULIÈRES,

Par M. A. B. Richefort,

JUGE AU TRIBUNAL CIVIL DE BRIVE (CORRÈZE).

ÉPIGRAPHE.
—

Si les Législateurs n'avaient pris aucune précaution pour fixer l'état des hommes, les citoyens ne pourraient se connaître entre eux que par la possession.

COCHIN, contre les sieur et dame De Bruix.

TOME DEUXIÈME.

LIMOGES,

IMPRIMERIE DE BLONDEL, RUE CONSULAT, 15.
—

1842.

TRAITÉ

DE L'ÉTAT DES FAMILLES

LÉGITIMES ET NATURELLES

ET DES SUCCESSIONS IRRÉGULIÈRES.

———————◦———————

TITRE 3ᵉ.

=

DE LA LÉGITIMATION DES ENFANTS NATURELS.

=

CHAPITRE Iᵉʳ.

—

Coup d'oeil historique sur les Enfants naturels.

—

SOMMAIRE.

étaient considérés sous les trois rapports de leur naissance, de l'état et de leur famille.

175. — L'homme qui n'est point né ou conçu pendant l'union légitime de ses père et mère, est le fruit du libertinage, de l'adultère ou de l'inceste. Dans le premier cas, il peut cependant aspirer au rang honorable de fils du mariage, quand il doit son existence à deux personnes libres. Mais dans les autres, fruit malheureux du crime de ses auteurs, il est marqué en naissant du sceau de la réprobation sociale, et la tache dont les lois le flétrissent est à jamais ineffaçable (1).

La condition des enfants naturels ne devait pas

(1) La loi romaine disait d'eux, *nec genus nec gentem habent. L.* **11,** *ou dig. de his qui sui vel alieni.*

être meilleure sous le rapport de la morale, premier fondement de toute société civile. Mais la philosophie l'a toujours considérée avec un sentiment de commisération et de pitié.

176. — « Tournons notre attention compatissante, disait *M. Duveyrier*, sur ces enfants malheureux condamnés en naissant à subir la faute d'être nés, objets innocents de la honte qui les cache et les méconnaît, repoussés par la société qui les condamne, et jetés loin de toute famille, sans autre consolation que les caresses furtives de la nature, sans autres droits que ceux de la pitié, et trop souvent sans autre asile que celui de la loi. »

Avant d'examiner les divers articles de ce chapitre, jetons ici quelques notions générales sur les enfants naturels.

177. — Les Hébreux ne faisaient presque point de différence entre les bâtards et les légitimes. On en voit plusieurs exemples, tirés de l'Ecriture sainte, dans le dix-septième plaidoyer *d'Expilly*, n° 20.

178. — Chez les Grecs, on doit distinguer trois temps. Dans le premier, on regardait les bâtards comme les légitimes ; tels Hercule, Thésée, Achille, Pyrrhus, et tant d'autres grands personnages. Dans le second temps, ils furent regardés comme infâmes, et incapables de toutes successions. Dans le troisième, on regardait comme bâtards tous ceux qui

n'étaient pas nés d'un mariage légitime, c'est-à-dire, approuvé par les lois (1). Ils n'étaient admis à aucune fonction de la République, ils n'étaient point obligés de nourrir leur père, *Nethi patres alere ne coguntur.* Ils étaient regardés comme étrangers, tant à l'égard de leur père et de leurs parents, qu'à l'égard de la République.

179. — Les Romains considéraient les bâtards sous les trois rapports de leur naissance, de l'état et de leur famille.

180. — *Naissance.* — Dans les premiers temps, il était permis à toutes sortes de personnes d'avoir une concubine, *quæ uxoris loco sine nuptiis, in domo esset* (2). Le concubinage entre deux personnes libres se nommait *licita consuetudo.* Les enfants qui provenaient de ces deux personnes, *ex soluto et solutâ,* étaient les fruits d'un commerce toléré par la loi. Les gens mariés ne purent point ensuite avoir de concubines, en vertu de la loi de Constantin qui marqua le second temps (3). Enfin, l'Empereur *Léon, le philosophe,* défendit entièrement le concubinage entre toutes sortes de personnes (4).

181. — *Etat.* — Les enfants naturels étaient re-

(1) Expilly, plaid. 17e, no 16 et suiv.
(2) Leg. 1, § 4, leg. 3, § 1. ff. *de Concubinis.*
(3) Leg. unic. au Code *de Concubinis.*
(4) Novel. Leonis, 91.

gardés par rapport à l'état, comme citoyens romains. Ils n'étaient point notés d'infamie, leur naissance ne leur imprimait aucune tache honteuse, quoiqu'ils fussent nés d'un commerce défendu (1); ils pouvaient aspirer aux dignités et aux magistratures (2); mais en cas de concurrence, on leur préférait les enfants légitimes (3).

182. — *Famille.* — Les bâtards ne pouvaient rien prétendre aux successions de leurs pères, parce que la loi des douze Tables ne les déférait qu'aux héritiers *siens* (4); ils n'avaient droit qu'à des aliments sur ces successions. Nous parlons des bâtards non légitimés nés *ex soluto et solutâ*. Après plusieurs changements opérés sur la Législation de ces bâtards par les Empereurs Constantin, *Arcadius, Honorius, Valentinien III* et *Théodose-le-Jeune,* Justinien fit plusieurs constitutions qu'il est intéressant de connaître.

Par la première, il permit aux pères qui n'avaient ni enfants, ni descendants légitimes, ni mères, de donner ou léguer la moitié de leurs biens à leurs bâtards, tant pour eux que pour leurs mères (5); il leur défendit en même temps le droit de succession.

---

(1) Leg. 7, au Cod. *de Natur. liber.*
(2) Leg. 50, § 2, ff, *de Decur.*
(3) Leg. 5, § 2, ff, eod. tit.
(4) Vulgo quæsitos nullos habere agnotos manifestum est, § 4, *Justin,* des Success. cognatur.
(5) Leg. humanitatis 8. Code *de Natur. liber.*

Par la seconde (1), il permit aux aïeux qui avaient des petits-fils bâtards nés de leurs fils légitimes, ou des petits-fils légitimes nés de leurs bâtards, de laisser tout leur bien à ces petits-fils.

Par la troisième (2), il permit à ceux qui avaient en même temps des bâtards et des enfants légitimes, de donner la douzième partie de leurs biens à ces bâtards, tant pour eux que pour leurs mères, et de donner la moitié de leurs biens aux mêmes enfants bâtards, tant pour eux que pour leurs mères, tant qu'il n'y aurait point d'enfants légitimes.

Par la quatrième, il permit aux pères qui n'avaient que leur père ou leur mère, de laisser tous leurs biens à leurs enfants naturels, à la réserve de la légitime due aux ascendants ; que s'ils n'avaient point de père ou de mère, il leur permettait de donner à leurs enfants naturels tout leur bien. Il assura, enfin, des aliments aux bâtards, quoique leurs pères eussent aussi laissé des enfants légitimes (3). Mais il défendit de donner des aliments aux bâtards nés *ex nefario coïtu*, appelés en Droit, *spurios adulterinos vel incestuosos*.

Quant aux successions de leurs mères, après que les lois 2 et 8, au digeste *undè cognati*, eurent réglé le principe de leurs droits, vinrent les Sénatus-

(1) Leg. ultim. cod. tit.
(2) Novel. 18, cap. 5.
(3) Novel. 89, cap. 12, § 6.

Consultes Tertyllien et Orphitien, qui appelèrent les mères et les enfants à leurs successions respectives.

En sorte que, depuis ces Sénatus-Consultes, les bâtards succédèrent à leurs mères concurremment avec les enfants légitimes (1).

Telle était la Législation des Romains sur les enfants naturels (2) (3).

183. — En France, sous l'ancienne Législation, les bâtards étaient exclus des Ordres sacrés. Cette exclusion avait pris naissance au onzième siècle, dans l'Eglise latine. L'usage avait néanmoins donné au Pape le droit d'accorder aux bâtards des dispenses. Leurs successions appartenaient de droit commun au Roi, à titre de réversion à la puissance publique.

(1) *Leg.* 15, *au Cod. ad sin. cans. orphitium.* Dans cette loi, l'Empereur Justinien fait une exception à la règle générale, à l'égard des femmes illustres qui ont des enfants illégitimes; en ce cas, non-seulement il ne veut pas que les bâtards puissent rien prétendre dans leur succession, mais il défend même à ces femmes de qualité de rien donner ni entre vifs, ni par testament, à leurs bâtards.

(2) *Vid.* la savante dissertation du Chancelier D'Aguesseau, tom. 7, pag. 533, de l'édit. in-8°.

(3) Les bâtards qui *ex meretrico concubitu procreati sunt et quibus pater est populus*, étaient anciennement appelés à Rome, *matris togatæ filii*, par rapport à l'habillement de leur mère; parce que les femmes prostituées, pour marque de leur infamie, étaient obligées de se vêtir d'une robe courte, tombant jusqu'à demi-cuisse, à la manière des vêtements dont se servaient les hommes pour que les sages matrones ne fussent pas confondues avec elles : c'est pourquoi les femmes prostituées n'avaient qu'une robe courte appelée *toga*, et les matrones avaient une robe longue, qui allait jusqu'aux talons, appelée *stula*. Ferrière, *Dict. de Droit.*

Vers la fin de la douzième race, les seigneurs usur-
pèrent le droit de succéder aux bâtards, qu'ils considéraient comme leurs serfs. Mais la servitude personnelle ayant été abolie, les seigneurs conservèrent
le droit de bâtardise, quand le bâtard était né, domi-
cilié et décédé dans leur territoire (1).

Le bâtard né *ex soluto et solutâ* pouvait tester. La
coutume de Bretagne n'interdisait cette faculté qu'à
l'*avoutre*. L'avoutre ne signifiait autre chose qu'un
bâtard adultérin. Ce terme dérivait du mot *adulte-
rium* (2).

Quelle que fût la noblesse des pères, elle ne pas-
sait point à leurs bâtards. Henri IV, par son ordonnance de 1600, art. 26, défendit aux enfants bâtards de prendre la qualité de nobles. Il confirma
cette ordonnance par une seconde, de l'année 1629.
Cette règle, qui formait le Droit commun de la
France, recevait une exception en faveur des bâtards
des personnes illustres. Ainsi, les bâtards des Rois
étaient Princes, ceux des Princes étaient Seigneurs,
ceux des Seigneurs étaient Gentilshommes, et ceux
des simples Gentilshommes étaient roturiers (3).

184. — D'après le Droit canonique, les bâtards,

(1) *Vid. M. D'Aguesseau*, tom. 2, pag. 402 et 404, tom 7, pag. 493,
494, 495, 498, 499 et 500.
(2) *Vid. Pasquier* dans ses recherches, liv 8, chap. 50 *in fine*. — Ph.
De Beaumanoir, chap. 18, pag. 102, leg. 30, le définit de cette manière : « Les avoutres sont chil qui sont engendrés en femmes mariées
d'autrui que de leurs seigneurs et hommes mariés. »
(3) *D'Argentré*, Traité de la Légitimation, chap. 1er, n° 3.

avant la légitimation, n'avaient droit qu'à des aliments. Ils étaient même accordés aux enfants nés
d'un commerce criminel, en quoi on avait corrigé la
rigueur du Droit civil ; mais, après la légitimation,
le Droit canonique, comme le Droit civil, regardait
les bâtards comme s'ils étaient nés légitimes.

185. — Dans le premier temps, non-seulement le
nom de bâtard n'était point odieux en France, mais
il ne paraît pas même que nos Rois de la première et
de la seconde race fissent aucune différence entre
leurs enfants légitimes et ceux qui ne l'étaient pas.
En effet, *Thierry*, bâtard de Clovis Ier, partagea le
royaume avec *Clodomir*, *Childebert et Clotaire*, ses
frères légitimes ; Clovis, second fils légitime de *Da-
gobert* Ier, partagea aussi le Royaume avec *Sigebert*,
son frère bâtard ; enfin, *Louis* et *Carloman*, bâtards
de *Louis-le-Bègue*, furent tous deux couronnés Rois,
à l'exclusion de *Charles-le-Simple*, leur frère légitime.

Sous *Hugues-Capet*, la condition des bâtards des
Rois, des Princes et des Grands du royaume, fut
beaucoup moins avantageuse qu'elle n'était auparâ-
vant. Ce premier Roi de la troisième race fit une loi
par laquelle il exclut, pour jamais, les bâtards, de la
succession du Royaume. Il défendit qu'on les reconnût dans la famille royale, et voulut même qu'ils ne

pussent porter les armes de France qu'avec une barre (1).

Les bâtards n'étaient point compris sous le nom d'enfants ; non-seulement ils ne succédaient pas à leurs pères, ni même à leurs mères, ni à leurs parents maternels, excepté dans quelques coutumes, comme celles du Dauphiné (2).

Mais cette exception confirmait la règle générale qui formait le Droit commun. De même, les père et mère des bâtards ne leur succédaient pas, parce que le droit de succession doit être réciproque. Quand les enfants mouraient sans postérité, leurs biens appartenaient au Roi par droit de bâtardise, ou aux Seigneurs Hauts-Justiciers, lorsqu'ils étaient nés dans l'étendue de leur Justice, que leurs biens y étaient situés et qu'ils y étaient décédés (3).

Il est hors de notre sujet d'entrer dans de plus grands détails sur l'état des enfants naturels par rapport aux successions et à la capacité qu'ils pouvaient avoir de recevoir des libéralités de leurs parents. Nous avons voulu les considérer à cette époque, particulièrement sur leur rapport de famille.

---

(1) *Brodeau* sur *Touet*, lit. D, som. 1, n° 1. — *Bacquet*, Traité du droit de bâtardise, chap 2.

(2) Bâtards ne succèdent point, en France, à leur père, par testament ou *ab intestat*. Bien sont-ils capables de donations entre vifs. Lapayrère, v° Bâtards, n° 3. Cependant si le père n'a point d'enfants légitimes, il peut laisser à son bâtard tous ses biens par donation entre vifs, et par testament, tous ses meubles conquêts, et la cinquième partie de l'héritage ancien. S'il y a des enfants légitimes, il ne peut lui donner qu'un douzième de ses biens. — *Coquille*, question 29.

(3) Bacquet, part. 1re, chap. 8.

186. — Les enfants naturels avaient été mis, dans la révolution, sur la même ligne que les enfants légitimes : la morale publique cessa d'exister, lors de la promulgation de la loi du 12 brumaire an 2 (2 novembre 1793), qui, par son art. 2, déclara que « *leurs droits de successibilité étaient les mêmes* » *que ceux des autres enfants.* » Il est vrai que, comme l'art. 1er les appelait seulement aux successions de leurs père et mére, la Cour de Cassation décida, les 4 frimaire an 3 et 12 pluviôse an 8, qu'ils ne pouvaient être admis au partage des successions de leurs *grands-pères* et de leurs *grand's-mères.* On vit plus de pudeur chez les Magistrats que chez les Législateurs, tant paraissait nécessaire, pour la société, la ligne tranchante de démarcation entre les enfants du vice et ceux d'un légitime mariage ! Bientôt parut la loi du 15 thermidor an 4, qui rapporta l'effet rétroactif de la première. Enfin, le Code civil est arrivé, qui a concilié ce que l'humanité réclamait pour le malheur, avec ce que la morale réclamera toujours pour la sainteté du lien conjugal.

187. — On voit, en effet, que le Code, par son art. 756, n'a pas voulu accorder aux enfants naturels l'honorable titre d'héritiers. Il l'a réservé uniquement pour les enfants légitimes, qui seuls doivent jouir du privilége de représenter leur père dans tous les actes de la vie civile et politique.

« Si la nature réclame pour les enfants naturels

une portion du patrimoine paternel, l'ordre social s'oppose à ce qu'ils la reçoivent dans les mêmes proportions et au même titre que les enfants légitimes... On ne s'est jamais tenu dans une juste mesure, envers les enfants naturels. Un préjugé barbare les flétrissait, même avant leur naissance ; et pendant que nous punissions ces infortunés pour la faute de leurs pères, les Rois, les seuls coupables, tranquilles et satisfaits, n'éprouvaient ni trouble dans leurs jouissances, ni altération dans leur considération personnelle. Ce renversement de tous les principes ne devait pas subsister ; et si nous ne sommes pas encore parvenus à imprimer au vice la flétrissure qu'il mérite, du moins nous avons effacé la tache du front de l'innocent. Nous avons aussi dû mettre un terme à une espèce de réaction qui tendait à couvrir les enfants naturels d'une faveur qui ne leur est pas due. Ils ne partageront pas avec les enfants légitimes le titre d'héritier ; leurs droits sont réglés avec sagesse, plus étendus quand leur père ne laisse que des collatéraux, plus restreints, quand il laisse des enfants légitimes, des frères ou des ascendants (1). »

_____

(1) Motifs de M. Treillhard, orateur du Gouvernement, au Corps législatif.

CHAPITRE II.

—

De la Légitimation, de sa forme et de ses effets.

—

SOMMAIRE.

188. — La légitimation, suivant M. Proudhon (1),
est une fiction attachée par la loi au mariage des
père et mère, qui efface le vice de la naissance des
enfants qu'ils ont eus précédemment ensemble, et les
élève au rang d'enfants légitimes.

M. Toullier (2), d'après l'autorité de Bochmen,
Jurisconsulte allemand, n'adopte point cette définition. La fiction, dit-il, est la ressource de la faiblesse
ou de l'impuissance. La loi ne feint rien ; elle n'a pas
besoin de feindre, elle commande, elle donne aux
enfants naturels, légalement reconnus, tous les
droits de la légitimité, lorsque leurs père et mère
réparent, en contractant un mariage solennel, le
scandale qu'ils ont donné à la société. Cette fic-

(1) Tom. 2, pag. 107.
(2) Tom. 2, pag. 217.

tion, le plus souvent contraire à la vérité, et détruite par la loi même qui introduisit la légitimation par mariage subséquent, ne peut s'appliquer au cas où il y a eu mariage intermédiaire ; c'est-à-dire lorsque le père, abandonnant sa concubine, épouse une autre femme, après la mort de laquelle, il épouse la mère de son fils naturel. D'où il suit que l'on ne peut pas présumer en faveur des enfants, que les père et mère ont toujours eu intention de s'engager par les liens d'un mariage solennel.

Cependant, le célèbre D'Aguesseau (1) en parlant de la légitimation, dans une cause que nous citons *infrà*, s'exprime ainsi :

« Que fait la loi en faveur des enfants ? Elle présume que les pères et les mères ont toujours eu intention de s'engager par les liens d'un mariage solennel. Elle suppose que le mariage a été contracté au moins de vœu et de désir, dès le temps de la naissance des enfants, et par une *fiction* équitable, elle donne un effet rétroactif au mariage. »

Dans son discours au Corps législatif, *M. Bigot-Préamenu*, dit encore :

« Les enfants nés d'un père et d'une mère qui deviennent ensuite époux légitimes, ne sauraient être plus favorables que quand ils invoquent les effets d'une union *qui a des rapports si intimes avec leur naissance antérieure* (2). »

(1) Tom. 4 de l'édit. in-8°, pag. 427.
(2) Pothier, tom. 10, de l'édit. in-8°, de 1819, dit également : « La

Et pourquoi n'adopterait-on pas la fiction ? Loin qu'elle soit la ressource de la faiblesse ou de l'impuissance, elle nous paraît, au contraire, le moyen le plus généreux et le plus décent de couvrir la faute d'une fille qui, le plus souvent, n'est devenue mère, que sous la foi d'une promesse de mariage. Ainsi on doit le penser par respect pour les mœurs qui nous commandent ce ménagement pour le sexe. L'induction que tire M. Toullier du mariage intermédiaire, nous semble contraire à son opinion. Car une preuve que le père n'a pas entendu abandonner, dans ce cas, la mère de son enfant, c'est qu'il s'empresse de l'épouser, aussitôt qu'il est dégagé des liens de ce mariage, que des parents ambitieux l'avaient peut-être forcé à contracter. On peut enfin ajouter que la fiction est aussi morale qu'ingénieuse. Sans elle, en effet, il serait contre les bonnes mœurs de permettre de légitimer, par un mariage subséquent, un enfant dont la conception ne pourrait être attribuée qu'à un esprit de débauche, et non à l'honorable intention de donner à la société un membre légitime.

189. — Les Romains connaissaient six espèces de légitimation.

La première, la plus parfaite, était celle qui se fai-

légitimation qu'opère le mariage, purge tellement le vice de la conjonction illégitime dont l'enfant a été procréé, qu'elle donne à cet enfant le même droit de parenté légitime qu'il aurait eu, s'il fût né du mariage même ; *il est réputé en être né par anticipation.*

sait par le mariage subséquent. Elle fut introduite par l'Empereur *Constantin* au rapport de l'Empereur *Zenon* (1); elle fut confirmée par *Justinien* (2).

La seconde était celle qui se faisait par la consécration de l'enfant naturel au service d'une ville, *per Curiæ oblationem;* elle fut introduite par les Empereurs Théodose et *Valentinien* (3).

La troisième, introduite par l'Empereur *Anastase,* était celle qui permettait aux pères d'adopter leurs enfants naturels, et de les rendre par ce moyen capables de leur succéder. Mais elle fut abolie par l'Empereur Justin, afin d'obliger ses sujets à se marier (4).

La quatrième, introduite par l'Empereur Justinien, était celle qui se faisait par la volonté du père, manifestée par un testament contenant institution d'héritier en faveur de ses enfants naturels. Ceux-ci, après la mort de leur père, présentaient son testament à l'Empereur, et lui en demandaient la confirmation, qu'il leur accordait avec la qualité de légitimes. Elle ne pouvait avoir lieu que lorsque le père n'avait point d'enfants issus d'un légitime mariage (5).

---

(1) *Liv.* 5, *Code de Natur. liber.*

(2) *Leg.* 1 *et* 11, *Code de Natur. liber.* — *Novel.* 12, *cap.* 4; *Novel.* 18. *cap.* 11, *et Novel.* 78, *cap.* 3 *et* 4.

(3) *Leg.* 3, *Cod. de Natur. liber.* — *Novel.* 89, *cap.* 2. La fille pouvait aussi être légitimée en épousant un homme destiné au service de la ville, *curiali in uxorem data. Leg.* 3, § *ult. Cod. de Natur. liber.*

(4) *Liv.* 6, *Cod. de Natur. liber.*

(5) *Novel.* 74, chap. 2, § 1.

La cinquième, introduite par le même Empereur, était celle qui se faisait par lettres du Prince, *per rescriptum Principis*, sur la requête présentée par le père qui n'avait point d'enfants légitimes et dont la concubine était morte, ou qu'il avait de justes raisons de ne point épouser (1).

La sixième, introduite par le même Empereur, s'évinçait d'une présomption de reconnaissance, de la part du père en faveur des enfants qu'il aurait eu d'une femme avec qui il eût pu contracter mariage, comme si, dans un acte public, il eût qualifié l'un d'eux de *fils* sans ajouter *naturel*; on présumait alors qu'il y avait eu mariage entre le père et la mère (2).

190. — La constitution de l'Empereur Constantin qui avait introduit la légitimation *per subsequens matrimonium*, ne nous est pas parvenue. Elle est rapportée par l'Empereur Zenon, en la loi 5, au Code *de Natur. liber*.

Cette loi rapporte que l'Empereur Constantin avait fait une constitution, suivant laquelle, lorsqu'un homme avait des enfants naturels d'une femme de condition ingénue, qu'il avait à titre de concubine, et qu'il n'avait aucun enfant légitime d'un mariage légitime qu'il avait auparavant contracté avec une au-

(1) *Novel.* 74, cap. 2, *in princip.*, *et* 89, cap. 9.
(2) Cod. et leg. 7; Cod., cod. tit.

ıre femme, le mariage légitime qu'il contractait avec la femme qu'il n'avait eu d'abord qu'à titre de concubine seulement, donnait à cette femme le titre et les droits d'enfants légitimes aux enfants qu'il avait eus de cette femme, pendant qu'elle n'était encore que concubine, de même que s'ils fussent nés durant le mariage, lesquels étaient en conséquence *sui hœredes* et succédaient à leur père, même avec les autres enfants nés durant le mariage, concurremment, sans aucune distinction.

L'Empereur *Zenon*, par cette loi 5, ordonne l'exécution de la constitution de *Constantin* à l'égard des enfants nés ; mais il l'abroge à l'égard de ceux qui naîtront par la suite *ex concubinatu;* il ne permet pas qu'ils puissent être légitimés par mariage légitime que leur père contracterait depuis avec leur mère, le père devant s'imputer de n'avoir pas contracté d'abord avec elle un mariage légitime.

Voilà l'origine de la légitimation par mariage subséquent (1).

La légitimation *per oblationem curiœ*, était la moins parfaite de toutes. Celle par adoption avait été pour toujours abrogée. Les quatre autres donnaient aux enfants tous les droits et toutes les prérogatives des enfants nés et conçus dans le mariage, tant par rapport à la famille, que par rapport aux successions de leurs père et mère et de tous leurs parents.

(1) *Pothier*, tom. 8, pag. 285 et 286, de l'édit. in-8°.

191. — On n'avait conservé en France que deux espèces de légitimation : celle par mariage subséquent et celle par lettres du Prince (1). La première effaçait entièrement la tache de la naissance, et assimilait en tout l'enfant légitimé à l'enfant né et conçu dans le mariage. La seconde n'accordait point le droit de succéder aux père et mère, à moins que ceux-ci n'eussent consenti à la légitimation (2) ; mais il fallait, pour la validité de l'une et de l'autre, que les enfants fussent nés de personnes libres, *ex soluto et solutâ* (3). Le Droit canonique exigeait la même condition (4).

Aussi voyons-nous que, sur les conclusions de M. D'Aguesseau, dans la cause de Jean Clermont et Anne-Elizabeth Fiorelli, sa femme, le Parlement de Paris, décida, le 4 juin 1697, que la légitimation par mariage subséquent ne pouvait avoir lieu pour des enfants nés *ex conjugato et solutâ, aut vice versâ,* quand même l'un des deux époux serait dans la bonne foi sur l'état de l'autre, et l'aurait cru libre (5).

192. Le Code civil a conservé la pureté de l'ancien Droit français, et de l'ancienne Jurisprudence à l'égard de la légitimation par mariage subséquent ; car celle dérivant de l'autorité du Prince n'a pas été

---

(1) *Lebrun,* des Successions, liv. 1er, chap. 2, sect. 1re, dist. 1.
(2) *Lebrun, ibid.*
(3) *Leg.* 10, Cod. *de Natur liber.*
(4) *Vid.* le fameux chap. *tantâ vi,* 10, *qui filii sint legitimi.*
(5) *D'Aguesseau,* 47e plaidoyer, tom. 4, pag. 409.

maintenue par notre nouveau Droit (1). Les enfants naturels ne peuvent être légitimés par le mariage de leurs père et mère, que lorsqu'ils ne sont ni adultérins, ni incestueux ; il n'y a que ceux qui sont nés *ex soluto et solutâ*. Telle est la disposition de l'art. 331.

193. — Cette dernière espèce de légitimation, celle par l'autorité du Prince, avait été introduite, moins pour accorder à l'enfant les droits de famille, que pour le rendre capable de posséder des charges publiques et des dignités. Elle ne pouvait plus être maintenue, aujourd'hui que tous les citoyens sont également admissibles aux emplois civils et militaires. Art. 3 de la Charte constitutionnelle.

194. — L'article parle seulement des enfants nés hors mariage, parce que les enfants *conçus* à cette époque, mais qui prennent naissance depuis le mariage, sont censés en être le fruit, à cause de la maxime *is pater est*. Ils sont légitimes de droit, sauf le cas de désaveu, d'après l'art. 312. Ils n'ont donc pas besoin d'être légitimés. Le titre que l'on tient de la loi n'a pas besoin de la ratification des hommes.

195. — La légitimation n'a pas lieu de plein droit.

_____

(1) En Angleterre on n'a point adopté la légitimation par mariage subséquent. Elle y a été considérée comme favorisant le concubinage. *Vid.* le discours de M. Bigot-Préamenu au Corps législatif.

Il faut que l'enfant soit reconnu avant le mariage
de ses père et mère, ou dans l'acte même de célébration. Mais la reconnaissance seule, suivie du mariage, ne constituerait pas la légitimation. Il faut à
cet égard une déclaration expresse de la part des
père et mère, dans l'acte de célébration ; cela s'é-
vince des termes mêmes de l'article, portant que les
enfants nés hors mariage *pourront* être légitimés *par*
le mariage subséquent de leurs père et mère, lorsque, etc. Si le Législateur l'eût entendu autrement, il
aurait dit que les enfants nés hors mariage *seront* légitimés par le mariage subséquent de leurs père et
mère, lorsque, etc. Mais c'eût été établir, comme autrefois, la légitimation *de droit. M. Toullier*, quoiqu'il ne le dise pas expressément, paraît bien être
de notre avis, lorsqu'il dit, n° 924 : « La légitimation
» ne s'opère plus de plein droit, comme dans l'an-
» cienne Jurisprudence ; il est indispensable aujour-
» d'hui que l'enfant soit *d'abord* reconnu pour être
» ensuite légitimé. »

M. Bigot-Préamenu, dans son discours au Corps
législatif, dit aussi : « Il est encore, pour le repos des
» familles, une condition exigée des pères et mères ;
» ils doivent reconnaître, avant le mariage, ou dans
» l'acte de la célébration, *les enfants qu'ils ont à légi-*
» *timer.* » Il faut donc une déclaration de légitimation, outre un acte de reconnaissance ; car il est sensible
que, si la légitimation s'évinçait du mariage même,
les père et mère de l'enfant naturel reconnu *n'au-*

raient pas à le légitimer ; ces expressions de l'orateur du Gouvernement font donc voir que la légitimation, ou, pour parler plus clairement, l'action par laquelle la légitimation s'opère, doit venir des père et mère, lorsqu'ils célèbrent leur mariage ; mais que le mariage seul, précédé ou accompagné de la reconnaissance, n'opère point la légitimation. Il suit de là que, s'il n'y avait de la part des père et mère qu'une reconnaissance de leurs enfants, faite avant le mariage ou dans l'acte même de célébration, sans déclaration à cette dernière époque, qu'ils entendent les légitimer, ces enfants resteraient dans la classe des enfants naturels, et leur seraient en tout assimilés.

195 *bis*. — Cela fait voir qu'il y a dérogation à l'ancien Droit d'après lequel, l'enfant, quoique non reconnu, était légitimé de droit par le mariage de ses père et mère, en prouvant qu'il était provenu du commerce que les deux époux avaient eu ensemble avant le mariage. Cette différence tient à ce qu'il était permis alors à l'enfant naturel de rechercher la paternité, ce qui lui est défendu maintenant par l'art. 340 (1).

196. — Nous venons de dire que, outre la reconnaissance, il fallait encore une déclaration de légitimation de la part des père et mère, et nous croyons

(1) *Delvincourt,* tom. 1er, pag. 375.

avoir prouvé que cette conséquence dérivait de la
construction de l'art 331.

Cependant, *M. Delvincourt*, à l'endroit précité, dit
que, de ces mots *pourront être légitimés*, il ne faut
pas conclure que la légitimation soit entièrement facultative de la part des père et mère. Ils sont libres,
sans doute, ajoute-t-il, de ne pas reconnaître l'enfant
provenu de leur commerce, et, par là, ils le prive-
ront du bénéfice de la légitimation ; mais s'ils l'ont
une fois reconnu, la légitimation a lieu de droit, et
il ne dépend plus d'eux de l'empêcher. Il faut donc
entendre ce mot *pourront*, dans le sens que le mariage est un moyen que la loi offre aux père et
mère naturels pour légitimer leurs enfants.

Quand il serait possible d'adopter cette opinion
pour le cas où la reconnaissance serait faite dans
l'acte même de la célébration du mariage, nous ne
pouvons nous déterminer à penser qu'il pût être
également concluant pour le cas où la reconnaissance
aurait été faite avant le mariage. En effet, que sont
les enfants reconnus antérieurement à l'union légitime de leurs père et mère? Ils ne sont qu'enfants
naturels. Pour les faire sortir de cet état, il faut donc,
de la part de leurs père et mère, qui se marient postérieurement, une déclaration manifeste, autrement
il est clair que la légitimation serait de droit, ce que
personne ne peut soutenir. Ajoutez que ce n'est que
cette déclaration expresse qui peut vraiment faire
connaître l'intention des père et mère de légitimer

leurs enfants naturels, de leur donner la *naissance civile*, suivant les expressions de *M. Proudhon*.

Ce qui le prouve de plus en plus, c'est l'hypothèse suivante que nous avons posée plus bas pour la reconnaissance des enfants naturels (1). Supposons que cette reconnaissance soit contenue dans un testament public et authentique ; que le testateur se marie ensuite avec la mère de l'enfant naturel ainsi reconnu, et que, pendant le mariage, il révoque son testament. Cette révocation, suivant notre opinion et celle de M. Loiseau, devra entraîner celle de la reconnaissance ; et alors comment pourra-t-on dire que l'enfant aura été légitimé par le mariage subséquent ? Il peut en arriver de même, si la reconnaissance faite par un autre acte public avant le mariage, vient à être annulée postérieurement comme ayant été surprise par dol, fraude ou violence. On serait à l'abri de ces graves inconvénients, en exigeant que, lors de la célébration du mariage, les père et mère de l'enfant naturel déclarassent formellement qu'ils entendent le légitimer, ou si au moins la reconnaissance était faite ou répétée dans cet acte de célébration.

En somme, nous pensons que trois choses sont à la fois exigées pour que les enfants naturels puissent être réputés valablement légitimés. La première, que les père et mère les reconnaissent ; la seconde, que les père et mère se marient ; la troisième, qu'ils dé-

(1) Tit. 4, chap. 3.

clarent, dans l'acte de célébration, légitimer les enfants naturels qu'ils ont reconnus ou qu'ils reconnaissaient leur appartenir. En l'absence de l'une de ces trois conditions, la légitimation ne peut avoir aucun effet, à moins de changer les termes de la loi ou d'y ajouter.

197. — Le mariage qu'on appelait autrefois *putatif* ne peut donner lieu à la légitimation. Il faut que le mariage soit valable, comme nous l'avons dit plus haut. La bonne foi des époux ne pourrait en couvrir les vices. La loi 5 au Code *de naturalibus liberis*, l'appelle *conjugium legitimum*. Il faut que le mariage ait de la force, *tanta est vis matrimonii*, ainsi que s'en exprimait le Droit canonique. Cette décision avait passé dans notre Jurisprudence, et particulièrement dans celle de Bordeaux. Lapeyrère (1) rapporte un arrêt de ce Parlement, du 14 février 1617, dans l'espèce suivante (2) :

« Marie *Audouin* ayant reçu la nouvelle de la mort
» de son mari, par le certificat du Curé du lieu dans
» lequel il était mort, en porte le deuil deux ans, et
» souffre un galant. Devenue enceinte, elle se rema-
» rie, et avoue sa grossesse dans le second contrat.
» Le premier mari revient ; elle meurt de douleur ;

_____

(1) *Verbo* Bâtard.
(2) Il n'y a point de bonne foi pour le concubinage, la femme doit être punie *secundùm quod est in veritate, non secundùm id quod putabat; D'Aguesseau*, tom. 4, pag. 437 à 454.

» elle fait son testament et institue également sa fille
» du second lit et ses enfants du premier. La fille du
» second lit, *comme bâtarde*, est condamnée à se dé-
» sister des biens, par arrêt du 14 février 1617. »
On voit que cette femme était de bonne foi lors de
son second mariage, et cependant son enfant ne put
en profiter.

Ce n'est point à la simple apparence, comme le
dit *M. Proudhon*, tom. 2, pag. 110, ou à l'ombre du
mariage, mais au mariage réel que la loi attache la
vertu de légitimer les enfants.

Si le mariage putatif suffit, continue-t-il, pour donner les effets civils aux enfants qui en sont nés, on ne
doit pas conclure delà qu'il suffit aussi pour légitimer
ceux qui sont nés antérieurement, parce qu'il n'est
jamais permis d'étendre les fictions d'un cas à un
autre. Le motif de la loi n'est point ici le même. Le
mariage putatif donne les effets civils aux enfants
qui en sont issus, parce que les père et mère étaient
de bonne foi dans le rapprochement qui a produit
leur naissance. Les père et mère avaient voulu dès
le principe, donner, par une action licite, des enfants légitimes à leur patrie. Pour récompenser la
bonne foi avec laquelle ils ont agi, la loi leur accorde
le titre honorable de père et mère légitimes, comme
s'ils n'avaient point été trompés. Voilà pourquoi le
mariage putatif produit les effets civils. Or, ce motif
est entièrement étranger au cas de la légitimation,
parce que le commerce illicite qui a donné naissance

aux enfants, était exclusif de toute bonne foi de la part des père et mère. Donc on ne doit pas appliquer à cette hypothèse ce que la loi ne décrète que pour l'autre.

198. — M. Delvincourt et M. Duranton ne partagent pas cette doctrine. Le mariage *cru* valable leur paraît aussi propre que le mariage *réellement* valable, à réparer la faute, et à corriger les effets d'un commerce illicite, et ils pensent que la loi leur attribue la même puissance. M. Duranton, particulièrement, croit que, accordant la légitimité aux enfants incestueux ou adultérins, procréés pendant un mariage putatif, la loi a dù l'accorder, avec plus de raison, aux enfants nés auparavant d'un commerce simplement illicite, sans inceste ni adultère.

199. — Mais nous répondons, avec M. Vazeille (1), que ces deux estimables professeurs confondent des objets que la loi distingue nettement. La légitimation autorisée par l'art. 331, et la légitimité reconnue par les art. 201 et 202, ont bien quelque rapport ensemble, mais elles ne sont pas la même institution. Chacune a ses règles particulières. Par l'une, le mariage *licite* peut produire un effet rétroactif, et effacer une faute antérieure ; par l'autre, le mariage *nul*, s'il est contracté de bonne foi, sort de la classe du

(1) Tom. 1, pag. 441 et 442.

commerce illicite, et obtient au conjoint survivant, pour lui et pour les enfants qui proviendront de cette union, la légitimité qu'il a recherchée de bonne foi.

L'Empereur Justinien voulait que, dans le temps de la naissance des enfants, il n'y ait eu entre leurs père et mère aucun empêchement capable de rompre le mariage, s'ils en avaient contracté un (1). C'est ce qui fait dire à D'Aguesseau (2) que la présomption et la fiction cessent lorsque le mariage était défendu, quoique l'un des deux l'ignorât. Présumera-t-on, ajoute-t-il, que celui qui était dans l'erreur ait eu pour l'autre *affectionem maritalem*, s'il avait su ses engagements, ou les autres obstacles qui l'empêchaient de contracter un mariage? Et comment feindrait-on que ce mariage était contracté dans un temps où il était absolument impossible? La fiction respecte la vérité; elle est semblable à l'art qui ajoute à la nature et qui la perfectionne, mais qui ne la détruit jamais; elle est faite pour l'aider, et non pour la renverser et l'anéantir.

Si le mariage subséquent légitime les enfants nés avant sa célébration lorsqu'il est valide, dit aussi M. Toullier (3), il ne produit pas les mêmes effets

(1) *Cùm quis à muliere liberâ et cujus matrimonium non est legibus interdictum..... aliquos liberos habuerit. Leg.* 10, Cod. *de Naturalib. liberis.*

(2) 47e plaidoyer, dans la cause de Jean Clermont et Anne-Elizabeth Fiorelli, sa femme.

(3) Tom. 1, pag. 545.

quand il est nul. Il ne peut légitimer les enfants nés, avant la solennité du mariage, d'une cohabitation entre deux personnes qui ne pouvaient pas s'unir, quand même l'empêchement n'aurait plus subsisté lors du mariage, quand les deux conjoints, ou l'un d'eux allègueraient avoir ignoré l'empêchement existant lors de la cohabitation ; *car on ne peut jamais être de bonne foi dans le concubinage.*

200. — M. Toullier (1) dit que, si postérieurement au mariage, les conjoints, ou l'un d'eux, acquièrent la connaissance certaine d'un empêchement légal, ils doivent se séparer ou le faire cesser, s'il est possible ; ils ne peuvent rester unis avec bonne foi, à moins qu'ils n'aient des motifs plausibles de croire que l'empêchement dont on les avertit n'existe pas. Il serait donc possible, ajoute-t-il, que, dans le nombre des enfants nés d'une même union, il y en eût qui recueillissent tous les avantages que donne la bonne foi des père et mère, tandis que les autres en seraient privés.

201. — Il nous semble que la perspective affligeante de ce dernier résultat, aurait dû, seule, empêcher M. Toullier de professer une pareille doctrine. Nous la trouvons, au surplus, contraire à la loi. Nous dirons, en effet, avec M. Proudhon (2), que cette

(1) Tom. 1, pag. 543, n° 656.
(2) Tom. 2, pag. 5 et 6.

question trouve sa solution dans le texte même de l'art. 201 qui porte que le mariage qui a été déclaré nul, produit néanmoins les effets civils, tant à l'égard des époux qu'à l'égard des enfants, *lorsqu'il a été* CONTRACTÉ *de bonne foi*. Ce n'est donc qu'au moment du *contrat* que la bonne foi est nécessaire. Elle n'est exigée qu'à cette époque, pour que l'époux qui ignorait l'empêchement soit en droit de conserver les avantages stipulés à son profit ; il en est donc de même en ce qui a rapport à la légitimité des enfants, puisque la loi statue sur l'un de ces objets comme sur l'autre. Telle est aussi l'opinion de M. Vazeille (1).

Comme aussi nous pensons, avec M. Proudhon, que, quand le mariage a été déclaré nul, il n'en existe plus rien aux yeux de la loi. La cohabitation de ceux qui avaient voulu le contracter, ne peut plus être à l'avenir, qu'une désobéissance coupable. Mais, au contraire, tant que les époux jouissent paisiblement de leur état, les enfants qui en naissent, ont pour eux l'ombre du mariage qui existe entre leurs père et mère, et il est possible que ceux-ci espèrent pouvoir réhabiliter leur union.

Mais, objecte M. Toullier, si l'on avait, par exemple, remis à l'époux de bonne foi un acte en forme qui prouve la célébration d'un premier mariage encore existant entre l'autre époux et une autre per-

(1) Tom. 1, pag, 460, n° 283.

sonne, il serait difficile de soutenir que les effets de
la bonne foi continuent néanmoins d'exister.

Nous répondons que ce premier mariage pourrait
être nul et attaqué comme tel, et alors, d'après l'art.
189 du Code civil, la validité ou la nullité de ce premier mariage doit être jugée préalablement. Mais
on conçoit très bien que, pendant ce temps, la bonne
foi de l'époux non engagé continue de subsister tant
pour lui que pour ses enfants.

Mais, objecte encore M. Toullier, si on découvrait
que les époux sont frères et sœurs, et qu'on leur en
remît la preuve ?

Nous répondons que cette preuve est ou écrite sur
les registres de l'Etat civil et consiste dans les actes
de naissance des époux, ou elle n'est pas écrite et ne
peut être établie que par une instruction judiciaire.
Au premier cas, comme elle existait lors du mariage,
aucun des époux n'a pu être de bonne foi en le contractant, et dès lors leurs enfants sont illégitimes. Au
second cas, la présomption de bonne foi est en faveur des époux et subsiste jusqu'au rapport de la
preuve si elle peut être faite et ordonnée, et les enfants qu'ils auront eus jusqu'à l'annulation de leur
mariage par ce motif, seront légitimes et parfaitement habiles à leur succéder.

202. — Ce que nous venons de dire s'applique à
plusieurs mariages putatifs qui pourraient se rencontrer en même temps, respectivement à la même per-

sonne, et qui peuvent être en opposition avec un
mariage légitime. C'est ce qui fut jugé par l'arrêt du
7 juillet 1584, dont parle M. Vazeille, et qu'il a puisé
dans Charondas, liv. 8, réponse 17. Nous ne voyons
rien dans le Code qui change pour ce cas les principes établis par les art. 201 et 202. Il est vrai que
ce cas pourra se présenter rarement. On pourrait citer cependant celui du général Sarrazin dont les trois
mariages successifs pourront donner lieu un jour à des
procès sérieux entre les enfants qui en sont issus.

203. — Un homme et une femme frappés de
mort civile, peuvent-ils, en se mariant dans cet état,
légitimer les enfants qu'ils auraient eus de leur commerce précédent, ou bien ces enfants resteront-ils
dans la condition d'enfants naturels (1)?

Cette question se réduit à savoir si des personnes
frappées de mort civile peuvent contracter entre elles
un mariage valable?

Il semble d'abord que cette question ne devrait
pas en être une en présence de l'art. 25 du Code civil qui porte que, par la mort civile, le condamné est
incapable de contracter un mariage qui produise aucun effet civil ; que celui qu'il avait contracté précédemment est dissous, quant à tous ses effets civils.

(1) D'après l'art. 23 du Code civil et l'art. 18 du Code pénal, la mort
civile n'est encourue que par la condamnation à la mort naturelle et les
condamnations aux travaux forcés à perpétuité, et à la déportation.

204. — Cependant M. Toullier, dans une savante consultation par lui donnée le 1ᵉʳ mai 1817 avec MM. Malherbe, Corbière, Lesbaupin, Carré et Vatar, a employé toutes les ressources de son grand talent pour prouver que, suivant les anciennes lois françaises, le mariage n'était point dissous, *quant au lien*, par la mort civile ; que les mariages contractés depuis la mort civile étaient valables, aussi *quant au lien*, quoique privé des effets civils, mais que ces effets leur étaient rendus lorsque les individus morts civilement étaient rétablis dans leur premier état ; que le Code civil s'est, en ce point, conformé à l'antienne Législation, et que l'opinion de ceux qui voulaient introduire la nullité *quant au lien* des mariages contractés pendant la mort civile, et la dissolution aussi *quant au lien*, des mariages contractés auparavant, ne fut point admise dans les conférences tenues au Conseil-d'Etat pour la discussion du Code (1).

M. Toullier a reproduit cette opinion dans son Droit civil français (2), après avoir professé une opinion contraire dans sa première édition (3), par laquelle il disait en toutes lettres « que, aux termes de l'art. » 25, le mariage qu'avait précédemment contracté » le condamné était dissous quant à tous ses effets

(1) Sirey, tom. 19, 2, 117.
(2) Tom. 1ᵉʳ, nᵒˢ 285 et 293.
(3) Tom. 1ᵉʳ, nᵒ 232.

» civils, et *que l'autre était libre de contracter un*
» *nouveau mariage.* »

Il est vrai que M. Toullier a étayé sa seconde opinion de celle exprimée par quelques membres du
Conseil-d'Etat, dans les séances des 16 et 24 thermidor an 9.

205. — Mais M. Merlin (1) lui a prouvé qu'il n'avait
pas retracé, avec son exactitude ordinaire, la discussion qui avait eu lieu à ce sujet au Conseil-d'Etat ;
que ce n'était qu'en la défigurant par des transposi-
tions et des réticences, qu'il était parvenu à l'appro-
prier à son système. Nous ne pouvons que renvoyer
le lecteur à cette victorieuse réfutation de M. Merlin.

Nous nous bornerons à rappeler ces paroles de
M. Portalis (2) :

« La femme et les enfants du condamné ne peuvent se prévaloir de la Législation ancienne. Elle re-
posait sur des principes différents. Lorsqu'en France
la loi réunissait dans le mariage le contrat et le Sacrement, le principe religieux de l'indissolubilité en-
traînait la continuation du mariage, malgré la mort
civile de l'un des époux ; mais aujourd'hui que tout
est réduit au contrat civil, il impliquerait contradiction que ce contrat survécût à la mort civile. »

(1) Répert. v° *Mariage*, sect. 2, § 2, n° 3.
(2) Locré, tom. 1er, pag. 290.

Ainsi donc, il faut dire que le mariage que contracteraient deux personnes frappées de mort civile, serait radicalement nul, et ne pourrait par conséquent légitimer les enfants qu'elles auraient eus précédemment, nonobstant la grâce que le Prince pourrait leur accorder après l'exécution de leur condamnation ; car la grâce n'opère que pour l'avenir. *Vid.* ce que nous en disons plus bas, tit. 4, chap. 4, ainsi que les différents cas et conditions dans lesquels la mort civile est encourue.

C'est aussi dans ce sens qu'a été rendu l'arrêt du 16 mai 1808 (1) que M. Toullier dit être *échappé* à la Cour de Cassation, entre *Marotte* et *Griffon*, et conformément aux conclusions de M. Merlin. Cet arrêt a *cassé* celui de la Cour de Liége qui avait validé le mariage contracté en émigration entre la demoiselle Marotte et le sieur Griffon. La Cour suprême s'est fondée : 1º sur ce que l'art 7, titre 2, de l'acte constitutionnel de 1791 porte que la loi ne considère le mariage que comme un contrat civil ; 2º sur ce que l'art. 1er de la loi du 28 mars 1793 déclare les émigrés morts civilement ; 3º sur ce que l'art. 1er de celle du 12 ventôse an 8 porte que les émigrés ne peuvent invoquer le Droit civil des Français. Elle a dit qu'il était contre la nature des choses que des condamnés à mort civile puissent contracter un mariage qui produise des effets civils. Elle a dit enfin

(1) *Journal du Palais*, tom. 6, pag. 687.

qu'il résultait de l'art. 15 du Sénatus-Consulte, du 6 floréal an 10, que ce n'est qu'à compter de cette époque que les émigrés amnistiés doivent être considérés comme réintégrés dans leurs droits civils de citoyen et que c'est ce que confirme l'avis du Conseil-d'Etat, du 18 fructidor an 13, portant que l'art 15 de ce Sénatus-Consulte peut bien faire considérer comme valables les mariages et autres contrats civils que les émigrés ont faits *depuis ce Sénatus-Consulte.*

206. — Mais si l'un des époux seulement était frappé de mort civile à l'époque de son union, le mariage produirait-il la légitimation des enfants, si son conjoint était de bonne foi? Il faut répondre non, parce que, ainsi que nous l'avons dit plus haut, le mariage putatif ne peut donner lieu à la légitimation.

207. — L'opinion de M. Toullier sur la validité du mariage, *quant au lien*, contracté par des individus frappés de mort civile, est aujourd'hui une opinion solitaire. L'opinion contraire est enseignée non-seulement, comme on l'a vu, par M. Merlin, mais encore par Locré (1), par Delvincourt (2), par Proudhon, par Duranton (3) et par Vazeille (4).

(1) Esprit du Code civil, tom. 1er, pag. 394.
(2) Tom. 2, pag. 216 et 382.
(3) Tom. 1er, n° 251.
(4) Traité du Mariage, tom. 2, pag. 366.

Cette opinion contraire a été encore consacrée par un arrêt de la Cour de Douai, du 3 août 1819, et par un autre arrêt de la Cour de Toulouse, du 26 mai 1837 (1). Ce dernier arrêt a jugé que la mort civile de l'un des époux dissout le *lien* du mariage ; que dès lors l'époux du mort civilement est habile, après les dix mois révolus (art. 228), à contracter un nouveau mariage. Il s'agissait, dans cette espèce, d'une femme qui voulait passer à de secondes noces et dont le mari avait été condamné à la peine des travaux forcés à perpétuité, entraînant la mort civile, aux termes de l'art. 18 du Code pénal.

208. — Mais si une femme libre s'est mariée avec un homme qu'elle ignorait être frappé de mort civile, sa bonne foi ferait-elle produire tous les effets civils de son mariage en faveur des enfants qui seraient conçus et naîtraient *depuis* sa célébration ?

M. Toullier (2) soutient l'affirmative. Il dit que ces enfants seraient légitimes et que seulement ils ne succéderaient pas aux biens que leur père aurait acquis depuis la mort civile. Il se fonde : 1º sur ce que l'art. 201 du Code civil, dit en général que le mariage déclaré nul, produit néanmoins les effets civils, lorsqu'il a été contracté de bonne foi ; que cet article a posé les principes sur les effets du mariage

(1) *Journal du Palais*, tom. 2, de 1837, pag. 185.
(2) Tom. 1er, nº 284.

putatif, qui n'étaient alors fixés par aucune loi ;
2° sur ce que, au Conseil-d'Etat, séance du 5 vendém.
an 10 (1), M. Réal, en répondant à M. Tronchet qui
disait qu'il serait inconséquent de supposer que le
mariage du mort civilement produisît des effets civils
vis-à-vis des tiers, alors qu'il ne pouvait communi-
quer les droits de famille, observa que *l'état des enfants pourrait cependant être assuré par la bonne foi
de l'autre époux*; à quoi M. Tronchet répliqua, que
*les effets de cette bonne foi sont une exception à la
règle générale ; qu'au surplus ils sont bornés à celui
des deux époux qui a été trompé et à ses enfants.*

M. Merlin (2) pense au contraire que l'incapacité
de succéder des enfants nés d'un mariage contracté
par leur père, depuis la condamnation qui a emporté
mort civile, a lieu nonobstant la bonne foi de leur
mère ; que cette bonne foi est impuissante pour lever
cette incapacité ; que la loi ne peut présumer cette
bonne foi, et que, dès cet instant, la femme doit
s'imputer son erreur, qui n'est pas considérée comme
une simple erreur, mais bien comme une faute qui,
influant sur elle-même, ne peut manquer d'influer
sur ses enfants.

Nous ne saurions adopter l'opinion de M. Merlin.
L'art. 201 du Code civil est général et absolu
pour toute espèce de nullité des mariages. Dans tous

(1) Procès-verbal, tom 5, pag. 259.
(2) Répert. v° Mort civile, § 1, art. 4, n° 1, et quest. de Droit, v° Légitimité, § 5.

les cas, il admet la bonne foi à l'égard de l'époux trompé et de ses enfants. Il atténue pour eux la rigueur des articles précédents. Il abroge, par le fait, l'ordonnance de 1639, dont l'art. 6 était d'une cruauté incompatible avec nos mœurs actuelles. D'un autre côté, l'opinion de M. Merlin est en contradiction flagrante avec notre nouvelle Législation d'après laquelle la bonne foi se présume toujours ; et c'est à celui qui allègue la mauvaise foi à la prouver.

L'opinion de M. Merlin a été repoussée par un arrêt de la Cour de Cassation, du 22 novembre 1816 (1) qui a cassé un arrêt de la Cour de Douai.

La Cour suprême a considéré que la bonne foi de l'un des époux a, de tous temps, constitué la légitimité des enfants issus dans le mariage putatif *sur quelque motif qu'ait été fondée la nullité du mariage* (2), d'où il suit que l'art. 202 du Code civil n'a fait que rappeler les principes de la matière :

« Qu'il a toujours été également de principe que la légitimité des enfants est indivisible, et que la légitimité est la source de la successibilité, hors les cas exceptés par des lois contraires ;

» Qu'il n'existe aucune loi qui ait séparé la successibilité de la légitimité, dans le cas où, par la

---

(1) Sirey, t. 16, 1, 81. Il est du 15 janvier, sur la minute même de l'arrêt et dans le plumitif, suivant M. Merlin, *questions de Droit. Vid. supra.*

(2) Ces mots soulignés ont été oubliés dans Sirey. Ils sont rétablis par M. Merlin, quest. de Droit, Loc. cit.

bonne foi de l'un des époux, le mariage contracté pendant *la mort civile* de l'autre *rend légitimes les enfants qui en proviennent ;*

» Qu'il y a, par conséquent, lieu d'appliquer à ce cas le principe de la successibilité, comme à tous les autres qu'aucune loi n'excepte ;

» Que la bonne foi de la dame *Dorsay* a été alléguée dans sa cause ; que l'existence de cette bonne foi présentait une question préjudicielle, que la Cour de Douai ne s'est pas dissimulée, et qu'elle n'a écartée que par une décision contraires aux principes ci-dessus rappelés. »

M. Vazeille, qui paraissait d'abord partager l'opinion de M. Merlin, l'a abandonnée en présence de cet arrêt dont les bases lui semblent bonnes. Il reconnaît que ses motifs présentent un enseignement commun à toutes les causes de mort civile (1).

Comment pourrait-on décider autrement, lorsqu'on lit, dans l'art. 201, que le mariage, qui a été déclaré nul, produit néanmoins les effets civils tant à l'égard des époux qu'à l'égard des enfants, lorsqu'il a été contracté de bonne foi ? Quand on lit encore, dans l'art. 202, que, si la bonne foi n'existe que de la part d'un des époux, le mariage ne produit les effets civils qu'en faveur de cet époux et *des enfants de ce mariage* ? Ces enfants sont donc légitimes,

(1) Traité du Mariage, tom. 1er, pag. 456, 457 et suiv.

dans tous les cas ; ils sont donc aussi habiles à succéder.

Ces textes, par leur clarté, ne permettent pas le moindre doute.

209. — Voici ce qui s'est passé dans l'affaire jugée par l'arrêt ci-dessus rapporté, du 22 novembre, ou plutôt du 15 janvier 1816.

La requête en pourvoi du tuteur du mineur Dorsay, dont l'état était contesté, fut admise *contre* les conclusions de M. Daniels, Avocat-Général.

La cause portée à la section civile, M. Merlin se chargea de porter la parole pour soutenir l'opinion de M. Daniels. Mais les événements politiques survenus depuis, l'en ayant empêché (1), ce fut M. Mourre, nommé à sa place Procureur-Général, qui donna des conclusions conformes à l'arrêt rendu. M. Merlin avait préparé les siennes, et ce sont ces conclusions savamment et amplement développées qu'il nous a conservées dans ses questions de Droit, telles, dit-il, qu'il se proposait de les prononcer ; « non, assurément, par une sotte envie de mettre son » opinion personnelle sur la question principale, en » opposition avec celle qui a prévalu, mais parce que, » sur cette question même, qui peut se reproduire » souvent à l'égard des mariages contractés par des

(1) M. Merlin fut banni comme régicide, en vertu de la loi d'*amnistie*, du 12 janvier 1816.

» morts civilement par condamnation ; il importe
» que le pour et le contre soient bien connus. »

« Ces conclusions, ajoute M. Merlin, auraient-elles
amené, si elles avaient pu être mises sous les yeux
de la Cour de Cassation, un autre résultat que celui qu'ont obtenu celles de M. le Procureur-Général
Mourre, qui y étaient directement contraires, et que
l'on peut voir dans le *Journal des Audiences* de cette
Cour, 1816, pag. 49 à 73 ? Je n'ai pas la présomption de m'en flatter ; mais je crois pouvoir dire que le
plaidoyer de M. Mourre ne m'a pas fait changer d'o-
pinion. »

M. Merlin finit par rapporter l'arrêt du 15 janvier
1816, époque remarquable, dit-il, pour une question de cette nature, et qui néanmoins, s'il doit ajou-
tes foi à quelques renseignements particuliers, n'a
pas passé de toutes voix.

Le savant Magistrat fait ici allusion à la circonstance, qu'il s'agissait dans l'espèce de l'arrêt, de la
mort civile encourue *pour cause d'émigration.* Mais
on a vu que la Cour de Cassation s'est prononcée, en
Droit, pour toute espèce de mort civile *encourue* par
une loi, ou résultant d'une *condamnation judiciaire.*
Pour tous les cas et en se fondant, soit sur l'ancienne Législation, soit sur les art. 201 et 202 du
Code civil, elle a jugé que la bonne foi de l'époux libre a toujours rendu légitimes les enfants provenus
de l'union de cet époux avec le mort civilement.
Elle a jugé qu'un tel mariage produisait pour les en-

fants tous les effets civils, tant à l'égard de la légitimité qu'à l'égard de la successibilité.

210. — Mais il ne faut pas donner à l'art. 201
du Code civil une portée trop étendue. Ainsi, on doit
dire que la bonne foi que cet article exige pour qu'un
mariage nul produise des effets civils, ne peut résulter que d'une erreur *de fait*, et non d'une erreur
de droit ; parce que nul n'est censé ignorer la loi.
C'est ce qu'a fort bien décidé la Cour royale de Colmar, le 14 juin 1838, en la cause de *Hetzel* et
Brua (1).

Et c'est mal à propos que l'arrêtiste observe que
le contraire a été jugé par arrêt de la Cour royale
de Paris, du 18 décembre 1837. Nous avons vérifié ce dernier arrêt, et nous avons vu que, si le mariage dont il s'agissait, avait été déclaré avoir été
célébré de bonne foi, quoique non revêtu des formes
voulues par la loi française, c'est parce que le mari
était un *Hessois,* et que la maxime : *nul n'est censé
ignorer la loi,* ne pouvait être appliquée à un étranger.

(1) *Journal du Palais,* tom. 2, de 1838, pag. 327.

CHAPITRE III.

De la Légitimation.

Suite du Chapitre précédent.

SOMMAIRE.

211. — *Il est toujours question, pour la légitimation, des enfants nés de personnes libres.* — *Art.* 331 *du Code civil.* — *Paroles de M. Duveyrier.*

212. — *La reconnaissance, nécessaire pour la légitimation, doit être faite par les deux époux avant le mariage.*

213. — Quid *de la reconnaissance* tacite *de la mère résultante de son silence, après la désignation qu'en fait le mari?* — *Opinion de M. Toullier.* — *Réfutation de cette opinion.* — *Arrêt.* — *Opinion de M. Delvincourt.*

214. — *La reconnaissance peut-elle être faite sous seing-privé?* — *Opinion de M. Merlin.* — *Opinion contraire de M. Proudhon.* — *Réfutation.*

215. — *Ceux qui contestent la légitimation doivent prouver que l'enfant légitimé est adultérin.* — *Arrêt.*

216. — *L'enfant est adultérin et incapable de lé-*

gitimation, lorsque l'un de ses père ou mère était marié lors de sa conception, quoique libre au moment de sa naissance. — **Mais** quid du mariage intermédiaire? —*Enfants* nés ou conçus dans l'inceste ou l'adultère.

217. — *Les enfants nés d'une personne engagée dans les Ordres sacrés sont-ils adultérins? — Un Prêtre peut-il se marier? — Arrêt. — Opinion de M. Merlin. — Autre arrêt. — Opinion de M. Toullier. — Lettre du Ministre des Cultes à l'Archevêque de Bordeaux. — Opinion de M. Loiseau; explication de cette opinion. — Opinion de M. Vazeille. — Discours de M. Portalis.*

218. — *Jugement du Tribunal de Sainte-Menehould en faveur du mariage des Prêtres.*

219. — *Arrêt contraire de la Cour royale de Paris. — Consultation de plusieurs Avocats de la Capitale.*

220. — *Examen critique de cet arrêt.*

221. — *Arrêts et jugements qui ont validé le mariage des Prêtres.*

222. — *Opinion de M. De Freyssinous à la Chambre des Députés sur cette importante question, reconnaissant que la loi civile n'annule pas le mariage des Prêtres.*

223. — *Observations de M. Sirey à la suite de l'arrêt rendu contre le Prêtre Dumonteil, par la Cour royale de Paris.*

224. — *Changements opérés sur la question par la Charte de 1830. — Affaire du Prêtre Dumonteil jugée en sa faveur par le Tribunal civil de Paris. — Arrêt de partage de la Cour royale. — Arrêt de la Cour de Cassation.*

225. — *Mariage permis, avec dispense, entre beaux-frères et belles-sœurs, par la loi du 16 avril 1832. — Les enfants qu'ils auraient eus de leur commerce avant leur union, peuvent-ils être par eux légitimés? — Principes du Droit romain. — Rapport fait sur cette question par M. Bedoch à la Chambre des Députés. — Discours de M. Dupin sur ce rapport en faveur de la légitimation. — Arrêt contraire de la Cour d'Orléans.*

211. — Ce que nous avons déjà dit, ce qu'il nous reste encore à dire sur la légitimation, ne s'applique qu'aux enfants nés de personnes libres. Ceux-là seuls, nous le répétons, peuvent profiter de ce bienfait de la loi. Elle a séparé de la foule misérable des enfants naturels, ceux dont le malheur peut être tellement réparé, comme le dit M. Duveyrier, qu'ils ne soient plus distingués des enfants légitimes ; ceux dont le mariage n'a point honoré la naissance, mais que le mariage peut ensuite recouvrer et rétablir dans son empire, comme dans ses priviléges ; ce sont les enfants légitimés par mariage subséquent.

212. — Indépendamment des conditions précédemment indiquées pour la validité de la légitimation, il faut que les deux époux fassent la reconnaissance conjointement ou séparément, avant le mariage ou dans l'acte de célébration. Nous disons conjointement ou séparément, parce que la loi n'exige pas de simultanéité. Elle veut seulement que la reconnaissance des époux ne soit pas postérieure à l'acte de célébration ; car, si elle l'était, les enfants ne seraient pas légitimés, ils n'auraient que la qualité et les droits d'enfants naturels reconnus.

213. — *M. Toullier* après avoir dit, n° 927, que la reconnaissance doit être expresse, et qu'on n'admettrait pas les reconnaissances tacites, ajoute :

« Cependant, le principe pourrait, peut-être, souf-
» frir exception, si l'un des époux, le père par exem-
» ple, dans la reconnaissance de l'enfant faite avant
» le mariage, avait désigné pour sa mère la femme
» qu'il a épousée dans la suite, surtout si cette femme
» avait eu connaissance de la déclaration, sans la
» désavouer ; il semble que l'enfant qui, en vertu
» d'un pareil titre, aurait été traité dans la mai-
» son comme fils légitime, serait, en effet, légitimé
» par le mariage subséquent. »

Au premier abord, il paraît douteux que cette opinion puisse être suivie en Justice ; parce que l'art. 331 est formel. Il veut, en parlant des père et mère, que la reconnaissance de l'un et de l'autre soit *an-*

térieure à leur mariage, ou faite dans l'acte de célébration. La déclaration que le mari ferait que sa
femme est la mère de l'enfant que lui seul aurait reconnu, ne pourrait la lier ; le silence de cette femme
postérieur au mariage, ne saurait tenir lieu de sa
reconnaissance *antérieure*. Le mari, avant d'avoir acquis ce titre, n'est point le mandataire légal de son
épouse, et puis la loi parle d'une reconnaissance *légale*, et l'on ne peut admettre de reconnaissance légale, que celle que la loi a elle-même indiquée ; or,
suivant l'art. 334, la reconnaissance doit être faite
par acte *authentique*. On ne peut appeler authentique
la reconnaissance *tacite* dérivant du silence ou de la
tolérance de la femme.

D'un autre côté, on ne pourrait rien conclure en
faveur de la légitimation de l'enfant, de ce que,
après le mariage, il aurait été traité dans la maison
comme fils légitime, parce que la possession d'état
ne peut être invoquée, dans les cas déterminés, que
par l'enfant qui se dit le fruit d'un mariage légitime,
et que la recherche de la paternité est interdite aux
enfants naturels par l'art. 340.

En 1806, Jacques *Potel* épousa Séraphine *Poirier*,
déjà mère de deux enfants nés en l'an 6 et en l'an 8
et inscrits sous le nom de leur mère sur les registres
de l'Etat civil.

Avant comme depuis leur mariage, les époux *Potel*, ayant une habitation commune, et paraissant
vivre ensemble, avaient élevé ces deux enfants,

comme les leurs propres et leur avaient fait porter dans le public le nom de *Potel*.

Jacques *Potel* mourut en l'an 9, mais avant son décès il reconnut, devant l'Officier de l'Etat civil, les deux enfants élevés dans sa maison comme étant nés de lui et de Séraphine *Poirier*, sa femme.

Bientôt un conseil de famille fut assemblé par la veuve *Potel*, pour nommer un subrogé-tuteur à ses enfants. Deux des frères de Jacques *Potel*, Pierre-François, et Jean-Baptiste *Potel* assistèrent à cette assemblée, et l'un d'eux fut nommé subrogé-tuteur. On procéda à l'inventaire de la communauté ; plusieurs parties d'immeubles et le mobilier furent vendus ensuite.

Jusque-là, aucune réclamation ne s'était élevée contre la qualité d'héritiers des enfants *Potel* ; ce ne fut qu'en 1813 que les frères et sœurs de Jacques *Potel* se présentèrent eux-mêmes comme héritiers.

Ils invoquèrent l'art. 331 du Code civil ainsi conçu :
« Les enfants nés hors le mariage, autres que ceux
» nés d'un commerce incestueux ou adultérin, pour-
» ront être légitimés par le mariage subséquent de
» leurs père et mère, lorsque ceux-ci les auront lé-
» galement reconnus avant leur mariage, ou qu'ils
» les reconnaîtront dans l'acte même de célébra-
» tion. »

Aux termes de cet article, ils soutinrent que les mineurs *Potel* n'ayant été reconnus par leur père, ni avant son mariage avec Séraphine *Poirier*, ni dans l'acte même de célébration, mais depuis seulement la consommation de ce mariage, ils ne pouvaient réclamer d'autres droits, que ceux d'enfants naturels reconnus, et, à ce titre, la moitié seulement de la succession de leur père. Ils assignèrent, en conséquence, la veuve *Potel*, en reddition de compte devant le Tribunal civil de *Montreuil-sur-Mer*.

Un tuteur spécial ayant été nommé aux mineurs *Potel*, il invoqua en leur faveur *leur possession publique d'enfants légitimes*, les soins que leur père leur avait toujours donnés en cette qualité depuis son mariage ; il prétendit enfin tirer une fin de non-recevoir contre les deux frères de Jacques *Potel*, de ce qu'ils avaient assisté à la délibération du conseil de famille où l'un d'eux avait été nommé subrogé-tuteur des enfants.

Sur cette contestation, intervint, en faveur des frères et sœurs *Potel*, le jugement suivant :

« Considérant que l'art. 331 du Code civil n'admet que deux manières de légitimer les enfants naturels ; celle qui a lieu de plein droit par le mariage subséquent de leurs père et mère, quand ceux-ci les ont légalement reconnus avant le mariage ; et celle qui se fait par leur reconnaissance dans l'acte même de célébration ;

» Considérant que Augustin-Hippolyte et François-Joseph-Maxime *Potel* n'ont pas été reconnus par Jacques Potel avant son mariage avec Séraphine-

Antoinette-Joseph *Poirier*, conformément à l'art. 334
du même Code, auquel l'art. 331 précité se réfère
en exigeant une reconnaissance légale, et qu'ils ne
l'ont pas été par l'acte de célébration du mariage du
même *Potel*, que la reconnaissance faite par *Potel*
postérieurement à son mariage, par un acte de l'Etat
civil, en date du 9 novembre 1809, où sa femme
n'est pas comparue, ne peut rien opérer en faveur des
mineurs *Potel*, ni leur conférer le titre d'enfants légitimes, ni les droits qui leur seraient attribués en
cette qualité ; qu'en vain leur tuteur invoque l'art.
321 du Code, en articulant la possession d'état des
pupilles comme enfants légitimes de Jacques Potel et
de Séraphine *Poirier*, et en prétendant que la reconnaissance légale, dont parle l'art. 331, sans dire
qu'elle sera rédigée par écrit, ne peut être autre que
celle résultant dudit art. 321, qui est bien légale, en
ce qu'elle est établie par la loi ; parce que ce dernier article, qui indique de quelle manière doit s'établir la possession d'état nécessaire, à défaut de titre,
pour prouver la filiation, ne peut servir qu'aux enfants légitimes, puisque, à l'égard des enfants nés hors
le mariage, la recherche de la paternité étant interdite, la possession d'état devient inutile, et qu'il est
indispensable qu'ils justifient d'une reconnaissance
authentique, soit pour réclamer les droits que la loi
leur accorde, soit pour être légitimés, à moins que,
dans ce dernier cas, la reconnaissance ne soit consignée dans l'acte de célébration du mariage de leurs
père et mère. »

Ce jugement ayant été déféré par appel, à la Cour
de *Douai* ; cette Cour adoptant les motifs des premiers
Juges, mit l'appellation au néant, par arrêt du 15
mai 1816 (1).

M. Delvincourt est parfaitement de cet avis. Voici
comment il s'exprime (2) :

« L'on propose la question suivante : Un enfant
naturel a été reconnu par son père seulement ; ce
dernier se marie avec la mère de l'enfant, mais qui
ne l'a pas reconnu. L'enfant peut, aux termes de l'art.
341, rechercher la maternité. Mais s'il parvient à la
prouver postérieurement au mariage, sera-t-il censé
avoir été légitimé par le mariage? Je ne le pense
pas : la preuve de la maternité équivaut, en effet, à
la reconnaissance de la mère, mais elle ne peut pas
avoir plus d'effet ; or, la reconnaissance de la mère,
postérieure au mariage, opère-t-elle la légitimation?
Non sans doute, puisque, d'après l'art. 331, elle doit
être faite au plus tard dans l'acte de célébration.
Donc, etc. »

Nous inclinerions néanmoins à penser que, si le
père avait indiqué la mère dans l'acte de naissance
de l'enfant, et si avant et pendant le mariage, la
mère confirmait cette indication par une déclaration
authentique et expresse, ou par une reconnaissance
tacite dérivant de soins par elle donnés à l'enfant, la

(1) Sirey, tom. 16, 2ᵉ part. pag. 337.
(2) Tom. 1ᵉʳ. pag. 375.

confirmation vaudrait légitimation de sa part ; parce qu'on devrait croire que, en faisant l'indication, le père avait été le mandataire de la mère, *ratihabitio mundato comparatur.* C'est ce qui semble résulter de l'arrêt rendu par la Cour de Cassation, le 26 avril 1824, et de celui de la Cour royale de Bordeaux, du 19 janvier 1831, que nous rapportons plus bas (1).

C'est ce qui a été formellement jugé par un autre arrêt de la Cour de Cassation, du 22 janvier 1839, rapporté plus bas au titre de la reconnaissance des enfants naturels, chap. 6. Dans l'espèce de l'arrêt *Potel* que nous venons de rapporter, le père n'avait fait aucune reconnaissance, ni par conséquent aucune indication de la mère, soit avant, soit lors de son mariage avec elle. L'arrêt a donc été rendu hors des termes de l'art. 331 et de l'art. 336 du Code civil.

214. — Nous venons de voir, et la Cour de Douai a dit avec nous que les mots *légalement reconnus*, employés par l'art. 331, se réfèrent à l'art. 334, qui veut que la reconnaissance soit faite *par acte authentique.* Il résulte de ce rapprochement, qu'elle ne peut avoir lieu par acte sous seing-privé. A ce sujet, il est intéressant de rapporter l'opinion de M. *Merlin :*

« Mais quel doit être le caractère de la recon-

_____

(1) Sirey, tom. 24, 1re part. pag. 317, et tom. 31, 2e part. pag. 231.

naissance antérieure au mariage, pour que le mariage même puisse légitimer les enfants qui en sont l'objet? Est-il nécessaire qu'elle soit faite par un acte public; ou suffit-il qu'elle le soit par un acte sous seing-privé?

» Si l'on s'en rapportait au texte de l'art. 331, tel qu'il est imprimé dans les éditions officielles, la question serait assez douteuse, car le texte porte, *également reconnus*, expression qui semble n'exiger, de la part du père et de la mère qu'une reconnaissance égale et réciproque. Mais la vérité est que le texte original de la loi porte, *légalement reconnus*, et dès là nul doute que l'art. 331 ne doive s'interpréter que par l'art. 334, aux termes duquel un enfant né hors le mariage, ne peut être reconnu que *par un acte authentique, lorsqu'il ne l'a pas été dans son acte de naissance*. On sent d'ailleurs qu'un acte sous seing-privé ne faisant point foi de sa date, une reconnaissance faite dans cette forme ne remplirait pas les vues de la loi. »

M. Proudhon distingue entre le père et la mère; il attribue un effet valable à la légitimation par rapport à la mère au moyen de la reconnaissance sous signature privée, portée dans un acte avéré en Justice, sur la poursuite de l'enfant, parce que, dit-il, la recherche de la maternité est permise (1).

Mais cette opinion est destructive du principe fon-

(1) Tom. 2, pag. 111 et 112.

damental qui veut que la reconnaissance soit faite au
plus tard dans l'acte de célébration du mariage des
père et mère. Or, il n'y aurait rien de plus facile,
que d'antidater l'acte sous seing-privé. Cette observation démontre seule l'erreur de *M. Proudhon.*

Au surplus, comme le dit encore *M. Merlin,* la reconnaissance même la plus authentique n'opèrerait
rien en faveur des enfants, et le mariage ne les légiti-
merait pas, s'il était prouvé qu'ils n'ont pas pour père
celui qui les reconnaît pour siens au moment où il
épouse leur mère. Autrefois, on n'avait pas à craindre cet inconvénient, du moins dans certains pays de
la France, où il était d'usage de mettre sous le poële
les enfants déjà nés à l'époque de la célébration du
mariage de leurs père et mère. Cette formalité était
utile, en ce qu'elle formait une reconnaissance que
ces enfants étaient nés des personnes mêmes qui se
mariaient, et que, par ce moyen, elle assurait leur
état (1) (2).

---

(1) *Furgole,* Traité des Testaments, tom. 1er, pag. 380 et 381, édit.
in-4o, dit, en effet : « qu'il y a des pays où l'on pratique de mettre sous
le poële les enfants déjà nés lors de la célébration du mariage de leurs
père et mère. Mais cette formalité n'est pas nécessaire pour opérer la légitimation, puisqu'elle est produite, quand même les enfants s'oppose-
raient au mariage de leurs père et mère, comme nous l'avons dit ci-
dessus, no 174.

Elle est pourtant utile, en ce qu'elle assure l'état des enfants par reconnaissance comme ils sont nés des mariés. »

(2) Coquille, sur la coutume du Nivernais, titre des *fiefs,* art. 20, dit :
« La légitimation par mariage subséquent désire..... que la femme fût en
» concubinat et en la compagnie ordinaire de l'homme, et de telle façon
» qu'il ne restât que le sacrement et dignité du mariage qu'ils ne fussent
» mari et femme. »

La simple indication du père et de la mère dans l'acte de naissance de l'enfant, n'équivaut pas à la reconnaissance formelle et ne pourrait le légitimer. C'est une conséquence de ce qui vient d'être dit. C'est ainsi qu'on le trouve décidé dans M. Locré, tom, 4, pag. 171 et suiv. Cette espèce de reconnaissance tacite ne saurait remplacer la reconnaissance expresse exigée par la loi.

215. — Comme aussi c'est à ceux qui contestent la légitimation à prouver que l'enfant naturel reconnu est adultérin ; celui-ci n'est pas tenu d'administrer la preuve du contraire.

Le 14 avril 1797, mariage en secondes noces du sieur *Beys* avec Victoire *Rosséel*. Les époux déclarèrent reconnaître et adopter pour leur fille Jeanne-Henriette *Rosséel*, née quelques mois auparavant. Après la mort du sieur *Beys* et de la dame Beys, sa mère, il s'est agi, en 1811, de savoir si Jeanne-Henriette *Rosséel* prendrait part aux successions de son père, et de son aïeule paternelle comme fille légitimée du sieur *Beys*. La demoiselle Beys excipa de sa reconnaissance par le contrat de mariage de ses père et mère, et de l'art. 331 du Code civil. Les héritiers Beys soutinrent qu'elle ne pouvait se prévaloir de la reconnaissance et de l'adoption portée au contrat de mariage de ses père et mère. Suivant eux, la demoiselle *Rosséel* devait rapporter un acte de naissance duquel il résultât clairement qu'elle n'était point le fruit d'un commerce adultérin ou incestueux, et qu'elle pouvait être légitimée suivant l'art. 331. 25 août 1812, jugement du Tribunal de *Gand*, et 29 janvier 1813, arrêt de la Cour de *Bruxelles*, qui maintiennent la demoiselle Rosséel dans son état de fille légitimée :

« Attendu que la reconnaissance faite par les époux contractants devant l'Officier de l'Etat civil, dans l'acte même de leur mariage, opère légitimation de l'enfant reconnu, et lui vaut titre d'enfant légitime, comme s'il était reconnu par ces époux lors de sa naissance;

» Attendu que les appelants n'ont point nié l'identité de la fille de l'intimée, avec l'individu qui a été reconnu à l'acte du 27 germinal an 5, et n'ont point posé en fait qu'elle serait conçue durant le premier mariage de feu *Beys* avec la dame *Amaris* (1). »

Du même principe, résulte cette autre conséquence que, lorsqu'un enfant a été reconnu par un individu se disant son père, et légitimé par le mariage subséquent de ce père avec la mère que lui attribue son acte de naissance, qu'il a même une possession d'état conforme à cette reconnaissance et à cette légitimation, il ne peut être dépouillé de cet état, par cela seul qu'il existerait un acte de naissance qui lui donnerait un autre père, même un père *légitime*, si ce père

(1) *Sirey*, tom. 14, 2ᵉ part. pag. 32.

n'a pas assisté à l'acte de naissance, et que la preuve de son mariage avec la mère de l'enfant ne soit pas rapportée. Vainement on dirait que la légitimation se référant à l'acte de naissance, l'enfant qui excipe à la fois de ces deux actes, doit réputer vraies toutes les énonciations portées dans l'acte de naissance. En un tel cas, c'est au demandeur qui attaque la légitimation et la possession d'état, à prouver la vérité, de ces énonciations. C'est ainsi que la Cour de Cassation l'a décidé dans la cause de M. le comte Ducayla et de la demoiselle Catherine-Philippine Ducayla, par arrêt du 8 décembre 1829, par lequel elle a cassé celui de la Cour royale de Paris, du 27 octobre 1827. Il faut voir l'espèce de cet arrêt qui est vraiment curieuse, dans le recueil de Sirey, tom. 30, 1, 4. Elle a considéré qu'un acte de naissance est évidemment insuffisant pour établir la légitimité qui a sa source dans le mariage ; que l'art. 319 du Code civil suppose un mariage déjà existant et non contesté, puisqu'il règle le mode de la preuve de la filiation des enfants légitimes ; que le comte Ducayla n'avait pas prouvé l'existence d'un mariage célébré entre Morel et Catherine Didier, auxquels on attribuait la demoiselle Ducayla ; que cette preuve était cependant à sa charge, puisqu'il attaquait : 1° la reconnaissance ; 2° la légitimation par mariage subséquent, et la possession d'état postérieure à cette légitimation. Cet arrêt a été rendu selon les vraies principes qui ne pouvaient plier devant les considéra-

tions et les présomptions invoquées par M. le comte
Ducayla, quelque fortes qu'elles pussent être. Aussi
l'affaire ayant été renvoyée devant la Cour royale
d'Orléans, il y est intervenu, le 7 janvier 1831, un
arrêt conforme à celui de la Cour suprême (1).

216. — Les interprètes étaient autrefois assez
partagés sur la question de savoir si le mariage intermédiaire de l'une des parties avec une autre, n'em-
pêchait pas la légitimation. Par exemple, *Mevius* et
Simpronia, tous deux libres et habiles à se marier
ensemble, ont l'un avec l'autre un commerce dont il
naît un enfant : *Mevius* se marie avec *Titia*, qui
lui donne plusieurs enfants. Devenu veuf, il épouse
en secondes noces, Simpronia : on demande si ce
mariage subséquent légitime le fruit de l'union illicite qui a eu lieu entre les parties, dans le temps
qu'elles étaient libres. L'affirmative n'était plus dou-
touse dans la dernière Législation française. Elle ne
peut pas souffrir plus de difficulté dans la nouvelle.
Tel est l'avis de *M. Merlin*, Répertoire au mot *Légitimation*. Tel est aussi l'avis de *M. Toullier*, n° 923.
D'ailleurs, l'art. 331 ne contient aucune exception.
Il suffit que les père et mère de l'enfant se marient,
à quelque époque que ce soit, pour qu'ils puissent le
légitimer.

Nous avons vu que, pour que la légitimation soit

(1) Sirey, tom. 31, 2ᵉ part. pag. 174.

valable, il faut qu'elle soit faite par deux personnes libres.

Mais un enfant naturel est-il censé adultérin, et, en cette qualité, incapable de légitimation par mariage subséquent, quand son père et sa mère, dont l'un était marié à un autre, au moment de sa conception, se trouvent tous deux libres au moment de sa naissance? Oui, sans doute. Quelle est la raison pour laquelle un enfant conçu avant le mariage et né après, jouit de tous les avantages de la légitimité? C'est parce que la loi suppose que le mariage a été célébré, au moins de vœu et de désir, dès le temps de la conception, et que, par conséquent, elle lui donne un effet rétroactif. Or, pour pouvoir faire cette supposition, il faut que le mariage ait pu être contracté dans le temps de la conception ; car la fiction ne peut jamais défigurer la nature ni détruire la vérité. Elle peut bien supposer que ce qui est possible a existé, mais elle ne donnera jamais une existence idéale à une chose impossible. M. Merlin rapporte plusieurs arrêts qui l'ont décidé ainsi, notamment celui rendu par le Parlement de Paris, le 10 mai 1773, contre le sieur *Masson-de-Maison-Rouge.* Cet arrêt est conforme à celui du Parlement de Bordeaux, du 14 février 1617, que nous avons déjà cité à l'occasion du mariage putatif.

Cette question était autrefois très controversée. La source de cette divergence d'opinion se trouve encore dans les termes dont le Législateur s'est servi

pour construire l'art. 331. Cet article n'exclut de la
légitimation que les enfants *nés* d'un commerce incestueux ou adultérin, d'où il semblerait qu'on pourrait conclure que le bénéfice de la légitimation pourrait être accordé aux enfants *conçus* dans l'inceste
ou l'adultère.

Mais cette argumention est repoussée par ce raisonnement qu'on trouve dans Furgole, que, « par
une fiction de droit introduite en faveur des enfants,
on regarde le père et la mère comme s'ils étaient
mariés ensemble, lorsque les enfants ont été conçus,
laquelle présomption ne peut avoir lieu quand l'un
d'eux est marié à un autre ; que la tache est contractée par la conception et non par la naissance ; que
cette tache est imprimée à l'enfant au moment où il
est conçu, et qu'elle ne peut point être effacée par la
naissance, parce qu'elle ne diminue point la faute, et
ne fait point que la conjonction ne soit également
réprouvée, et que le mariage subséquent ne peut
point la laver ni la purifier. Qu'ainsi la femme ayant
conçu d'un adultère, son fruit demeure toujours
adultérin, quoique l'adultère devienne libre dans l'intervalle de la conception à la naissance. C'est aussi,
dit Furgole, l'opinion suivie dans l'usage et autorisée par les arrêts des Parlements de Paris et de Bordeaux, comme fondée sur la disposition du chapitre
tanta est vis, extrà qui filii sint legitimi, qui doit
prévaloir en cette matière, sur la décision du Droit
civil. *Si quis autem vir*, dit ce texte canonique, *vi-*

vente uxore aliam cognoverit, et ex eâ prolem susce-
perit, licet post mortem uxoris eamdem duxerit, ni-
hilominus spurius erit filius, et ab hæreditate repel-
lendus. Ces mots *vivente uxore, aliam cognoverit,*
font voir clairement qu'il faut considérer le temps
du commerce illicite et de la conception de l'enfant (1). »

217. — Mais une question bien autrement importante que celle-là, est celle de savoir si les enfants
nés d'une personne engagée dans les Ordres sacrés,
ou dans l'état religieux, peuvent être considérés
comme adultérins ou incestueux, incapables par suite
d'être légitimés par le mariage subséquent de leurs
père et mère (2).

Cette question fut présentée, en 1809, à la Cour de
Bourges, à l'occasion de Françoise Madeleine, recon-

---

(1) Traité des Testaments, tom. 1er, pag. 376 et 377, édit. in-4º. —
Vid. aussi le Traité des enfants naturels, de *M. Loiseau,* pag. 275 et
suiv.

(2) Le mariage des Prêtres n'était pas défendu dans la primitive Eglise,
et pendant longtemps, après que l'interdiction fut portée, il n'en résulta
qu'un empêchement prohibitif. Ce n'est qu'au 12e siècle que l'empêchement devint dirimant. Il fut prononcé lors du Concile de Latran, de
1123, confirmé par le second Concile de l'année 1139, et par celui de
Trente. Nous avons même une déclaration de Charles IX, du 14 août
1554, qui ordonna que les Prêtres, moines et religieux profés et religieuses professes qui, durant les troubles ou depuis, auraient abandonné leur
profession et contracté mariage, seraient contraints de laisser leurs femmes ou leurs maris pour retourner à leur première vocation, ou de se retirer hors du royaume, dans le délai de deux mois, au plus, sinon, punis
extraordinairement des galères perpétuelles, ou de prison entre quatre
murailles. — *Voyez le Traité du Mariage de M. Vazeille,* tom. 1er,
pag. 108 *et* 109.

nue dans l'acte de célébration du mariage du sieur
François *Gras*, Prêtre, avec la dame De Virgile, du
11 floréal an deux, laquelle Françoise Madeleine était
née et avait été baptisée à Marseille, le 17 mai 1778,
comme fille de père et mère inconnus. La Cour de
Bourges, par arrêt du 15 mars de ladite année, réformant le jugement du Tribunal civil de *Moulins-en-
Gilbert*, du 11 mars 1808, déclara Françoise Madeleine légitimée par le mariage subséquent de ses père
mère, parce quelle reconnut qu'aucun empêchement
légal n'avait existé dans la personne de son père
qui, à l'époque de sa naissance, était capable de mariage en vertu d'une dispense du Pape. Cet arrêt, déféré à la Cour de Cassation, M. Merlin donna de
longues et savantes conclusions, dans lesquelles il fut
d'avis de rejeter le pourvoi. La Cour suprême adopta
son opinion de la manière suivante :

« Attendu que, en déclarant que Françoise Madeleine *Gras*, défenderesse, née le 17 mai 1778, avait
pu être reconnue et légitimée par l'acte de mariage
célébré, le 11 floréal de l'an 2, entre Marie-Madeleine
De Virgile et François *Gras*, ses père et mère, quoique, à l'époque de sa naissance, ledit *Gras* eût été
engagé dans l'ordre de Prêtrise, et, en lui adjugeant,
en sa qualité de sœur utérine de Pierre Joseph-
Honoré *De Virgile*, fils issu du premier mariage de
ladite Marie-Madeleine De Virgile, la totalité de sa
succession, la Cour d'appel de Bourges n'a pu con-

trevenir à aucune loi (1), *arrêt du 22 janvier* 1812. »

M. *Merlin* a été·ensuite bien plus loin dans le tom. 16 du Répertoire publié en 1824. Il soutient que, même sans dispense, un individu engagé dans les Ordres sacrés, a pu, dans tous les temps, et peut encore se marier, *en s'abstenant, dans ce cas, des fonctions sacerdotales*, et qu'il a pu, par suite, et peut encore légitimer, par un mariage subséquent, les enfants qu'il a eus, lorsqu'il était encore Prêtre. Il envisage la question à quatre époques différentes.

Il soutient que ni les Canons des deux premiers Conciles de *Latran*, tenus dans le douzième siècle, ni celui du ·Concile de *Trente*, qui commencèrent à frapper de nullité les mariages des personnes engagées dans les Ordres sacrés, ne furent revêtus, en France, du sceau de la puissance législative ; que seulement la Jurisprudence des arrêts s'y était conformée (2).

Il soutient, en parlant de la deuxième époque, que le décret de l'assemblée constituante du 13 février 1790, ayant déclaré que *la loi ne reconnaissait plus de vœux monastiques solennels des personnes de l'un et de l'autre sexe*, et la constitution du 3 septembre 1791 ayant dit aussi que *la loi ne connaissait plus ni*

(1) Sirey, tom. 12, 1re part. pag. 161.

(2) Cependant, le 18 mars 1666, le Parlement de Paris déclara habiles à succéder commes légitimés par mariage subséquent, et après dispense ecclésiastique, les enfants nés d'un sous-diacre et d'une abbesse. Cet arrêt se trouve dans le *Journal des Audiences*, sous ladite année.

vœux religieux, ni aucun autre engagement qui serait
contraire aux droits naturels; que ces deux lois, di-
sons-nous, avaient suffisamment déclaré que les Prêtres étaient capables de mariage ; il ajoute à cela deux
autres décrets, l'un du 19 juillet 1793, et l'autre du
12 août de la même année, tendant à faire disparaître tous les obstacles apportés au mariage des Ecclésiastiques.

Il marque la troisième époque par le concordat du
29 messidor an 9, passé entre le Gouvernement
Français et le Pape *Pie VII*, et surtout par le discours que prononça *M. Portalis* au Corps législatif,
le 18 germinal an 10, lors de la présentation de ce
concordat. On lit, dans ce discours, les paroles suivantes : « Pour les Ministres que nous conservons (et à
» qui le célibat est ordonné par les réglements ecclé-
» siastiques), la défense qui leur est faite du mariage
» par ces réglements, n'est point consacrée comme
» *empêchement* dirimant, dans l'ordre civil. Ainsi, leur
» mariage, s'ils en contractaient, ne serait point nul
» aux yeux des lois politiques et civiles, et les enfants
» qui en naîtraient seraient légitimes ; mais, dans le
» for intérieur et dans l'ordre religieux, ils s'expo-
» seraient aux peines spirituelles prononcées par les
» lois canoniques ; ils continueraient à jouir de leurs
» droits de famille et de cité ; mais ils seraient tenus
» de s'abstenir du Sacerdoce. »

Il marque la quatrième époque par la Charte constitutionnelle du 14 juin 1814, qui, par son art. 68,

déclare *que le Code civil et les lois actuellement exis-*
tantes, qui ne sont pas contraires à la présente Charte,
restent en vigueur, jusqu'à ce qu'il y ait été légalement
dérogé. Il dit que les lois de 91 et de 93 ayant permis le mariage des Prêtres, et le Code civil n'ayant
point mis les Ordres sacrés dans le rang des empêchements dirimants, ces lois existent encore, puisqu'elles n'ont pas été abrogées (1) (2).

Cependant, le 14 janvier 1806, le Gouvernement
d'alors fit ou laissa publier dans toutes les Gazettes
une lettre du Secrétaire-Général du Ministre des Cultes à Mgr l'Archevêque de Bordeaux, conçue en
ces termes :

Monseigneur l'Archevêque,

« J'ai la satisfaction de vous annoncer que Sa Majesté,
en considération du bien de la Religion et des mœurs,
vient d'ordonner qu'il serait défendu à tous les Officiers de
l'Etat civil de recevoir l'acte de mariage du Prêtre B. Sa

---

(1) Tom. 16, au mot *Célibat*, pag. 140.
(2) Ceux qui soutiennent la nullité du mariage de Prêtres, prétendent
que la constitution de 1791 a été abolie par la Charte ; que l'art. 6 de cette
loi politique, déclarant que la Religion catholique, apostolique et romaine,
est la Religion de l'Etat, et cette Religion prohibant le mariage de ses Ministres, il est impossible aujourd'hui de le tolérer. — On répond que
l'art. 5 de la Charte dit aussi que chacun professe sa Religion avec une
égale liberté, d'où l'on conclut que la Charte n'adopte aucune Religion
d'une manière exclusive. — Cette réponse ne nous paraît pas très satisfaisante, car on pourrait répliquer, ce nous semble, qu'au moins la Religion catholique, apostolique et romaine est la Religion du Gouvernement,
et qu'il n'est permis de rien faire contre ce qu'il défend d'après cette Religion. Cependant on peut répondre encore que cette même Religion défend également le divorce et que, pourtant, il a fallu une loi expresse
(celle du 8 mai 1816), pour l'abolir.

Majesté considère le projet formé par cet Ecclésiastique comme un délit contre la Religion et la morale, dont il importe d'arrêter les funestes effets dans leur principe.

» Vous vous applaudirez sans doute, Mgr l'Archevêque, d'avoir prévu, autant qu'il était en vous, les intentions de Sa Majesté, en vous opposant à la consommation d'un scan‑ dale dont le spectacle aurait affligé les bons et encouragé les méchants.

» J'écris à M. le Préfet de la Gironde pour qu'il fasse exécuter les ordres de Sa Majesté. J'en fais également part à L. L. E. E. les Ministres de la Justice et de l'Intérieur. La sagesse d'une telle mesure servira à diriger l'esprit des administrations civiles, *dans une matière que nos lois n'a- vaient point prévue.*

» Par ordre,

» Le Secrétaire Général attaché au ministère,

» Signé PORTALIS FILS (1). »

M. Merlin qualifie cette lettre d'acte arbitraire et d'excès de pouvoir de la part de celui qui était alors le chef de l'Etat. Il en dit de même d'une autre lettre écrite, le 30 janvier 1807, par le même Ministre au Préfet de la Seine-Inférieure (2).

---

(1) *Sirey*, tom. 6, 2ᵉ part. pag. 71.

(2) Le 9 juillet 1806, le Grand-Juge-Ministre de la Justice présenta au chef du Gouvernement un rapport ainsi conçu :

« Le Préfet du département de la Nièvre m'expose qu'un particulier de la commune de Corbigy, qui a renoncé formellement depuis plus de douze ans à la Prêtrise, qui a rempli, depuis ce temps, plusieurs places admi- nistratives, et qui exerce même actuellement les fonctions de défenseur officieux, désire se marier ; et cet administrateur me demande si, d'après la lettre que le Ministre des Cultes a adressée, par l'ordre de Votre Majesté, à Mgr l'Archevêque de Bordeaux, sur une question semblable, le réclamant peut être admis au mariage.

» La loi du Concordat, ni les dispositions du Code civil ne contiennent

Quoi qu'il en soit, cette question s'étant présentée
à la Cour royale de Paris, à l'occasion du mariage

rien qui s'oppose à ce mariage; il semble que l'Officier de l'Etat civil peut
procéder à sa célébration ; néanmoins, avant de répondre au Préfet, j'ai
l'honneur de prier Votre Majesté de vouloir bien me faire connaître son
intention sur cet objet. »

Décision du Chef de l'Etat portée en marge de la feuille de travail,
ainsi conçue :

» *S'il n'a pas été reconnu Prêtre depuis le concordat, il peut se
marier, en s'exposant néanmoins au blâme, puisqu'il manque aux
engagements qu'il avait contractés.* » — *Répertoire de la nouvelle
Législation de M. Favard-de-Langlade, tom.* 3, *pag.* 459 *et* 460.

Le même auteur rapporte une autre lettre écrite dans le même sens,
le 9 février 1807, par le Ministre des Cultes, à Mgr. l'Evêque de *Bayeux;*
elle est ainsi conçue :

« Il était vraiment scandaleux de voir les Prêtres abdiquer leur état,
par un mariage que les Canons de l'Eglise ne leur permettent pas de
contracter. J'en fis même rapport à l'Empereur. Ce rapport fut communiqué au Grand-Juge. Sa Majesté pensa que les Prêtres qui n'avaient pas
repris leurs fonctions depuis le concordat devaient être abandonnés à
leurs consciences ; mais que, pour l'honneur du Sacerdoce *et même pour
la sûreté des familles,* il importait d'empêcher le mariage de ceux qui
ont repris leurs fonctions ou qui ont été promus aux Ordres depuis
le concordat. »

« Le cardinal Gonzalvi sortait un jour de chez M. De Brignolé,
» lorsque M. De S*** y entrait : *imagineriez-vous,* lui dit Madame De
» Brignolé, *quel était le sujet de ma conversation avec le Cardinal?*
» *Nous parlions du mariage des Prêtres.* En résumé, le Cardinal, tout
» joyeux de la signature du concordat, avait dit que, si le Gouvernement
» français en faisait la demande, très certainement la Cour de Rome y
» consentirait, parce que ce n'était qu'un point de discipline, etc. M. De
» S*** s'empressa d'aller trouver le premier Consul, et de lui faire part de
» ce qu'il venait d'apprendre. Celui-ci lui répondit qu'il ne doutait point
» que cette proposition ne fût acceptée s'il la faisait, mais qu'il s'en était
» abstenu pour ne pas donner lieu *au faubourg Saint-Germain de
» traiter le Saint-Père d'hérétique;* il ajouta qu'il était dans ses vues
» d'avoir un Pape dont la considération ne fût point affaiblie, un Pape
» véritablement catholique, apostolique et romain. Ce ne fut pas la seule
» occasion où l'Empereur témoigna des égards pour les vœux de la bonne
» compagnie (car c'est ainsi qu'il faut entendre ce mot de faubourg
» Saint-Germain). » — *Mémoires anecdotiques sur l'intérieur du Palais et sur quelques événements de l'Empire, depuis 1805 jusqu'au
1er mai 1814, pour servir à l'histoire de Napoléon, par L.-F.-J. De
Bausset, ancien Préfet du Palais, tom.* 1er, *pag.* 16 *et* 17, 2e *édition.*

du Prêtre François *Martin*, célébré le 22 février 1816, avec la demoiselle *Jaliot*, il y intervint arrêt, le 18 mai 1818, qui déclara nul et de nul effet ce mariage par les motifs suivants :

« Considérant qu'il est constant que Martin était engagé dans les Ordres sacrés ; que, jusqu'à la constitution de 1791, il était reçu en France, comme en tous pays catholiques ; que l'engagement dans les Ordres sacrés était un empêchement dirimant du mariage ; que ce principe n'a été détruit par aucune loi expresse, et que sa violation temporaire n'a été que l'effet d'une erreur par une induction de la constitution de 1791, qui déclarait ne reconnaître aucun vœu religieux, ou engagement contraire à la nature ; que cette erreur, qui, en la supposant erreur commune, protége les faits des mariages antérieurs à la Charte, a dû cesser nécessairement après la promulgation de la Charte, qui, en déclarant la Religion catholique, apostolique et romaine, la Religion de l'Etat, a restitué aux lois de l'Eglise la force des lois de l'Etat relativement aux Ministres de la Religion de l'Etat. »

La demoiselle *Jaliot* se pourvut en Cassation ; mais cette Cour, par arrêt du 7 juin 1821, s'abstint de prononcer sur la question soulevée. Elle ne cassa l'arrêt de la Cour de Paris que par le motif que des collatéraux n'étaient recevables à attaquer les mariages que dans les cas déterminés par la loi, par la combinaison de l'art. 184 avec les art. 25, 144, 147, 161, 162,. 163, 191 et 348 du Code civil.

M. Merlin fait la critique des motifs de cet arrêt en regrettant qu'il se soit déterminé par la fin de non-recevoir, et qu'il n'ait pas jugé la question de validité du mariage. « Si la Cour de Cassation eût abordé ce » moyen, dit-il, elle n'aurait sans doute trouvé au-» cune ombre de difficulté à le proscrire (1). »

Enfin, M. Toullier, dans la 3ᵉ édition de son Cours de Droit civil, publié en 1821, liv. 1ᵉʳ, titre 5, nº 160, s'exprimait en ces termes : « Tant qu'il n'exis-» tera point de loi prohibitive, le mariage des Prêtres » sera valide aux yeux de la loi civile, et les enfants » qui en naîtront seront légitimes. »

Après avoir recueilli tous ces documents, nous nous contenterons d'observer que l'arrêt de la Cour de Cassation, du 22 janvier 1812, est un monument que l'on doit respecter, jusqu'à ce qu'une loi positive intervienne pour faire disparaître les doutes, s'il en existe, sur cette question. L'intérêt de la morale et de la Religion paraît exiger cette loi ; mais jusqu'alors nous ne pensons pas que les Tribunaux puissent se permettre d'annuler le mariage des Prêtres, ni les Officiers de l'Etat civil se refuser à le célébrer. La légitimation des enfants opérée par ce mariage ne peut pas non plus être valablement attaquée.

. (1) Cette réticence de la Cour suprême peut n'être pas sans intention. Elle avait sous les yeux son premier arrêt du 22 janvier 1812, qui n'avait pas été rendu sans un profond examen.

M. Loiseau passe en revue, comme *M. Merlin*, les trois premières époques auxquelles la question peut se présenter. Arrivé à la quatrième, il soutient sur le fondement de la lettre du Ministre des Cultes à l'Archevêque de Bordeaux, du 14 janvier 1806, que le mariage des Prêtres est nul : « Il faut donc rendre » hommage à cette vérité, dit-il, qu'aujourd'hui la » loi civile reconnaît le vœu de chasteté des Ecclésias- » tiques, et qu'on doit les déclarer formellement inca- » pables de se marier *(pag. 274)*. »

Cependant M. Loiseau est obligé de convenir que la lettre du Ministre des Cultes ne dit pas que l'on doive regarder comme nul le mariage contracté au mépris de cette défense ; et à la note de la page 173, il ajoute, ce qui est très vrai, qu'on distingue l'empêchement prohibitif de l'empêchement dirimant ; que ce dernier seul entraîne la nullité du mariage défendu. Mais il se détermine par une seconde lettre écrite par le même Ministre, le 30 janvier 1807, au Préfet de la Seine-Inférieure.

Mais M. Loiseau n'examine point la question depuis la Charte constitutionnelle, et l'on a vu le parti que M. Merlin tire de cette loi politique.

Voyez pour les divers cas d'empêchements prohibitifs et dérimants, *M. Proudhon*, tom. 1er, pag. 222 et suiv.

Il nous semble que la question, sous le rapport du Droit civil, abstraction faite du motif politique, doit se réduire à savoir si les enfants des Prêtres peuvent être réputés incestueux, dans l'état de notre Législation actuelle.

M. Toullier (1) dit que l'art. 331 du Code ne définit point ce qu'il faut entendre par un commerce incestueux ; que ni le Code pénal de 1791, qui était la loi vivante au moment où le Code civil fut rédigé, ni le nouveau Code des délits et des peines, ne peuvent servir à fixer nos idées, parce qu'ils ne contiennent aucune disposition relative à l'inceste.

Ce n'était point dans l'art. 331 que l'on devait s'attendre à trouver la définition de l'inceste ; cet article avait seulement pour objet de prohiber la légitimation par mariage subséquent en faveur des enfants incestueux et adultérins.

Mais nous croyons que *M. Toullier* a été trop loin lorsqu'il a dit que nos Codes ne contiennent aucune disposition à ce sujet. Les art. 161, 162 et 163 du Code civil, en prohibant le mariage entre les personnes qu'ils désignent, déclarent par cela même incestueux les enfants qui peuvent provenir de semblables unions. Il n'y a qu'une seule exception hypothétique, elle se trouve dans l'art. 164 pour le cas de la prohibition du mariage entre l'oncle et la nièce, la tante et le neveu, dont il est parlé à l'art. 163. Si ces personnes obtiennent du Roi la levée de la prohibition de se marier, leurs enfants seront légitimes.

Hors les divers cas tracés dans les articles préci-

(1) Tom. 2, pag. 224 et 225.

tés, il n'est pas permis de qualifier d'incestueux les enfants qui proviennent de mariages contractés entre toutes autres personnes ; et comme le Code civil ne s'est point occupé de l'inceste spirituel, à plus forte raison doit-on décider jusqu'à présent qu'il n'y a point d'inceste dans le mariage des Prêtres, à moins qu'une loi spéciale ne le déclare formellement en leur interdisant la faculté de se marier. Leurs enfants peuvent donc être légitimés (1) (2).

M. Vazeille (3) pense, comme nous, que la morale exige le célibat des Prêtres. Mais, comme nous aussi, il ne croit pas que ni le Code civil, ni le Concordat, ni la Charte prononcent contre eux un empêchement dirimant pour le mariage.

(1) « Si les Ministres de l'Eglise peuvent et doivent veiller sur la sainteté du Sacrement, la puissance civile est seule en droit de veiller sur la validité du contrat. Les réserves et les précautions dont les Ministres de l'Eglise peuvent user pour pourvoir à l'objet religieux, ne peuvent, dans aucun cas, ni en aucune manière, influer sur le mariage même, qui, en soi, est un objet temporel.

» C'est d'après ce principe que l'engagement dans les Ordres sacrés, le vœu monastique, et la disparité du Culte, qui, dans l'ancienne Jurisprudence, étaient des empêchements dirimants, ne le sont plus ; ils ne l'étaient devenus que par les lois civiles qui prohibaient les mariages mixtes, et qui avaient sanctionné par le pouvoir coactif les réglements ecclésiastiques relatifs au célibat des Prêtres séculiers et réguliers. Ils ont cessé de l'être depuis que la liberté de conscience est devenue elle-même une loi de l'Etat, et l'on ne peut certainement contester à aucun Souverain le droit de séparer les affaires religieuses d'avec les affaires civiles, qui ne sauraient appartenir au même ordre de choses, et qui sont gouvernées par des principes différents. — Discours de M. Portalis, orateur du Gouvernement, sur le titre 5 du Code, relatif au Mariage.

(2) Dans les conclusions que donna M. Merlin, lors de l'arrêt de la fille *Gras*, il dit positivement que l'on ne peut qualifier ni d'adultérin, ni d'incestueux, le commerce qui, avant la révolution, a existé entre un Prêtre et une personne du sexe.

(3) Traité du Mariage, tom. 1, pag. 107 jusqu'à 114.

218. — Cette question d'un très haut intérêt, il faut en convenir, a été présentée devant différents Tribunaux, et a été traitée par les premiers Jurisconsultes de la Capitale. En 1827, le Tribunal de Sainte-Menehould l'a résolue en faveur des Prêtres sur la plaidoirie de Me Picart. Il a jugé que le Prêtre *Détiaque* pouvait se marier, quoique engagé, dès avant la révolution, dans les Ordres sacrés. Il serait trop long de transcrire ici les motifs de ce jugement qui sont un véritable traité sur la matière (1).

219. — Le 16 février 1828, le sieur Dumonteil, Prêtre, voulant aussi s'engager dans les liens du mariage, en renonçant à l'état ecclésiastique, a eu besoin de faire faire des sommations respectueuses. Il s'est adressé, pour cela, à Me *Morand* qui n'y a consenti qu'autant qu'il serait commis par Justice. Le sieur Dumonteil a présenté dans cet objet une requête à M. le Président du Tribunal civil de la Seine qui y a répondu par l'ordonnance suivante :

« Le Président du Tribunal, vu la requête, ensemble les conclusions du Ministère public ;

» Attendu que l'art. 6 de la Charte déclare que la Religion catholique, apostolique et romaine est la Religion de l'Etat ;

» Attendu que, suivant les Canons, l'entrée dans les Ordres sacrés est un empêchement au mariage ;

(1) Voir le *Courrier des Tribunaux*, du 26 février 1828.

» Attendu que l'exposant déclare lui-même qu'il est encore en ce moment engagé dans les Ordres sacrés ; qu'ainsi Mᵉ Morand a eu juste motif de lui refuser son ministère pour faire les actes dont il s'agit ;

» Déclare qu'il n'y a pas lieu de faire les injonctions requises par l'exposant. *Signé Moreau.* »

Le sieur Dumonteil s'est alors adressé aux Jurisconsultes de la Capitale, et leur a soumis cette grave question. Ces Jurisconsultes l'ont résolue en sa faveur dans une consultation qui restera comme monument du Barreau, pour attester l'esprit et les mœurs du siècle. Ce sont *MM. Guillemard, Carré, Barthe, Marie, Germain, Fleury, Berville et Isambert.* Leur consultation est du 29 février 1828 (1).

La cause portée à l'audience du Tribunal civil de Paris, il a été jugé, le 19 juin suivant, que le mariage était interdit aux Prêtres. Le sieur Dumonteil a été en conséquence débouté de sa demande (2). Sur l'appel, ce jugement a été confirmé par arrêt de la Cour de Paris, du 27 décembre de la même année (3).

Les deux premiers motifs de cet arrêt présentent quelque chose que la raison et la nature de la demande du Prêtre Dumonteil ne sauraient expliquer. Voici comment ils sont conçus :

(1) Il faut la lire dans le *Courrier des Tribunaux* du 1ᵉʳ mars suivant.
(2) Voir le jugement dans le *Courrier des Tribunaux* du 20 du même mois.
(3) Sirey, tom. 29, 2ᵉ part. pag. 33.

« Considérant que si, aux termes de la Charte, chacun professe sa Religion avec une égale liberté, et obtient pour son Culte une égale protection, *il ne s'ensuit pas qu'un Français puisse se présenter comme n'appartenant à aucune Religion et comme étranger à tout Culte.*

» Que, si le Législateur n'a pas voulu interroger les consciences, et scruter les opinions et les habitudes privées, *sa haute prudence ne saurait devenir un moyen de se placer ouvertement hors de toute croyance.* »

220. — Etait-ce là, nous le demandons, la position du sieur Dumonteil ? En provoquant l'autorisation de se marier, disait-il, annonçait-il par cela même qu'il ne voulait appartenir à aucune Religion, qu'il entendait rester étranger à tout Culte, qu'il se plaçait hors de toute croyance ? Eh ! non sans doute. Un ministre protestant se marie, et certes on ne serait pas fondé à lui adresser de pareils reproches. Que disait donc le sieur Dumonteil ? Qu'il ne pensait pas que la loi civile actuelle eût maintenu, quant au mariage, les prohibitions de la loi canonique. Mais, d'ailleurs, il ne disait pas qu'il voulût abjurer tout principe religieux comme citoyen, comme individu, comme chef de famille. Il ne laissait même pas soupçonner que son dessein fût d'abandonner la Religion dans laquelle il était né. Pourquoi donc chercher dans la nature de sa demande les éléments d'une profession de foi aussi immorale ?

Observons encore que, par son dernier motif, la
Cour royale de Paris n'a aucunement résolu la question soulevée. Elle se borne à dire que le sieur Dumonteil a été élevé dans la Religion catholique, apostolique et romaine ; qu'il s'est engagé dans les Ordres
sacrés ; qu'il s'est ainsi obligé à observer toujours
le célibat prescrit aux Prêtres par les Conciles, dont
les Canons, quant à cette partie de discipline, ont été
admis en France par la puissance ecclésiastique et
sanctionnés *par la Jurisprudence civile.*

Bien certainement la Cour de Paris n'a pas voulu
parler de la Jurisprudence civile moderne. Les arrêts
de la Cour de Cassation étaient là pour lui répondre. Mais la question était de savoir si les Canons de
l'Eglise, *quant à cette partie de la discipline ecclésiastique,* n'avaient pas été abrogés par les lois de la révolution, par le Code civil et par la Charte, et c'est
précisément ce que la Cour s'est abstenue d'examiner.

221. — Les arrêts et jugements qui ont permis le
mariage des Prêtres ne se bornent pas à ceux que
nous avons cités. Il faut voir l'arrêt de la Cour de
Cassation, du 16 octobre 1809, dans l'affaire du Prêtre *Charonceuil;* le jugement du Tribunal de Nancy,
du 23 avril 1828, et celui du Tribunal de Cambrai,
du 7 mai de la même année (1).

(1) Sirey, tom. 10, 1re part. pag. 60, et tom. 29, 2e part. pag. 36 et
suiv.

222. — Il est curieux que l'on soit en droit d'invoquer l'autorité d'un Prêtre pour prouver la validité du mariage civil des Prêtres. Voici pourtant comment s'exprimait M. De Freyssinous, alors Ministre des Cultes, dans la séance de la Chambre des Députés, du 25 mai 1826 :

« On a semblé trouver quelque chose d'extraordinaire dans le désir exprimé par quelques Ecclésiastiques, de voir cesser toute espèce de discordance entre les lois civiles et les lois religieuses sur le mariage. Ici encore, il ne faut que s'entendre. *Autrefois l'Etat et l'Eglise étaient parfaitement d'accord sur les empêchements qu'on appelait dirimants*, c'est-à-dire, sur les lois qui défendaient, sous peine de nullité, certains mariages, qui déclaraient les citoyens inhabiles à contracter le lien conjugal ; si bien que ces unions pouvaient être attaquées, et devant l'Eglise et devant les Parlements. Les lois canoniques et les lois civiles se prêtaient un mutuel appui. *Aujourd'hui, il n'en est pas de même : il est des mariages qui sont permis par la loi civile, et que la loi ecclésiastique ne permet pas.* Qui ne sent combien il serait à souhaiter qu'il y eût sur ce point un parfait accord ! »

223. — Supposons encore, dit M. Sirey, à la suite de l'arrêt Dumonteil, qu'un Prêtre catholique se présente demain avec une dispense du Souverain Pontife (l'histoire est là pour attester que ce n'est pas chose impossible). Eh bien, en un tel cas, refu-

seriez-vous à ce Prêtre, religieusement dispensé du célibat, la faculté de se marier? Lui opposeriez-vous un vœu spirituel dont il aurait été relevé par le Souverain Pontife? Impossible à vous de dire non ; car vous n'avez pas de loi civile nouvelle qui ait prévu le cas, et vos propres doctrines vous ramènent à la pratique ancienne. Donc le Prêtre catholique, dispensé du célibat par le Souverain Pontife, sera civilement autorisé à se marier. Ainsi, dans notre France constitutionnelle au 19ᵉ siècle, un mariage civil serait ou ne serait pas autorisé, selon qu'il aurait plu au Souverain Pontife? Est-il une maxime plus antigallicane? Cet argument n'est pas sans force (1).

224. — La révolution du mois de juillet 1830 a apporté de grands changements sur la matière. La nouvelle Charte constitutionnelle ne dit plus, comme celle de 1814, que la Religion catholique, apostolique et romaine est la Religion de l'Etat, mais bien la Religion professée par la majorité des Français. Aussi le Prêtre Dumonteil est-il revenu à la charge. Il a soumis une seconde fois la question de son mariage à la Justice, et cette question a été décidée en sa faveur par le Tribunal civil de Paris, le 26 mars 1831.

(1) Plus tard, peut-être, et selon la direction que prendront les idées, on reproduira la question de savoir s'il est plus utile que nuisible pour la Religion et pour la politique, de permettre aux Prêtres de se marier *dans l'état du Sacerdoce.* On ne manquera pas de puiser dans l'Ecriture ces paroles remarquables : *non est bonum hominem esse solum, faciamus adjutorium simile sibi.* — Genèse, chap. 2, v. 18.

Me Mermilliod, Avocat du sieur Dumonteil, a signalé
comme *un monument de faiblesse inexcusable*, une
circulaire de M. Mérilhou, Ministre des Cultes, du
27 janvier précédent, adressée à tous les Officiers de
l'Etat civil, portant défense de célébrer le mariage
d'aucun Ecclésiastique, sans avoir déféré la question
aux Tribunaux. La cause portée en appel, la Cour
royale de Paris, par son arrêt du 14 mai suivant, a
déclaré qu'il y avait partage, bien que M. le Procureur-
Général Persil eùt conclu à la confirmation du jugement attaqué par les père et mère du sieur Dumonteil (1). Ce partage n'a été vidé que par arrêt du
14 janvier 1832. La Cour, sous la présidence de
M. le premier Président Seguier, en réformant le jugement du Tribunal de la Seine, a fait défense à tous
Officiers de l'Etat civil de procéder au mariage du
Prêtre Dumonteil. (*Vid. La Gazette des Tribunaux*
du 15 janvier 1832.) Une sourde rumeur a accueilli
cette décision, dit la *Gazette*. Chacun a paru profondément étonné et affligé d'un semblable arrêt : il
faut convenir que les motifs sur lesquels il repose ne
sont pas plus satisfaisants que ceux sur lesquels fut
fondé l'arrêt de la même Cour, du 27 décembre 1828.
Ils contiennent même quelque chose de plus cho-
quant, c'est l'anachronisme politique, et cependant le
pourvoi contre cet arrêt a été rejeté par la Chambre
des requêtes de la Cour de Cassation, le 21 février

(1) *Gazette des Tribunaux* du 15 mai 1831.

1833, contre les conclusions de M. Dupin, Procureur-Général.

225. — L'art. 162 du Code civil prohibait le mariage entre le frère et la sœur légitimes ou naturels, et les alliés dans la même ligne. Au nombre de ces alliés, se présentent naturellement les beaux-frères et belles-sœurs. Le mariage leur était donc interdit, même avec dispense, à la différence de l'oncle et de la nièce, de la tante et du neveu, entre lesquels le mariage était permis par l'art. 164, avec dispense du Roi, pour des causes graves.

Mais la loi du 16 avril 1832 est venue déroger à la rigueur de l'art. 162. Elle porte, dans son article unique, que l'article 164 du Code civil est rectifié ainsi qu'il suit : « Néanmoins il est loisible au Roi » de lever pour causes graves les prohibitions por- » tées par l'art. 162, aux mariages entre beaux- » frères et belles-sœurs, et par l'art. 163, aux » mariages entre l'oncle et la nièce, la tante et le » neveu. »

De ces dispositions est née la question de savoir si les enfants qu'un beau-frère et une belle-sœur ont eus avant le mariage qui leur est aujourd'hui permis, doivent être réputés enfants incestueux, et par conséquent incapables d'être légitimés ? Cette question a été soulevée par la dame *Rageot-de-Domfront* (Manche) dans une pétition par elle présentée à la Chambre des Députés, et dont le rapport fut fait par

M. Bedoch dans la séance du 29 janvier 1833. La pétitionnaire demandait qu'il fût permis aux beaux-frères et belles-sœurs de légitimer par mariage subséquent les enfants déjà nés de leurs liaisons antérieures, lorsque, en vertu de la loi du 16 avril 1832, ils ont obtenu du Gouvernement les dispenses nécessaires pour se marier. M. Bedoch démontra la justice de cette réclamation, et fit ressortir l'urgente nécessité de mettre un terme sur ce point aux incertitudes d'un grand nombre de familles. Il conclut, au nom de la Commission dont il était l'organe, au renvoi de la pétition au Ministre de la Justice. Dans un discours qui suivit immédiatement, M. Dupin, aîné, développa les conclusions du rapporteur avec la science et la lucidité qui lui sont propres. Le renvoi demandé fut ordonné par la Chambre (1). Cependant, depuis cette époque, aucun acte législatif n'a été rendu, ni proposé par M. le Garde-des-Sceaux. Serait-ce parce que son opinion n'était pas conforme à celle de MM. Bedoch et Dupin ?

Quoi qu'il en soit, la question s'est présentée à juger devant la Cour royale d'Orléans. Par arrêt du 25 avril 1833, elle a décidé que la légitimation des enfants nés d'un commerce entre beaux-frères et belles-sœurs avant la loi du 16 avril 1832, ne pouvait, même sous l'empire de cette loi, avoir lieu par le mariage subséquent de leurs père et mère (2).

(1) Sirey. tom. 33, 2e part. pag. 81.
(2) Sirey, tom. 33, 2e part. pag. 322.

Elle s'est fondée, en premier lieu, sur ce que cette loi ne fait que régler les conditions du mariage entre beaux-frères et belles-sœurs, et ne s'occupe nullement des effets de ce mariage par rapport à la légitimation des enfants nés du commerce antérieur des deux époux; qu'ainsi c'est dans le Code civil qu'il faut chercher les règles propres à cette matière.

Elle s'est fondée, en second lieu, sur l'article 331 du Code civil, qui porte que les enfants nés d'un commerce adultérin ou incestueux ne peuvent être légitimés par le mariage subséquent de leurs père et mère.

Mais est-il bien vrai que les enfants, nés du commerce d'un beau-frère et d'une belle-sœur antérieurement au mariage qu'ils ont obtenu la dispense de contracter ensemble, puissent être considérés comme adultérins ou incestueux? Nous ne le pensons pas, en supposant que cette tache leur eût été imprimée lors de leur naissance, elle s'est effacée au moment même où l'incapacité de leurs auteurs a été levée. Telle est la doctrine des auteurs, et notamment celle de M. Merlin, Rép. v° Légitimation, sect. 2, § 2, qui rappelle la Jurisprudence romaine. Telle est aussi celle de MM. Proudhon, Delvincourt et Chabot de l'Allier dans les endroits indiqués en note de l'arrêt de la Cour d'Orléans. Il serait inutile d'entrer à cet égard dans une plus longue discussion. Il nous suffira de renvoyer aux autorités que nous venons de rappeler, et surtout au discours de M. Dupin, qui est un véritable traité sur la question.

Une nouvelle pétition a été présentée sur la même question à la Chambre des Députés, dans la session de 1838 (1), par les sieur et dame *Descampeaux*, de Miremont (Oise). M. Pérignon, rapporteur de la Commission, avait proposé de renvoyer cette pétition à M. le Garde-des-Sceaux. Mais celui-ci (M. Barthe) s'étant opposé à ce renvoi malgré les éloquentes paroles de M. Dupin, aîné, la Chambre a passé à l'ordre du jour. Elle s'est fondée sur ce que la question était pendante devant les Tribunaux dont il fallait respecter l'indépendance qui pourrait être altérée par un vote favorable de la Chambre (2).

La même question s'est présentée à la Cour royale de Grenoble. Il est vrai qu'il ne s'agissait pas dans cette espèce de la légitimation d'un enfant né du commerce d'un beau-frère avec une belle-sœur, mais d'un enfant né du commerce de l'oncle avec la nièce, lesquels, avant comme depuis la loi du 16 avril 1832, ne peuvent se marier ensemble qu'après dispenses. Art. 163 et 164 du Code civil. Il est vrai encore que la naissance de l'enfant était postérieure à l'obtention des dispenses. Mais, à notre avis, la question était la même en Droit. Eh bien, la Cour de Grenoble, par un arrêt longuement et fortement motivé, du 8 mars 1838 (3), a jugé que l'enfant né

(1) Séance du 3 mars.
(2) Voyez le *Moniteur* du 4 mars 1838.
(3) Sirey, tom. 38, 2ᵉ part. pag. 145, 146.

d'un pareil commerce pouvait être légitimé par le mariage subséquent de ses père et mère.

M. Barthe et les partisans de son opinion auront beau s'appuyer sur les principes de la morale. C'est au nom même et dans l'intérêt de la morale publique, que nous justifierons notre opinion contraire. Nous dirons, en effet, avec la Cour de Grenoble, qu'il répugne à la morale de voir des enfants d'un même père et d'une même mère, contester à leur frère le bienfait de la légitimation ; qu'il répugne à la morale de voir des enfants issus des mêmes père et mère, élevés sous le même toit, assis à la même table, former deux familles distinctes, dont l'une sera admise au bienfait de la légitimité, au partage des biens de la famille, tandis que l'autre, vouée à l'opprobre, ne pourra pas même être reconnue, n'aura part qu'à des aliments dont la cupidité lui disputera la quotité, et perpétuera ainsi le souvenir d'une faute que le mariage subséquent avait pour but d'éteindre et d'effacer.

On pourrait concevoir l'opinion contraire, nous sommes obligés d'en convenir, pour le cas où les enfants seraient nés, ou auraient été conçus avant la loi du 16 avril 1832 ; parce qu'on serait en droit de dire qu'à l'époque de leur naissance, ou de leur conception, ces enfants étaient incestueux, puisque le mariage, même avec dispense, était interdit à leurs père et mère.

« La raison en est, comme le dit le Tribun Duveyrier, que la première condition de la légitimation est que les deux époux fussent libres, c'est-à-dire qu'ils eussent faculté légale de se marier au moment de la naissance des enfants que leur mariage postérieur dóit légitimer. S'il en était autrement, ces enfants seraient le fruit de l'adultère ou de l'inceste ; et à leur égard la fiction légale serait non-seulement repoussée par la pudeur publique, mais impossible dans les calculs les plus exagérés de la raison. En effet, la légitimation par mariage subséquent des enfants nés antérieurement à ce mariage est tout-à-fait fondée sur la supposition gracieuse que ces enfants sont nés du mariage même qui les légitime. »

Mais cette opinion nous semble insoutenable pour le cas où les enfants ont été conçus depuis la loi, mais avant le mariage du beau-frère et de la belle-sœur qui, plus tard, ont obtenu par dispense la faculté de le célébrer. Alors, il n'est plus permis de parler d'inceste. Ce qui le prouve, ce sont ces paroles de M. Duveyrier, qui, comme le dit fort bien M. Loiseau (1), lèvent tous les doutes :

« L'inceste religieux étant désormais étranger à la loi civile, ce dernier genre devient presque insensible, si l'on observe surtout qu'il n'y aura point inceste civil, *même dans les degrés prohibés auxquels le Gouvernement peut appliquer la dispense.* »

(1) Pag. 263.

CHAPITRE IV.

De la Légitimation.

Suite du Chapitre précédent.

SOMMAIRE.

232. — *Un enfant naturel peut-il être légitimé malgré lui? — Arrêt. — Opinion de Pothier. — Opinion contraire de M. Merlin. — Opinion de M. Loiseau.*

233. — *Les enfants des enfants légitimés peuvent-ils profiter de la légitimation de leur père, même après la mort de ce dernier, arrivée avant la légitimation?*

234. — *Est-ce à l'enfant qui conteste sa légitimation à prouver qu'elle est mensongère, ou à celui qui l'a faite à prouver qu'elle est sérieuse et vraie?*

235. — *L'enfant naturel conçu et né avant l'âge où ses père et mère peuvent se marier, peut-il être par eux légitimé? — Opinion de M. Loiseau. — Observation.*

236. — *Quels sont les descendants de l'enfant naturel mort civilement ou naturellement, qui peuvent profiter de la légitimation? — Sont-ce les descendants naturels, comme les descendants légitimes?*

226. — La légitimation n'a point d'effet rétroactif. Ainsi, l'enfant légitimé par le mariage postérieur à sa naissance, ou à sa conception, ne devient capable de succéder qu'à compter du jour de la célébration du mariage de ses père et mère; il ne peut prétendre aucun droit aux successions ouvertes avant cette

époque. Tel est l'avis de *M. Toullier*, n° 930. Tel était aussi celui de *M. Duveyrier* dans son rapport au Corps législatif, du 2 germinal an 11. « L'effet de » la légitimation, disait-il, ne remonte pas à l'épo- » que de la naissance de l'enfant, elle ne peut opé- » rer que du moment qu'elle existe, elle n'existe que » par le mariage qui la produit ; tout ce qui s'est passé » dans la famille du père ou de la mère avant leur ma- » riage, est étranger aux enfants que ce mariage légi- » time. »

C'est ainsi que l'a décidé la Cour de Cassation par arrêt du 11 mars 1811, dans la cause des héritiers *Haubert-Hailnaut* contre *Guilbert* (1).

Cet arrêt est remarquable, en ce qu'il a jugé « qu'il n'y a aucune distinction à faire, quant *à la ca-pacité de succéder* entre l'enfant conçu hors le ma-riage, et né dans le mariage, et celui qui est souvent légitimé par mariage subséquent ; qu'il reste toujours à décider la question de savoir si l'enfant conçu hors mariage, et dont la légitimation ne s'est opérée que depuis l'ouverture de la succession, a capacité pour recueillir les biens de l'hérédité, et pour en dépouil-ler les héritiers légitimes au temps du décès ; que cette question se trouve décidée par le rapproche-ment des art. 718 et 734 du Code civil qui appel-lent à recueillir les biens du défunt, ceux qui sont habiles à se dire héritiers à l'époque de son décès...

(1) Sirey, tom. 11, 1re part. pag. 129.

que l'on ne peut appliquer à ce cas particulier, la disposition de l'art. 725 qui déclare l'enfant *conçu*, capable de succéder, lorsqu'il vient à naître viable, parce que, dans l'espèce de cet article, la propriété ne s'est encore reposée sur la tête d'aucun héritier ; que la condition de naître viable, ne dépend pas *de la volonté de l'homme*, ce qui la distingue de la légitimation par mariage subséquent, à laquelle on voudrait l'assimiler, etc. »

Nous observerons cependant que ce n'est pas sans motif que la Cour de Cassation a restreint à la capacité de succéder la similitude qu'elle établit entre l'enfant conçu hors le mariage, et né dans le mariage, et l'enfant légitimé par mariage subséquent. Par où on est autorisé à penser, que pour les autres cas, la rétroactivité peut avoir lieu en faveur de l'enfant légitimé.

Tel est encore l'avis de Furgole, Traité des Testaments, *tom.* 1er, *pag.* 377 *et* 378 *de l'édit.* in-4°, d'où M. Toullier a pris l'exemple qu'il cite. *Furgole* ajoute que les enfants légitimés par mariage subséquent, profitent du droit d'aînesse, il en serait autrement, dit-il, des successions, ou fidéicommis échus et acquis, parce qu'alors *media non sunt habilia*, et que le droit acquis empêche la conjonction des deux extrêmes.

227. — M. Loiseau, dans son Traité des enfants naturels, pag. 285, soulève cette question intéres-

sante, qu'il convient être devenue l'objet de la plus vive controverse parmi les docteurs. Elle consiste à savoir, pour le cas du mariage intermédiaire, à celui qui opère la légitimation, lequel des enfants de ces deux mariages doit avoir la préférence pour un legs qui a été fait *à l'aîné des enfants?*

Il y a de fortes raisons, dit cet auteur, pour accorder le droit de primogéniture à celui qui a été légitimé par le mariage subséquent, ou qui est le plus ancien d'âge, puisque ses père et mère sont censés mariés à l'époque de sa conception. Comment soutenir que son frère cadet est cependant le premier né? Est-ce par la raison qu'il a été le premier investi de la légitimité? Mais cette priorité n'anéantit point le droit de l'enfant légitimé; sa légitimation se reporte à sa naissance, et même à sa conception, il est censé légitime, dès l'un ou l'autre de ces moments. Or, on doit lui restituer le droit d'aînesse, comme on le restituerait à un enfant omis sur les registres publics, et dont la rectification ne serait faite qu'après la naissance. Il cite *Voët*, dans son commentaire sur le digeste, au titre *de Concubinis*, n° 11. Cependant, dit-il, l'opinion contraire a prévalu, elle fut introduite par Tyraqueau, et accréditée par le grand *Dumoulin*. *M. Merlin* s'est aussi rangé du côté des auteurs cités par *Tyraqueau.*

L'opinion de *Dumoulin*, qui paraît avoir entraîné celle de *MM. Merlin* et *Loiseau*, n'a point été adoptée par *Furgole*; car, dans son Traité des Testa-

ments, tom. 1er, pag. 378, il s'exprime ainsi : « Même les enfants légitimés *per subsequens matrimonium,*
devraient profiter du droit d'aînesse, au préjudice
d'un enfant mâle, né d'un mariage intermédiaire,
quoi qu'en aient pensé *Dumoulin* sur la coutume de
Paris, § 13, glos. 1, n° 34, et Brodeau, sur *M. Louet,*
Lettre D, somm. 52, n°s 9 et 10 ; parce que le mariage
subséquent n'a pas seulement un effet dévolutif, il
a un effet rétroactif, comme le prouve fort bien *Le-*
brun, des Successions, liv. 1er, chap. 2, sect. 1re
distinct. 1re, n° 23, et que le droit d'aînesse
n'est qu'une espérance, tandis que le père vit. »
M. Loiseau n'a point rappelé cette réfutation de
Furgole.

Sans doute, comme nous l'avons dit, la légitimation n'a point d'effet rétroactif, quant aux successions ouvertes, et aux autres droits acquis auparavant. Mais il nous semble qu'il n'y a point de rétroactivité dans la question soulevée par *M. Loiseau.*
Cette question présente moins un point de droit qu'un
point de fait qui est de savoir quel est l'aîné, c'est-à-
dire, *le plus âgé* de l'enfant légitimé, ou de celui qui
est né d'un mariage intermédiaire. Or, incontestablement, c'est celui qui est né le premier. Donc le legs
doit lui appartenir. *Alciat* sur la loi 92, au digeste,
de verb. Signif. s'exprime ainsi : *intelligitur primo-*
genitus de eo qui antè se neminem habet, quamvis
majores natu fratres habuerit sed mortuos. Le mot

d'aîné, dit *Ferrière*, Dictionnaire de Droit, vient de *aius*, qui signifie *avant* et du mot de *né* (1).

Lors de la discussion du projet de la loi sur le droit d'aînesse, un noble pair qui s'opposait à l'admission de cette loi, souleva cette question : « La légitimation par mariage subséquent est autorisée, dit-il, qu'arrivera-t-il, et à qui le préciput légal appartiendra-t-il, si l'enfant naturel n'est légitimé qu'après la dissolution du mariage formé depuis sa naissance, et qui ait produit d'autres enfants mâles? »

« Il arrivera, répondit Mgr le Garde-des-Sceaux, ce qui arriverait aujourd'hui, si le chef de cette famille donnait la quotité disponible à son fils aîné, sans le distinguer par son nom. Il arrivera qu'on appliquera l'art. 333 du Code civil, et qu'on dira comme lui : L'enfant légitimé n'a d'autres droits que ceux qu'il aurait eus, s'il était né pendant le mariage qui le légitime. La légitimation ne réagit pas. Il arrivera qu'on appliquera l'art. 756 du Code civil, et qu'on dira au légitimé : Vous êtes le premier né des enfants naturels, mais le puiné parmi les enfants successibles. Les enfants naturels n'ont point les droits d'héritiers; ils n'en ont pas même le titre. Les en-

---

(1) Par les lois d'Ecosse, les enfants nés hors du mariage, sont réputés bâtards ou enfants naturels, si leurs père et mère ne se marient pas ensemble. Mais si leur union a lieu, l'enfant qu'ils ont eu auparavant, est légitimé par ce fait sans autre cérémonie ; et, si c'est un enfant mâle, il exclut, par ses droits de primogéniture, les fils nés après le mariage, de l'héritage aux biens et titres de son père, pourvu toutefois que les deux parties fussent libres de se marier lors de sa naissance. (*Erskines, institut. des lois d'Ecosse.*)

fants légitimés n'ont ni ces droits, ni ce titre, pendant le temps qu'ils sont enfants naturels (1).

M. le comte *De Peyronnet* fondait son opinion sur les autorités rapportées aux notes mises au bas de son discours ; savoir : sur *Domat*, dans ses lois civiles, liv 1er, tit. 1er, sect. 11, no 21 ; sur l'arrêt de la Cour de Cassation, du 11 mars 1811, que nous avons cité, et sur un arrêt rendu par la Cour de Paris, le 21 décembre de la même année.

Mais *Domat* ne parle que des successions ; il dit que les enfants légitimés par mariage subséquent ne peuvent devenir capables de succéder que pour l'avenir. Mais ce n'est point là la question ; nous avons convenu de ce principe. Il s'agit seulement de savoir si, au moment de la disposition du père de famille ou de sa mort, l'enfant légitimé étant légitime, comme celui né du mariage intermédiaire, ne doit pas être réputé l'aîné, pour recueillir le préciput légué ou accordé par la loi. Certes, il n'y a point d'effet rétroactif dans cette dévolution, comme dans le cas d'une succession ouverte avant la légitimation de l'enfant ; car, comme le dit *M. Loiseau*, la principale fiction de la légitimation est que les père et mère de cet enfant sont censés avoir été mariés à l'époque de sa conception.

L'arrêt de la Cour de Cassation, du 11 mars 1811,

(1) Discours de Mgr le Garde-des-Sceaux, pag. 26 et 27, imprimerie royale. Mars 1826.

fut rendu encore dans l'espèce d'une succession ouverte avant la légitimation de l'enfant qui voulait
mal à propos avoir succédé au mineur *Gatien-Louis-
Aubert,* né du mariage intermédiaire, et décédé le 17
juillet 1807, avant le mariage des père et mère de
l'enfant légitimé qui n'avait eu lieu que le 11 août
de la même année.

Quant à l'arrêt de la Cour de Paris, il n'est point
du 21 décembre 1811 mais du 21 décembre 1812.
C'est celui qui fut déféré à la Cour suprême dans la
cause des héritiers Aubert, et dont nous venons de
parler.

228. — La légitimation peut avoir lieu même
par un mariage fait dans les derniers temps de la
vie du père et de la mère, et qu'on appelait autrefois mariage *in extremis.* Pour être bien convaincu
de cette vérité, on n'a qu'à lire le discours du même
orateur dans la même séance.

« La déclaration de 1639 avait déclaré incapable
de toutes successions, c'est-à-dire, illégitimes, les
enfants nés de concubines que leur père épousait à
leurs derniers moments. L'édit, plus sauvage encore
de 1697, étendit cette incapacité jusque sur les enfants qui pouvaient naître de ces mariages. Ces lois,
conséquences jusqu'alors inconnues des plus absurdes
préjugés, ne pouvaient exister qu'avec deux ou trois
contradictions révoltantes. On supposait un mariage
coupable, et on le déclarait légitime et indissoluble.

On déclarait un mariage légitime, et on le privait de tous les effets de la légitimité. On voulait punir la faute du mariage, et on rassemblait tout le châtiment sur ceux qui ne l'avaient pas commise. Il ne sera plus possible de renouveler ces prohibitions insensées, puisque le projet actuel, en ne les établissant pas, reconnaît que, si quelques mariages subséquents ont eux-mêmes un motif répréhensible, ils ne peuvent avoir, relativement aux enfants, qu'une cause honorable et légitime. »

229. — Pour que le mariage fait *in extremis*, pût autrefois être déclaré nul, quant aux effets civils, il fallait qu'il eût été précédé de concubinage entre les époux ; il fallait de plus qu'il fût célébré à l'extrémité, c'est-à-dire, dans la vue d'une mort certaine et prochaine ; ainsi, par arrêt du 18 mai 1681, sur les conclusions de *M. Lamoignon*, Avocat-Général, il fut jugé qu'un homme étant décédé un mois après le mariage qu'il avait contracté avec sa concubine, le mariage n'était point censé être fait à l'extrémité de la vie, parce que le mari était en bonne santé dans le temps de la célébration.

Avant l'ordonnance de 1639, un mariage contracté et célébré *in extremis*, avec une concubine dont il y avait des enfants, était déclaré bon et valable, et les enfants légitimés et capables de succéder à leur père. Mais depuis cette ordonnance, un pareil mariage n'était valable que quant au Sacrement. Il était nul quant aux effets civils. Quelquefois cependant, pour des considérations particulières, on adjugeait une partie des biens du père en propriété aux enfants nés de tels mariages, et une partie en usufruit à la mère, en déclarant que cette partie, en propriété, n'était pas donnée aux enfants comme portion héréditaire, mais par forme d'aliments. *Ferrière,* Dictionnaire de Droit, au mot *Mariage.*

L'on voit que la faculté d'annuler ces sortes de mariage, était tout-à-fait arbitraire. Il y avait même de l'immoralité à empêcher deux personnes qui avaient vécu ensemble, de laver la tache de leur conduite antérieure, par le mariage, et surtout de punir les enfants des désordres de leur père et mère. Une pareille Législation offrait une contradiction choquante, entre le Droit civil et le Droit canonique. Aussi devait-elle cesser et faire place à une Législation plus raisonnable et plus morale.

Au surplus, la Jurisprudence n'avait point fixé l'intervalle de temps qu'il fallait qu'il y eût entre la *célébration* et la mort. Les décisions des Cours variaient encore selon les circonstances. *Pothier,* tom. 10, de l'édit. in-8°, de 1819, pag. 26, rappelle un arrêt du 5 septembre 1655, rapporté au *Journal du Palais,* qui décida que, lorsqu'une femme, la veille de ses couches, épouse un homme avec qui elle a vécu depuis longtemps en libertinage, et meurt ensuite en couches, son mariage n'est point censé fait à l'extrémité de la vie, et a les effets civils ; parce que, malgré que l'état de la grossesse soit un état qui mette la femme en danger de sa vie, néanmoins c'est un état naturel, la grossesse n'étant point une maladie ; tandis qu'à la même page, *Pothier* rapporte un autre arrêt du 28 février 1667, qui jugea qu'un mariage contracté par un homme blessé à mort, avec sa concubine, était sujet aux peines de l'ordonnance, quoiqu'il eût survécu cinquante-quatre jours.

Tout cela fait voir de plus en plus qu'une Législation qui avait produit une Jurisprudence aussi vacillante, et aussi hypothétique, ne pouvait plus subsister, sans outrager à la fois la morale, la Justice et la raison.

230. — Mais *quid* du mariage qu'on appelait *clandestin*, c'est-à-dire, de celui qui ayant été contracté dans la forme prescrite par les lois, avait été néanmoins tenu caché jusqu'à la mort de l'un des conjoints?

L'art. 5 de l'ordonnance de 1639 portait : « *Déclarons que les enfants qui naîtront de ces mariages, que les parties ont tenus ou tiendront cachés durant leur vie, qui ressentent plutôt la honte d'un concubinage que la dignité d'un mariage, soient incapables de toute succession, aussi bien que leur postérité.*

Il ne peut pas y avoir aujourd'hui de mariages clandestins, parce qu'ils sont célébrés civilement, et que toutes les fois qu'ils ont été accomplis avec les formes voulues par la loi, ils sont réputés publics, et suffisamment connus. Il ne peut pas même y avoir de clandestinité dans un mariage célébré dans la maison particulière de l'un des deux époux, au lieu de l'avoir été à la maison commune, parce que la loi du 20 septembre 1792, tit. 4, sect. 4, art. 1er et 3, n'a pas exigé la publicité, à peine de nullité. Ainsi l'a décidé la Cour de Paris, le 4 ventôse an 12 (1). Ainsi l'a décidé également la Cour de Cassation, le 22 juillet 1807, pour un mariage célébré sous le Code civil, dans la cause de la dame *Themines*, devenue plus tard l'épouse de *M. De Martignac* (2), ancien Ministre de la Restauration.

231. — L'art. 39 de l'ordonnance de 1731 sur les donations, portait que la légitimation d'un enfant naturel, par mariage subséquent, révoquait de plein droit les donations entre vifs ; mais il ne disait pas s'il fallait que l'enfant fût né après la donation, d'où l'on décidait que la révocation avait lieu, soit que l'enfant fût né avant, ou naquît après la donation. Tel était le sentiment de *Boutaric*. Ainsi on jugeait, sous l'ancienne ordonnance, que la révocation avait lieu de plein droit, quoique la donation eût été faite après la naissance de l'enfant naturel légitimé. Arrêt de la Cour de Cassation du 28 frimaire an 13 (3).

Mais aujourd'hui, il en est différemment. L'art.

(1) Sirey, tom. 4, 2e part. pag. 725.
(2) Sirey, tom. 7, 1re part. pag. 320.
(3) Sirey, tom. 5, 1re part. pag. 184.

960 du Code civil dit positivement que, pour que la
donation entre vifs soit révoquée de plein droit par
la légitimation d'un enfant naturel, par mariage subséquent, il faut que cet enfant soit né depuis la donation. Par la raison des contraires, s'il est né avant,
la donation ne sera pas révoquée par la légitimation. C'est le seul cas où la légitimation ait un effet
rétroactif. La raison en est que l'on doit penser que
si, au moment de la donation, le donateur avait cru
qu'il lui surviendrait un enfant légitimé, ou suscep-
tible d'être légitimé, il n'aurait pas voulu le déshériter d'avance, pour transporter sa fortune hors de sa
famille.

232. — On sent du reste que personne ne peut
être légitimé malgré soi ; de sorte que l'enfant légitimé, peut quéréler la légitimation par tous les
moyens qu'il peut avoir en son pouvoir, et surtout
lorsqu'elle lui donne un état contraire à son acte de
naissance et à la possession d'état antérieure à la légitimation. C'est ce qui fut jugé par la Cour royale
de Paris, le 28 décembre 1811, en faveur d'Antoi-
nette-Marie-Jeanne *De Lestang* contre le sieur *Tissidre* (1). On vit, dans cette cause, une fille refuser de
partager la succession de sa prétendue sœur, et,
pour cela, désavouer la paternité de celui qui l'avait
légitimée. On vit le prétendu frère de cette fille, la

(1) Sirey, tom. 12, 2e part. pag. 67.

poursuivre devant le Tribunal de première instance et devant la Cour royale, pour la contraindre à se reconnaître sa sœur. On ne sait pas quel est le motif d'intérêt qui la fit agir ainsi, ni même si elle en avait un. Elle se fonda sur son acte de naissance, du 25 juin 1784, dans lequel elle était rappelée comme fille de Marie-Madeleine *Mouroy*, et d'Antoine *De Lestang*, tandis qu'elle avait été légitimée par Pierre *Tissidre*, et Marie-Madeleine *Regnaud*, dans l'acte de célébration de leur mariage du 18 juillet 1791, comme étant provenue de leurs œuvres. Elle se fonda ensuite sur sa possession d'état, conforme à son acte de naissance.

La question a été jugée dans le même sens par la Cour royale de Rouen, le 15 mars 1826 (1), et par la Cour de Nîmes, le 2 mai 1837 (2). Telle est aussi l'opinion de Toullier (3), de Duranton (4) et de Merlin (5).

233. — Mais lorsque la légitimation est contestée par l'enfant, est-ce à celui-ci à prouver qu'elle est mensongère et fausse, ou au prétendu père à prouver qu'elle est sérieuse et vraie?

Il faut convenir que la difficulté est assez grave. La présomption de paternité est en faveur de l'auteur

---

(1) Sirey, tom. 26, 2, 292.
(2) *Journal du Palais,* tom. 2 de 1837, pag. 285.
(3) Tom. 2, n° 694.
(4) Tom. 3, n° 260.
(5) Répert. v° Bâtard, sect. 2, § 3, v° Filiation.

de la reconnaissance. Cela est sensible. Mais il faut dire aussi que ce n'est là qu'une présomption simple qui peut être détruite par une preuve et même par une présomption contraire, puisqu'elle ne dérive que d'un acte unilatéral non accepté par l'enfant. M. Toullier pense (1) que la preuve est à la charge de l'enfant qui conteste. Nous le penserions également nous-même, à moins que, comme dans l'espèce de l'arrêt de la Cour de Rouen, rendu dans la cause de l'*Homme* et *Sidoine* (2), il ne résultât des faits et circonstances déjà acquis, que la reconnaissance n'est que le fruit de la cupidité et non de la bonne foi de celui qui revendique la paternité. La même décision devrait avoir lieu pour la reconnaissance de l'enfant naturel que l'on ne voudrait point élever à la dignité d'enfant du mariage par le moyen de la légitimation. Pour cette dernière hypothèse, il faudrait pourtant distinguer. Ou la reconnaissance est faite dans l'acte même de naissance, ou elle est faite dans un acte authentique postérieur. Au premier cas, ses effets ne peuvent être détruits que par la preuve de sa fausseté, et cette preuve incombe à l'enfant qui conteste (3). Au second cas, si la reconnaissance est contestée, elle doit être appuyée de preuves qui vien-

(1) Tom. 2, n° 694.
(2) Arrêt du 15 mars 1826, précité.
(3) Cour de Cass., 8 décembre 1824.

nent attester la vérité du fait qu'elle contient, sans quoi elle ne saurait lier l'enfant (1).

La raison de la différence doit se prendre de ce que, comme l'a dit la Cour de Montpellier, l'acte de naissance est le titre fondamental de l'état des hommes ; que, lorsque c'est dans l'acte lui-même qu'est faite la reconnaissance d'un enfant naturel, dans ce cas les circonstances qui environnent cet acte et les formalités que la loi y prescrit, lui donnent une présomption de vérité qui ne peut être effacée que par une preuve contraire ; tandis que, lorsque la reconnaissance est faite dans un acte postérieur à la naissance, elle ne présente plus les caractères de vérité, les garanties de certitude attachés à l'acte de naissance dont elle est séparée, et que nul ne peut se créer un titre à lui-même.

Pothier, après *Peresius*, avait adopté le sentiment contraire. Il se fondait sur ce que, suivant les principes du droit canonique, la légitimation des enfants nés avant le mariage, s'opérait de plein droit par la seule efficacité du mariage que leurs père et mère contractaient, et que, quoique cette légitimation fût établie principalement en faveur des enfants, elle l'était aussi en faveur de leurs père et mère ; qu'il ne pouvait donc pas être au pouvoir des enfants de renoncer à la légitimation, et de priver leurs père et mère des

(1) Cour de Montpellier, 11 février 1826. — *Journal du Palais*, tom. 20, pag. 367.

droits que la légitimation accorde à ceux-ci, de même qu'il n'est pas au pouvoir d'un père et d'une mère de priver leurs enfants des droits que la légitimation leur donne (1).

Cependant, dans la Novelle 91, chap. 11, *Justinien* dit qu'un père ne peut légitimer ses enfants malgré eux, par quelque manière de légitimation que ce soit. *Sive... sive per instrumentorum de talium celebrationem*, ce qui désigne la légitimation qui se fait en contractant un mariage légitime avec leur mère. D'un autre côté, les docteurs pensent que la légitimation étant un droit établi en faveur des enfants, ils peuvent y renoncer suivant la règle, *unicuique licet juri in favorem suum introducto renuntiare.*

Aussi *M. Merlin*, Répertoire, au mot *Légitimation*, dit qu'il y a dans le raisonnement de *Pothier*, plus de spécieux que de solide. Parmi les bonnes raisons qu'il donne pour le prouver, on est frappé de celle-ci :

« Lorsqu'un homme répare, par un mariage solennel, la honte du commerce illicite qu'il a eu avec une femme libre, il est nécessairement censé vouloir purifier la source dans laquelle ses enfants ont puisé la vie, et par conséquent ce serait de sa part une contradiction manifeste que de vouloir empêcher leur légitimation ; sa volonté doit être une ; la diviser, ce

(1) *Traité du contrat de Mariage*, n° 423, tom. 8, pag. 300 et 301 de l'édit. in-8°.

serait la détruire, et comme tout en déclarant qu'il n'entend pas légitimer ses enfants, il ne laisse pas de se marier, on doit plutôt juger de son intention par le fait que par les paroles. Qu'on ne dise donc pas que la légitimation s'opère même malgré le père, c'est au contraire sa volonté qui en est la première cause, puisque, s'il ne se mariait pas, comme il en a la liberté, ses enfants demeureraient toute leur vie dans la condition de bâtards. »

M. Loiseau, pag. 293, pense qu'il faut prendre un juste milieu, et n'accorder à l'enfant le droit de contester la légitimation que *lorsqu'il y a intérêt.* Cela coule de source. Car si un enfant n'a aucun intérêt à contester, on ne voit point pourquoi il contesterait. Mais il y a plusieurs sortes d'intérêts : intérêt de fortune, intérêt de convenances sociales ou de famille, intérêt d'amour-propre, de vanité, etc. D'après cela, il serait difficile de prouver que l'enfant est sans intérêt pour renoncer à la légitimation.

234. — Ce que nous avons dit des enfants s'applique à leurs descendants. Ainsi, ces derniers profiteront de la légitimation de leurs père et mère qui seraient légitimés, même après leur décès, par le mariage subséquent. Exemple : *Paul*, enfant naturel de Pierre et de Lucile, se marie et a des enfants. Il meurt. Après sa mort, *Pierre* et *Lucile* se marient, et reconnaissent avant ou dans l'acte même de célébration, qu'ils ont eu précédemment de leur commerce

Paul. Celui-ci ne profite point personnellement de cette légitimation, puisqu'il n'existe plus ; mais il en transmet tous les effets aux enfants légitimes qu'il a eus de son mariage, par le bénéfice de la fiction qu'opère l'union de ses père et mère. Il importerait peu, comme on le sent bien, que la reconnaissance et la légitimation portassent taxativement sur *Paul* ou sur ses enfants, et autres descendants, pourvu que l'origine de *Paul* fût clairement énoncée comme étant la cause et le sujet de cette légitimation.

C'est, au surplus, ce que décide formellement l'art. 332 du Code civil, qui porte que la légitimation peut avoir lieu, même en faveur des enfants décédés, qui ont laissé des descendants, et dans ce cas, elle profite à ces descendants.

235. — M. Loiseau (1) se demande si l'enfant naturel conçu et né avant l'âge où ses père et mère peuvent se marier, peut être légitimé par leur mariage subséquent?

On pourrait dire qu'au moment de la conception de l'enfant, il y avait incapacité absolue, qu'il y avait un empêchement *dirimant* de mariage, empêchement formellement prononcé par l'art. 144 du Code civil, et que cet empêchement de la loi rejette la fiction de la légitimation par mariage subséquent.

Mais il faut répondre, avec l'auteur :

(1) Pag. 279.

1º Que cet empêchement tout absolu qu'il est, n'est que *temporaire* et *momentané* ; que son terme est même marqué par la loi ; qu'ainsi il n'exclut pas la présomption que les père et mère ont eu l'intention et le désir de s'unir par la suite en légitime mariage ;

2º Que l'art. 331 du Code civil n'exclut du bénéfice de la légitimation que les enfants adultérins et incestueux ; qu'ainsi ceux qui sont nés d'un père au-dessous de 18 ans, ou d'une mère au-dessous de 15 ans, n'étant ni incestueux, ni adultérins, peuvent être légitimés.

Nous ajouterons cette dernière observation importante qui a échappé à M. Loiseau, c'est que la prohibition portée en l'art. 144 du Code civil, contient si peu un empêchement *dirimant*, il suppose si peu une incapacité *absolue*, que, d'après l'art. 145, les jeunes gens au-dessous de 18 ans et les filles au-dessous de 15 ans peuvent se marier, pour *des motifs graves*, avec dispenses d'âge. Cela devait être ainsi ; le terme marqué par la loi, pour pouvoir contracter mariage, n'étant que la règle générale, cette règle doit nécessairement fléchir, toutes les fois qu'il est prouvé que la nature a devancé ce terme légal, ce qui peut arriver assez souvent, surtout dans les pays méridionaux de la France. Il n'en est pas de cette prohibition par rapport à l'âge, comme de celle portée aux art. 161 et 162, suivant lesquels le mariage est interdit entre tous les ascendants et descendants légitimes ou naturels, et les alliés dans la même ligne ; entre le frère et la sœur légitimes ou naturels, et les alliés au même degré. Pour ceux-là, il y a vraiment incapacité absolue qui ne peut jamais disparaître, empêchement dirimant qui ne peut jamais être levé ni plus ni moins, que pour les père et mère des enfants adultérins ou incestueux, dont il est parlé dans l'art. 331 du même Code (1).

235 *bis*. — Les enfants ou autres descendants d'un enfant naturel *mort civilement*, peuvent-ils être légitimés par le mariage de leurs aïeux ?

On pourrait dire d'abord que, d'après l'art. 332, la légitimation devant se faire *directement* en faveur de l'enfant naturel, et ses descendants devant seulement en *profiter*, cette dernière faveur semble devoir leur être refusée, puisque, suivant l'art. 25, le mort civilement ne peut rien recevoir à quelque titre que ce soit, si ce n'est pour cause d'aliments.

On pourrait dire ensuite que l'art. 332 n'étend le bienfait de la légitimation qu'aux descendants de l'enfant naturel *décédé*, et que l'enfant, quoique mort civilement, n'en est pas moins *vivant*.

Mais il faut répondre que l'art. 25 assimile la mort civile à la mort naturelle, puisqu'il fait ou-

(1) Cet empêchement dirimant n'existe plus aujourd'hui entre beaux-frères et belles-sœurs, depuis la loi du 16 avril 1832, qui leur permet de se marier avec dispenses.

vrir la succession de celui qui en est frappé, au profit de ses héritiers.

Il faut répondre encore que, d'après l'art. 744, on peut représenter une personne morte civilement comme si elle était morte naturellement.

Ainsi, sous ce double point de vue, la question que nous avons posée doit se résoudre affirmativement.

236. — Mais quels sont les descendants de l'enfant naturel mort civilement ou naturellement, qui peuvent profiter de la légitimation? Sont-ce les descendants naturels, comme les descendants légitimes?

Cette question ne peut en être une, parce que la représentation n'est pas admise en faveur des enfants naturels. Les dispositions contenues dans la sect. 2 du ch. 3 du Code civil, ont en effet été créées pour les successions légitimes, et n'ont point été reproduites dans le chap. 4, relatif aux successions irrégulières. Il en serait différemment si l'enfant naturel, décédé, avait été légitimé de son vivant. Ses descendants naturels profiteraient des effets de sa légitimation dans le cercle restreint de leurs droits, si leur auteur avait toutefois survécu à ses père et mère.

La légitimation par mariage subséquent peut donner lieu à beaucoup d'autres questions d'une solution assez difficile.

236 *bis*. — Et par exemple, on a vu précédemment que la Législation anglaise ne reconnaît pas cette sorte de Légitimation par le motif qu'elle tend à favoriser le concubinage.

Mais on demande quel serait, en France, l'état d'un enfant naturel né, en Angleterre, d'un Anglais et d'une Anglaise qui se sont mariés dans leur patrie après sa naissance, par rapport aux biens qu'ils auraient acquis dans notre pays ?

Il faut répondre, avec *Boullenois* (1), que les statuts personnels suivant partout les individus dont ils règlent l'état, cet enfant naturel n'a pu être légitimé par le mariage subséquent de ses père et mère, et ne peut par conséquent recueillir les biens qu'ils possédaient en France, pas plus que ceux qu'ils possédaient en Angleterre.

Il en serait ainsi quand bien même cet enfant serait né en France ; parce qu'il ne suffit pas qu'un enfant soit capable d'être légitimé, il faut encore que ses père et mère soient capables de lui procurer la légitimation.

Mais il en serait différemment, d'après le même auteur, si cet Anglais et cette Anglaise s'étaient d'abord fait naturaliser en France, ainsi que leur enfant, et qu'ils s'y fussent ensuite mariés. Alors cet enfant serait légitimé par le mariage subséquent de

(1) Traité des Statuts réels et personnels, tom. 1er, pag. 62.

ses père et mère, pourvu que ceux-ci l'eussent reconnu avant ou au moment de la célébration.

Au contraire, si deux Français se faisaient naturaliser en Angleterre et qu'ils s'y mariassent, ils ne légitimeraient point l'enfant naturel qu'ils auraient eu précédemment. Mais s'ils ne s'y faisaient point naturaliser, la légitimation aurait lieu, parce que, dans ce cas, on présume que les père et mère ont conservé l'esprit de retour dans leur patrie. C'est ce qui fut jugé par l'arrêt rapporté par Soefve, du 21 juin 1668. Le même motif empêcherait la légitimation de l'enfant né, en France, de deux Anglais qui s'y seraient mariés sans s'y être fait naturaliser.

TITRE 4ᵉ.

DE LA RECONNAISSANCE DES ENFANTS NATURELS.

CHAPITRE Iᵉʳ.

Acte Authentique, — Acte sous Seing-Privé.

SOMMAIRE.

237. — *Comparaison entre les enfants naturels légitimés, et les enfants naturels simples, reconnus.*

238. — *La reconnaissance des enfants naturels doit être faite dans leur acte de naissance, ou, à défaut, dans un acte postérieur, pourvu qu'il soit authentique. — S'il y a doute sur l'identité de l'enfant, l'auteur de la reconnaissance peut la rectifier en tout temps. — Arrêt. — Elle n'a pas besoin d'être faite en présence ni du consentement de l'enfant.*

239. — *La reconnaissance doit être volontaire. — Cependant il est des cas où l'enfant peut forcer ses père et mère à le reconnaître.*

240. — *Différence entre la manière d'établir la filiation légitime, et celle d'établir la filiation naturelle.*

241. — *Qu'entend-on par acte authentique?*

242. — *Les Notaires peuvent-ils recevoir valablement une reconnaissance d'enfant naturel? —
Opinion de M. Locré. — Sur quoi est établi
le droit des Notaires?*

243. — *L'acte notarié n'est pas moins authentique, quoique son enregistrement ait été bâtonné.
— Arrêt de la Cour de Cassation. —* Quid, *si
l'acte n'a pas été enregistré?*

244. — *Les Juges-de-Paix sont-ils compétents pour
recevoir une reconnaissance d'enfants naturels?
— Opinion de M. Loiseau. — Opinion de
M. Merlin; sa distinction doit-elle être suivie?*

245. — *Les Greffiers des Juges-de-Paix peuvent
même recevoir cette reconnaissance. — Arrêts.
— Opinion contraire de M. Merlin. — Réfutation de cette opinion.*

246. — *Les Officiers de l'Etat civil peuvent recevoir un acte de reconnaissance tant avant qu'a-
près la naissance de l'enfant. — Les auteurs de
la reconnaissance n'ont pas besoin de produire
deux témoins comme pour l'acte de naissance.*

247. — *La reconnaissance est-elle authentique et
valable lorsqu'elle est inscrite par l'Officier de
l'Etat civil sur une feuille volante par lui remise
à l'une des parties intéressées? — Arrêt qui juge
l'affirmative. — Réfutation de cet arrêt.*

248. — *La reconnaissance sous seing-privé est-elle
valable? — Opinion de M. Toullier pour l'affirmative. — Opinion de M. Merlin pour la*

négative. — Cette dernière opinion doit obtenir la préférence, et pourquoi?

249. — *Il n'est pas nécessaire pour la validité de la reconnaissance que l'acte qui le contient soit spécialement dans ce but et pour cet objet. Il suffit d'une simple énonciation renfermée dans un acte étranger. — Arrêts. — Distinction de M. Duranton non admissible.*

237. — Les enfants naturels que le mariage a légitimés, sont lavés de la tache que leurs père et mère leur avaient imprimée au temps de leur conception et de leur naissance. Mais les enfants dont nous allons parler, sont condamnés par les auteurs de leurs jours à rester perpétuellement dans l'état de dégradation où ils sont nés. Il n'est point pour eux de droits de famille. Le nom qu'ils reçoivent leur rappelle constamment la honte de leur origine. Ils ne peuvent jamais aspirer à l'honorable titre d'héritiers ; et si, dans les relations de la vie, ils ont besoin d'invoquer le nom du père ou de la mère qui les a reconnus, c'est pour les forcer à être justes en leur donnant le pain de l'humiliation.

238. — La reconnaissance la moins équivoque et la plus solide, est, sans contredit, celle qui résulte de l'acte de naissance dans lequel les père et mère de l'enfant déclarent qu'il est le fruit de leur commer-

ce (1). Mais il arrive souvent que cette déclaration n'a point été faite dans l'acte de naissance. Elle peut alors être suppléée par une reconnaissance postérieure. Mais cette reconnaissance, pour être valable, doit être consignée dans un acte authentique, sans quoi elle ne pourrait profiter à l'enfant ; l'acte qui la contient doit de plus être inscrit sur les registres de l'Etat civil à sa date, et il doit en être fait mention en marge de l'acte de naissance, s'il en existe un, aux termes de l'article 62. Cependant, le défaut de cette dernière formalité ne vicierait pas la reconnaissance, parce qu'on peut la remplir en tout temps, attendu que la loi n'indique pour cela aucun délai fatal.

Il ne faut pas confondre la reconnaissance à fin de légitimation par mariage subséquent, avec l'adoption faite dans le même but. Ainsi, lorsqu'une femme ayant un enfant naturel, vient à se marier, et que, dans le contrat de mariage, l'homme qu'elle épouse et elle-même déclarent *adopter* cet enfant et vouloir

(1) Bien que la reconnaissance du père dans l'acte de naissance doive être faite et signée par lui, néanmoins si elle laisse quelque doute sur l'identité, elle peut être rectifiée et confirmée plus tard par le père, quoiqu'il se trouve engagé alors dans les liens du mariage avec une femme autre que la mère de l'enfant. — Arrêt de la Cour de Cassation, du 24 novembre 1830. Sirey, tom. 31, 1re part. pag. 131. Dans l'espèce de cet arrêt, le père avait été nommé dans les actes de naissance de ses deux enfants naturels, *Saint-Gabriel*, au lieu de *Toussaint-Gabriel*, qui étaient ses véritables noms. — Nous devons ajouter que l'acte de naissance n'établit la filiation de l'enfant naturel vis-à-vis du père, qu'autant que celui-ci y a paru, soit en personne, soit par un fondé de pouvoir, et a consenti à être désigné comme tel. — Locré, tom. 4, pag. 179.

qu'il ait les mêmes droits que ceux qui naîtraient de leur union, l'enfant ainsi gratifié ne peut présenter ce genre d'adoption comme équivalent à une légitimation par mariage et comme devant produire les mêmes effets (1). La raison en est que l'adoption et la légitimation sont régies par des principes différents et ne produisent pas les mêmes résultats, surtout pour la capacité de succéder. Il en serait différemment, s'il résultait des termes et de l'ensemble de l'acte que le mot *adoption* n'a été employé que par erreur, et que la reconnaissance de l'enfant dans l'objet de le légitimer par mariage subséquent, a été seule dans l'intention des déclarants.

La reconnaissance, postérieure à la naissance, n'a pas besoin, pour sa validité, d'être faite par le père ou la mère en présence de l'enfant naturel. Comme il ne s'agit point ici d'un contrat synallagmatique, dont les éléments principaux se composent nécessairement du consentement des deux parties ; qu'au contraire la reconnaissance d'un enfant est un acte unilatéral, un acte de bienfaisance, un acte de l'Etat civil ; que même le père ne fait qu'un aveu, une révélation, un témoignage sur le fait de sa paternité, il faut dire, avec M. Proudhon (2), qu'il en résulte que la présence de l'enfant qui en est l'objet, n'est pas plus nécessaire à l'acte que son acceptation. Com-

---

(1) Arrêt de la Cour de Metz, du 19 janvier 1826. — *Journal du Palais*, tom. 20, pag. 72, nouvelle édition.

(2) Tom. 2, pag. 117 de son Cours.

ment en serait-il autrement, lorsque ni l'une ni l'autre ne sont exigées par la loi, lorsque, sans l'une ni l'autre, on peut valablement reconnaître un enfant qui n'est pas encore né, un enfant naturel absent, un enfant qui est même déjà décédé, ainsi qu'on le verra plus bas? Tel est aussi le sentiment de M. Loiseau (1). Il y a même plus, c'est que, d'après les mêmes auteurs, la reconnaissance serait encore valable malgré la présence, le refus et l'opposition de l'enfant. La raison en est que, d'après l'art. 339 du Code civil, toute reconnaissance de la part du père ou de la mère, de même que toute réclamation de la part de l'enfant, peut être contestée par tous ceux qui y ont intérêt. L'enfant peut donc prouver que le père qui l'a reconnu, n'est réellement pas le sien, ou que l'acte de reconnaissance est contraire à la loi, tout comme il pourrait le prouver si sa reconnaissance était contenue dans son acte de naissance ; mais avec la distinction que nous avons ci-dessus établie.

239. — L'art. 337 suppose que la reconnaissance de l'enfant naturel est faite volontairement par ses père et mère, il est pourtant des cas où l'enfant peut forcer ses père et mère à le reconnaître, comme nous le verrons dans les chapitres suivants.

240. — On remarque la différence que le Législ-

(1) Pag. 493.

lateur a établie entre l'enfant naturel et l'enfant légitime ; celui-ci peut établir sa filiation par son acte de naissance, il peut même l'établir à défaut de cet acte par la possession constante de son état. En l'absence de l'un et de l'autre, il peut encore prouver sa filiation par témoins, suivant les art. 319, 320 et 323. Au lieu que l'enfant naturel doit rapporter une reconnaissance formelle faite par acte authentique et non sous seing-privé.

241. — Mais qu'entend-on par acte authentique D'après l'art. 1317, « L'acte authentique est celui qui » a été reçu par Officiers publics ayant le droit » d'instrumenter dans le lieu où l'acte a été rédigé, » et avec les solennités requises. » Mais pour le cas particulier, on doit encore savoir quels sont les Officiers qui ont le droit de rédiger une reconnaissance authentique.

242. — Les Notaires (1) ont incontestablement ce droit. On avait proposé au Conseil-d'Etat de ne l'accorder qu'aux Officiers de l'Etat civil ; mais cette proposition fut rejetée. « Elle aurait (dit M. Locré, dans » son Esprit du Code civil, sur cet article, n° 2), em- » pêché de tenir l'*acte secret* (2), facilité qu'il était

_____

(1) Les ordonnances de Metz appelaient les Notaires ou Tabellions *amans des Metz*, du mot latin *amanuenses*, secrétaires, écrivains, copistes. — *Journal du Palais, tom.* 1er, *pag.* 455 ; ce mot est employé dans *Suétone.*

(2) L'acte notarié, quoique authentique, peut, en effet, être tenu se-

» cependant nécessaire de ménager aux parties. Elle
» était d'ailleurs sans intérêt, pourvu que l'authen-
» ticité de l'acte fût bien assurée, et qu'il ne pût y
» avoir de fraude, *qu'importait par qui il fût reçu?*
» On a donc rejeté le système de la Commission :
» l'art. 334 se contente d'un acte authentique *quel-*
» *conque.* »

Le droit accordé aux Notaires résulte de l'art. 1er
de la loi du 25 nivôse an 11, qui porte que « Les No-
» taires sont des Fonctionnaires publics, établis pour
» recevoir tous les actes et contrats auxquels les
» parties doivent ou veulent donner le caractère d'au-
» thencité attaché aux actes de l'autorité publique. »

243. — Le caractère d'authenticité d'un acte notarié n'en subsiste pas moins, encore que l'enregistrement ait été bâtonné, faute de paiement du droit.
Ainsi sera valide la reconnaissance d'un enfant naturel
contenue dans un acte semblable. C'est ce que jugea
la Cour de Cassation, le 16 décembre 1811, en faveur
de l'enfant naturel que *Marie-Antoine* avait eu du
sieur *Buisseret.* « Attendu, dit-elle, qu'il est reconnu,

cret, à cause de l'art. 23 de la loi du 25 nivôse an 11, qui porte que,
« Les Notaires ne pourront également, sans l'ordonnance du Président du
» Tribunal de première instance, délivrer expédition *ni donner connais-*
» *sance des actes* à d'autres qu'aux personnes intéressées, en nom di-
» rect, héritiers ou ayant-droit, à peine de dommages-intérêts, d'une
» amende de cent francs, et d'être, en cas de récidive, suspendus de
» leurs fonctions pendant trois mois ; sauf néanmoins l'exécution des lois
» et réglements sur les droits d'enregistrement, et de celles relatives aux
» actes qui doivent être publiés dans les Tribunaux. »

en fait, que l'enregistrement de l'acte du 29 floréal an 7 a été complètement opéré, dans le délai utile, sur les registres du Receveur de Soignies ; qu'il en est résulté, en faveur de l'enfant naturel de la fille *Antoine*, un droit acquis que le Receveur n'a pu lui enlever en se permettant de bâtonner cet enregistrement, par le motif que le droit n'en a pas été payé, tandis que, pour le recouvrement de ce droit, il avait la voie de la contrainte, tant contre le Notaire que contre la partie (1). »

' Nous pensons qu'il doit en être de même d'un acte signé par le Notaire ; les parties et les témoins, quoique le Notaire ne l'ait pas soumis à l'enregistrement, sous prétexte qu'on ne lui aurait pas garni les mains pour l'accomplissement de cette formalité ou pour le paiement de ses honoraires, parce qu'il a la voie d'action contre les parties, pour obtenir satisfaction ; d'ailleurs la loi qui définit l'authenticité des actes ne parle pas de leur enregistrement, qui peut avoir lieu en tout temps, sauf les amendes encourues. Enfin il n'y a de nullité, dans les actes notariés, que celles qui sont prononcées par l'art. 68, de la loi du 25 nivôse an 11, pour contravention aux dispositions qu'il rappelle.

244.—*M. Loiseau, Traité des enfants naturels*, pag. 458, pense que les Juges-de-Paix ont aussi pouvoir

---

(1) Sirey, tom. 12, 1re part. pag. 81.

de recevoir la reconnaissance des enfants naturels.
« Le Code, dit-il, leur confère, art. 353, la charge
de recevoir les actes d'adoption qui sont des actes de
l'Etat civil. Or, comment leur refuserait-il le pouvoir
de recevoir une reconnaissance d'enfant, qui est un
acte de la même nature ? » *M. Malleville*, sur l'art. 334,
dit encore que : « Pour que la reconnaissance soit valable, il suffit qu'elle soit faite devant un Notaire,
un Juge-de-Paix, ou un Officier de l'Etat civil. »

M. Merlin (1) n'admet la reconnaissance faite devant les Juges-de-Paix, que lorsqu'ils siégent au
bureau de conciliation, ou lorsqu'ils exercent une juridiction contentieuse, parce que, dans ces deux cas,
ils peuvent constater par leurs procès-verbaux les
aveux et les conventions des parties, ou leur donner
acte, dans leurs jugements, des déclarations qu'elles
font ; mais hors ces deux hypothèses, *M. Merlin* ne
pense pas qu'un Juge-de-Paix puisse valablement recevoir la reconnaissance d'un enfant naturel. Il dit
qu'un acte n'est point de juridiction volontaire, mais
bien, par sa nature, *un acte de l'Etat civil.* Cependant
M. Merlin convient que, par rapport aux Notaires,
il n'y a nulle difficulté; ce sont ses expressions;
mais les Notaires ne sont point des Officiers de l'Etat
civil ; ils ne sont point chargés par la loi de recevoir
les actes de l'Etat civil. Pourquoi donc établir entre eux
et les Juges-de-Paix, une différence que la loi n'a pas

_____

(1) Tom. 16, au mot *Filiation*, pag. 349.

établie elle-même? Et puis, en l'absence d'acte de naissance, la reconnaissance que ferait le père d'un enfant
naturel, est bien un acte de juridiction volontaire,
puisqu'il ne pourrait autrement y être forcé, attendu,
ainsi que nous le verrons sur l'art. 340, que la recherche de la paternité est interdite. La question se
réduit à savoir si la reconnaissance ainsi faite dans
un procès-verbal dressé *ad hoc* par le Juge-de-Paix,
est ou n'est pas un acte authentique. La difficulté
peut venir de ce que, suivant l'art. 54 du Code de
Procédure civile, les conventions des parties insérées
au procès-verbal du Juge-de-Paix n'ont que force
d'obligation privée. Mais cet article est sous le titre de
la conciliation. Or, *M. Merlin* dit qu'il n'y a *point de
doute que* les Juges-de-Paix puissent recevoir la reconnaissance d'un enfant naturel, quand ils siégent
en *bureau de conciliation.* Mais dans l'espèce dont
nous parlons, la reconnaissance n'est autre chose
qu'un contrat *unilatéral,* aussi valable que tout autre
contrat, suivant l'art. 1103 du Code civil. Le Juge-de-
Paix est aussi capable de le retenir qu'il le serait de
donner à un individu qui se présenterait volontairement à lui, acte de son aveu de devoir telle somme à
un autre individu présent ou absent.

245. — La Cour d'Amiens a été bien plus loin,
puisqu'elle a décidé qu'un simple Greffier de Juge-de-

Paix pouvait valablement recevoir la reconnaissance d'un enfant naturel (1). Voici ses motifs :

« Considérant qu'il résulte du texte de l'art. 334 du Code civil et des discussions qui en ont précédé l'adoption, que le Législateur, en exigeant que la reconnaissance d'un enfant naturel fût faite par un acte authentique, lorsqu'elle ne l'aurait pas été dans son acte de naissance, a voulu qu'un acte aussi précieux, ne fût pas abandonné à une si frêle garantie qui résulterait d'un acte privé ; que, pour offrir aux parties intéressées une garantie contre la fraude, il a voulu que la date de cette reconnaissance fût constatée, et que l'acte fût conservé dans les dépôts publics, mais que son intention a été d'ailleurs de faciliter les reconnaissances des enfants naturels, d'écarter les obstacles qui pourraient les empêcher, et même de ménager aux parties les moyens de tenir l'acte secret, qu'à cet effet, la loi a permis au père de faire constater sa reconnaissance par un acte authentique quelconque, et par tous Fonctionnaires, dont les actes sont déposés dans les dépôts publics ;

» Considérant que le Greffier d'une Justice-de-Paix est un Officier public ; que cet Officier a reçu de la loi le pouvoir de faire, lui seul, et sans le concours du Juge-de-Paix, un grand nombre d'actes qui font foi en Justice ;

(1) Sirey, tom. 22, 2ᵉ part. pag. 313. — Arrêt du 2 août 1821, en la cause du sieur *Bedin* et la demoiselle *Lam....*

» Considérant que dans l'espèce, la reconnaissance conjointement faite par Louis-François Bedin
et C. A. Lam... le 15 juillet 1807, a eu lieu au
Greffe de la Justice-de-Paix du canton de G..., que le
Greffier a dressé le procès-verbal qui a été signé par
lui et par les parties présentes, que la minute en a
été déposée et conservée avec celle des autres actes
de la Justice-de-Paix, et enregistrée le 28 août suivant;

» Que, par l'accomplissement de ces formalités,
l'acte dont il s'agit est devenu authentique, et a of-
fert aux parties intéressées toute garantie contre la
fraude ;

» Considérant, d'ailleurs, que la loi n'exige point
la présence de témoins dans les actes des Greffiers,
pas plus que dans les reconnaissances d'enfants naturels, reçues par les Officiers de l'Etat civil, lorsqu'il
ne s'agit point d'acte de naissance, de mariage ou
de décès, et que, par conséquent, l'acte du 15 juillet 1817 est déclaré sous ce rapport, à l'abri de
toute critique légitime (1). »

_____

(1) Voici, en deux mots, l'espèce de cet arrêt : Le 15 juillet 1817, la
demoiselle Lam.... assistée de sa mère, comparaît au Greffe de la Justice-
de-Paix du canton de ...., et déclare être enceinte de sept mois de
Louis-François Bedin, lequel, présent, reconnaît la vérité et la sincérité
de la déclaration de la demoiselle Lam...., en foi de quoi les compa-
rants signent, et après eux, le Greffier de la Justice-de-Paix. — Quelque
temps après, le sieur Bedin épousa une autre femme. Alors la demoiselle
Lam.... le cita devant le Tribunal de Compiègne, pour le faire condamner à fournir des aliments à son fils, jusqu'à ce qu'il fût en état de gagner
sa vie. Le sieur Bedin contesta la reconnaissance pour défaut d'authenticité.

Le pourvoi contre cet arrêt a été rejeté par la Cour suprême, le 15 juillet 1824 (1). Comme ce système est entièrement opposé à l'opinion de M. Merlin, nous croyons devoir rapporter les motifs sur lesquels il est fondé : « Attendu que, dans l'espèce de la cause, les parties ont volontairement, et d'un commun accord, choisi le Greffier de la Justice-de-Paix du lieu de leur domicile, pour recevoir leur déclaration collective, contenant aveu de la grossesse de la demoiselle *Lam...*, et de la paternité du sieur *Bedin*; que ce Greffier d'ailleurs, est dans la catégorie des Officiers publics, *qui ont le droit d'instrumenter dans ce lieu, et qui sont préposés à la garde d'un dépôt public*, d'où il suit, qu'en jugeant, dans de telles circonstances, que le sieur Bedin n'était pas fondé à arguer de nullité ladite déclaration, l'arrêt attaqué n'a violé aucune des lois invoquées à l'appui de la demande en Cassation. »

M. Merlin, dans le 17e vol. de son Répertoire, au mot *Filiation*, dit que la section des requêtes de la Cour de Cassation, en admettant le recours du demandeur, a manifesté bien clairement son opinion sur la nullité d'une reconnaissance d'enfant naturel, reçue par un Greffier du Juge-de-Paix; mais que l'affaire portée à la section civile y a été envisagée sous un point de vue tout-à-fait nouveau, qu'elle a considéré que la demoiselle *Lam...* était intervenue à

(1) Sirey, tom. 24, 1re part. pag. 338.

l'acte, par lequel le sieur *Bedin* s'était reconnu auteur de la grossesse, et de ce que, par là, il y avait eu consentement mutuel des deux parties à ce que le Greffier du Juge-de-Paix du canton de G. reçût cet acte, comme Officier public ; il a été conclu que la Cour royale *d'Amiens* avait pu, dans le cas particulier dont il s'agissait, déclarer la reconnaissance valable.

Il est bien vrai que l'on trouve dans l'un des motifs de l'arrêt de la section civile, la considération du consentement mutuel des parties à ce que le Greffier du Juge-de-Paix reçût l'acte comme Officier public. Mais cette considération n'a pas seule déterminé l'arrêt. Il est encore motivé, comme on l'a vu, sur ce que *les Greffiers sont dans la catégorie des Officiers publics, qui ont le droit d'instrumenter dans le lieu, et qui sont préposés à la garde d'un dépôt public,* on peut donc soutenir avec fondement que c'est pour le moins autant sur le point de droit que sur le fait du consentement mutuel des parties que l'arrêt a été basé. Nous ne pouvons donc nous rendre à cette autre observation de *M. Merlin,* que la défaveur de la cause de *M. Bedin* a sans doute beaucoup influé sur cet arrêt. Car, encore une fois, la Cour de Cassation a décidé que les Greffiers des Juges-de-Paix sont dans la catégorie des Officiers publics, qui ont le droit d'instrumenter dans le lieu, et qui sont préposés à la garde d'un dépôt public ; ce qui prouve évidemment que la décision eût été la même quand les par-

ties n'auraient pas donné leur consentement mutuel
à la reconnaissance de l'enfant naturel.

D'ailleurs, ce consentement mutuel des père et
mère de l'enfant n'aurait pu avoir la puissance de
donner au Greffier du Juge-de-Paix un pouvoir
qu'il n'aurait pas tenu de son caractère, ni à l'acte
par lui reçu, l'authenticité qu'il n'aurait pu lui conférer.

246. — Nous avons dit, plus haut, que la reconnaissance la moins équivoque et la plus solide est
celle qui résulte de l'acte de naissance inscrit sur les
registres par l'Officier de l'Etat civil du lieu. Mais si
la naissance de l'enfant n'a pas été inscrite, il est
sans difficulté que cet Officier de l'Etat civil a capacité pour recevoir la reconnaissance qui serait faite
avant comme après la naissance par le père ou
la mère, ou par tous les deux ensemble. Cette reconnaissance serait valable, bien qu'elle ne fût pas
appuyée par la présence et la déclaration de deux
témoins. La raison en est que l'art. 62 du Code civil se borne à dire que l'acte de reconnaissance
d'un enfant sera inscrit sur les registres, à sa date,
et qu'il en sera fait mention en marge de l'acte de
naissance, s'il en existe un. Cet article n'ajoute pas,
comme le fait l'art. 55 pour l'acte de naissance, que
cet acte de reconnaissance sera rédigé en présence
de deux témoins.

247. — Mais la difficulté s'est élevée de savoir si

la reconnaissance d'un enfant naturel, faite devant l'Officier de l'Etat civil, est valable, quoique écrite sur une feuille volante, et non transcrite sur les registres?

Le 23 avril 1819, la demoiselle L..., fille majeure, se présente devant l'adjoint de la commune de.... ; elle annonce qu'elle est enceinte des œuvres de François *Bouxin*, et demande acte de sa déclaration. Bouxin comparaît ensuite, reconnaît pour vraie la déclaration de la demoiselle L..., et ajoute qu'il veut que l'enfant soit inscrit sous son nom, lors de sa naissance. (On verra, plus bas, qu'une telle reconnaissance faite avant la naissance, est parfaitement valable.)

Ces déclarations sont consignées dans un seul et même acte, rédigé *sur une feuille volante*, dont l'original est remis de suite à la demoiselle L... ; il est d'ailleurs signé par les parties, l'adjoint et deux témoins.

Le 10 mai suivant, la demoiselle L..., accouche d'une fille, qui est portée sur les registres de l'Etat civil, sous le nom de *Henriette*, fille naturelle de la demoiselle L...

Deux ans s'écoulent ; la demoiselle L... dépose chez un Notaire l'acte du 23 avril 1819, et fait nommer un tuteur *ad hoc* à son enfant.

Quelque temps après, ce tuteur assigne Bouxin, pour se voir condamner au paiement d'une pension alimentaire à la jeune Henriette.

Bouxin excepte de la nullité de l'acte de reconnaissance par plusieurs motifs, entre autres, par celui pris de ce qu'il n'avait été rédigé que sur une feuille volante, tandis qu'il aurait dû l'être sur les registres de l'Etat civil.

Nous ignorons ce qu'avait jugé le Tribunal de première instance. L'arrêtiste a omis de nous faire connaître le jugement.

Mais sur l'appel, arrêt de la Cour royale de Metz, du 19 août 1824, qui rejette la nullité proposée et valide la reconnaissance, par les motifs suivants :

« Attendu que, si l'adjoint a inscrit l'acte de reconnaissance sur une feuille volante, et l'a même remis depuis à la mère de l'enfant, c'est là sans doute une faute grave de la part de cet Officier, et qui pouvait entraîner beaucoup d'inconvénients ; *mais ces inconvénients ne sont pas arrivés*, l'acte ayant été déposé chez un Notaire, et Bouxin ne prétendant pas qu'il ait souffert la moindre altération ou falsification, et reconnaissant la vérité des déclarations qui y sont contenues, comme la sincérité des signatures qui y sont apposées, n'élevant, en un mot, aucun doute sur l'identité de cet acte ;

» Attendu, d'ailleurs, qu'il n'articule aucun fait d'où il pourrait résulter que cet acte avait été obtenu par violence, fraude ou surprise exercées à son égard ;

» Attendu que l'art. 52 du Code civil ne prononce pas la peine de nullité (1). »

(1) Sirey, tom. 25, 2, 296.

Nous nous ne pouvons adopter sous aucun rapport les principes consacrés par cet arrêt.

Et d'abord, disons un mot du dernier motif sur lequel il s'appuie.

L'art. 52 du Code civil porte que toute altération, tout faux dans *les actes de l'Etat civil*, toute inscription de ces actes faite sur *une feuille volante* et autrement que sur les registres à ce destinés, donneront lieu aux dommages et intérêts des parties, sans préjudice des peines portées au Code pénal (1). Or, a dit la Cour royale de Metz, puisque l'inscription sur une feuille volante n'est punissable que de l'emprisonnement, de l'amende et de dommages et intérêts contre l'Officier de l'Etat civil, il s'ensuit que l'acte ainsi retenu n'est pas frappé de nullité, que la loi d'ailleurs ne la prononce pas.

Nous répondons : 1° qu'un acte de reconnaissance fait surtout avant la naissance de l'enfant naturel, n'est point un acte de *l'Etat civil,* quoique inscrit sur les registres de l'Etat civil, et ne peut par conséquent être réglé par l'art. 52 du Code civil. Il ne le serait pas davantage, quand même la reconnaissance qu'il contiendrait, aurait lieu après la naissance, puisque, d'après l'art. 62, il devrait être inscrit à sa date, et mentionné en marge de l'acte de naissance, s'il en existait un ; ce qui prouve que ce

1) L'art. 192 du Code pénal prononce pour ce cas contre l'Officier de l'Etat civil, la peine d'emprisonnement d'un mois au moins et de trois mois au plus, et d'une amende de 16 fr. à 200 fr.

dernier acte, seul, est un acte de l'Etat civil. Cela est si vrai, que les Notaires et les Juges-de-Paix ont bien qualité pour recevoir un acte de reconnaissance, et certes ils n'ont point capacité pour retenir un acte de l'Etat civil.

Nous répondons : 2° que ce n'est pas l'art. 52, mais bien l'art. 334 du Code civil qui doit décider la question. Or, l'art. 334 dit que la reconnaissance d'un enfant naturel sera faite par un acte authentique, lorsqu'elle ne l'aura pas été dans son acte de naissance. Il fallait donc savoir, avant tout, si une feuille volante, contenant la reconnaissance d'un enfant naturel, bien qu'écrite et signée par un Officier de l'Etat civil, est un acte authentique, dans le sens de la loi. C'est ce qui nous reste à examiner.

En vérité, rien n'est plus difficile que de prouver l'évidence. Essayons pourtant.

Nous venons de voir que l'art. 62 du Code veut que l'acte de reconnaissance d'un enfant soit inscrit *sur les registres*, à sa date. Quest-ce que ces registres ? Ce sont ceux dont il est parlé dans l'art. 40 et qui doivent être tenus en double, dont l'un doit être déposé aux archives de la commune, et l'autre au Greffe du Tribunal de première instance. Art 43. Ces registres doivent être cotés par première et dernière, et paraphés, sur chaque feuille, par le Président du Tribunal de première instance, ou par le Juge qui le remplace. Art 41. Les registres sont donc la *minute*, *l'original* des actes de reconnais-

sance, comme des actes de l'Etat civil. Cet original,
cette minute, doit rester dans les archives de la commune, d'une manière permanente, visible à tous les
yeux, à chaque instant du jour, afin que chaque in-
teressé puisse en prendre connaissance, et s'en faire
au besoin délivrer une copie. Il est donc vrai de
dire que les registres sont seuls *publics* et *authentiques*. Or, une feuille volante, écrite par l'Officier de
l'Etat civil, a-t-elle ce caractère, présente-t-elle cette
garantie, est-elle *publique?* Peut-on s'en faire délivrer, *quand on veut*, une expédition? Evidemment
non. Dépouillée de toutes les formes qui donnent la
solennité, cette feuille volante n'est qu'un acte sous
seing-privé, sujet à vérification, lorsqu'il est produit,
sans qu'on soit obligé de l'attaquer par la voie de
l'inscription de faux. Suivant l'art. 45 du même
Code, il n'y a que les extraits délivrés *conformes
aux registres*, et légalisés par le Président du Tribunal de première instance, ou par le Juge qui le remplace, qui fassent foi jusqu'à inscription de faux. Il
en est des Officiers de l'Etat civil comme des Notaires, puisque les uns et les autres ont le même pouvoir pour recevoir la reconnaissance des enfants naturels. Or, serait-on bien venu à présenter comme
solennel, comme *public*, comme *authentique*, une
reconnaissance qu'un Notaire aurait écrite sur une
feuille volante, dont il n'aurait pas retenu minute,
et qu'il aurait livrée à l'une des parties, même avec
le consentement de l'autre? L'art. 20 de la loi du 25

ventôse an 11, leur commande de garder minute de
tous les actes qu'ils recevront. Il n'y a d'exception que
pour les certificats de vie, procurations, actes de no-
toriété, quittances de fermages, de loyers, de salaires,
arrérages de pensions et rentes, et autres actes simples, qui, d'après les lois, peuvent être délivrés en
brevet.

Disons donc, sans hésiter, qu'une reconnaissance
d'enfant naturel, inscrite sur une feuille volante, délivrée ou non à l'une des parties, soit par un Officier de l'Etat civil, soit par un Notaire, soit par un Juge-
de-Paix, soit par tout autre Fonctionnaire public, ayant
caractère pour la recevoir, n'est point valable aux termes de l'art. 334 du Code civil, parce qu'elle n'est point
contenue dans un acte *authentique*, et réputé tel par
l'art. 1317 du même Code ; que, suivant l'art. 1318,
cet acte ne peut valoir que comme écriture privée,
s'il a été signé des parties, puisqu'il n'a pas été
rédigé avec *les solennités requises*.

Et maintenant, comment pourrait-on considérer
comme une reconnaissance légale, celle qui serait
inscrite sur une feuille volante, remise à l'une des
parties intéressées, qui peut la faire disparaître au
gré de son caprice, ou de sa légèreté? Est-ce que
l'état des hommes peut ainsi rester flottant et incertain ?

Peu importe que la reconnaissance dont il s'agissait dans l'espèce de l'arrêt de la Cour de Metz, eût
été déposé chez un Notaire par la mère de la fille

naturelle, et n'eût souffert ni altération ni falsification. Cela ne lui donnait pas le caractère *d'authenticité*, qui lui manquait. Ce dépôt, d'ailleurs, n'ayant
pas été fait en même temps par le père prétendu, ne
pouvait le lier, et rendre l'acte *public* de *privé* qu'il
était par sa nature.

Peu importe encore que le sieur François Bouxin
reconnût devant la Cour *la vérité des déclarations
contenues dans cet acte ;* cette reconnaissance ne pouvait être que le résultat d'une action, ayant pour but
la recherche de la paternité, si formellement prohibée par l'art. 341 du Code civil ; ainsi que nous
nous en expliquerons dans les chapitres suivants.

Peu importe, enfin, que le sieur Bouxin reconnût
la sincérité des signatures et l'identité de l'acte
qui lui était opposé. Tout cela ne changeait pas sa
nature. Cet acte, dans son essence et dans sa forme,
n'en était pas moins un acte privé, et nous allons
bientôt faire voir qu'une reconnaissance d'enfant naturel, contenue dans un acte privé, n'est point une
reconnaissance légale, quand bien même elle ne serait le fruit, ni de la violence, ni de la fraude, ni de
la surprise.

Ainsi, nous avons eu raison de dire que l'arrêt de
la Cour royale de Metz a été rendu contre tous les
principes de la matière. Son système est trop dangereux, trop illégal, pour craindre qu'il passe dans la
Jurisprudence du royaume.

248. — De ce que la loi veut que la reconnaissance de l'enfant naturel soit faite par un acte authentique, il devrait s'ensuivre que celle qui serait
faite sous signature privée, ne peut être d'aucun effet (1).

Cependant *M. Toullier*, n° 951, n'est point de cet
avis. Voici comment il s'exprime : « En disant, en
général, que la reconnaissance sera faite par un acte
authentique, l'art. 344 ne prononce point la peine
de nullité. Il n'est point conçu en forme de disposition
prohibitive. Or, on tient pour principe qu'il n'y a
que les lois prohibitives qui emportent de plein droit
la nullité des actes, lorsqu'ils ne sont pas conformes
à leurs dispositions.

» Suivant l'art. 1320, l'acte soit authentique, soit
sous seing-privé, fait également foi entre les parties.
L'art. 1322 ajoute que l'acte sous seing-privé, reconnu par celui auquel on l'oppose, ou légalement

---

(1) Il faut pourtant en excepter celle de la mère, parce que l'acte sous
seing-privé qui la contient peut servir de commencement de preuve par
écrit, art. 341. Ainsi la Cour de Cassation a jugé, le 22 juin 1813, que si
la reconnaissance des enfants naturels, doit, aux termes de l'art. 334, être
faite par acte authentique, il n'en est pas de même de l'aveu que la mère
peut joindre à la reconnaissance dans laquelle le père l'a désignée comme
telle, soit parce que l'art. 336, relatif à cet objet, ne l'exige pas, soit parce
que cet aveu étant le complément de la reconnaissance authentique du
père, doit participer à son authenticité, « soit, enfin, parce que la recher-
» che de la maternité étant admise, la loi ne peut pas être aussi sévère
» par rapport à la reconnaissance de la mère qu'à l'égard de celle du
» père, contre lequel cette recherche est interdite. » — Sirey. tom. 13,
1re part. pag. 281, dans la cause d'Eugénie *Carlon*, contre la dame *Par-
mentien*. — *Vid. infrà.*

tenu pour reconnu, a, entre ceux qui l'ont souscrit et leurs héritiers, *la même foi que l'acte authentique.*

» Tels sont, en matière de preuve, les principes généraux ; et lorsque le Code civil, y a voulu déroger, il a eu soin d'avertir que la disposition dérogatoire serait observée sous peine de nullité. C'est ainsi que l'art. 931 ne s'est point contenté de dire que les donations seront passées devant Notaires ; il ajoute *sous peine de nullité.*

» Cette peine n'étant point prononcée par l'art. 334 qui porte que la reconnaissance sera faite par *acte authentique,* il semblerait avoir laissé les reconnaissances sous seing-privé, dans les termes du Droit romain.

» On objecte que la recherche de la paternité est interdite ; mais cette objection n'est point pressante. l'enfant reconnu par un acte sous seing-privé, n'a point à rechercher son père, le père s'est fait connaître volontairement par un acte qu'il ne peut rejeter : s'il contestait la signature, la demande de vérification ne serait point une recherche de paternité ; la question serait de savoir si le père a signé ou non l'acte qu'on lui présente. Un acte authentique peut aussi faire naître cette question.

» L'orateur du Gouvernement donne pour motif à la disposition de l'art. 334, qu'il faut une reconnaissance authentique, pour que les familles soient à l'abri de toute surprise. Mais sont-elles moins à l'abri des surprises, quand la reconnaissance est consignée par écrit sous seing-privé, fait avec réflexion, écrit par le père, déposé par exemple chez un Notaire ?

» Si la reconnaissance faite sous seing-privé, est nulle, elle ne donnera pas aux enfants reconnus, même une action en aliments ; car la paternité est indivisible. Un homme ne saurait être père pour un cas, et ne l'être pas pour l'autre, c'est un principe proclamé par la Cour de Cassation.

» Il y a donc de fortes raisons pour penser que les reconnaissances sous seing-privé, ne sont pas nulles. »

Ces raisonnements nous paraissent victorieusement repoussés par la réponse suivante de *M. Merlin*, tom. 6, au mot *Filiation*, pag. 722 :

« Il nous semble que, en raisonnant ainsi, *M. Toullier* s'écarte de son exactitude ordinaire.

» Sans doute la reconnaissance faite par un acte sous seing-privé, n'est pas viscéralement *nulle*, mais elle n'est pas légalement probante, parce qu'elle n'offre pas à la fois, la preuve que c'est avec réflexion, de sa propre volonté, et en pleine connaissance de cause que le père l'a souscrite. Qu'importe, dès lors, qu'elle ne soit pas frappée d'une nullité viscérale, comme l'est une donation entre vifs, qui n'a pas été passée devant Notaire ? Elle est du moins insuffisante par elle-même, pour constater la volonté libre et éclairée du prétendu père ; et d'après cela, il est bien impossible que la vérification qui en est faite en Justice, en répare l'insuffisance.

» Que dans les matières ordinaires, la vérification qui est faite en Justice d'un acte sous seing-privé, sur la dénégation qu'en fait celui à qui on l'oppose, lui imprime le même degré de force, que s'il était authentique, cela est tout simple : la partie qui dénie sa prétendu signature apposée à cet acte, est obligée de l'avouer ou de la dénier, et sa dénégation entraîne de plein droit la nécessité de procéder à une vérification d'écriture. Ici, au contraire, l'auteur de la reconnaissance sous seing-privé, n'est tenu de l'avouer ni de la dénier ; il peut même, en l'avouant, soutenir qu'il l'a souscrite sans réflexion et par surprise ; la question n'est donc pas seulement de savoir s'il a signé ou non l'acte qu'on lui présente ; mais si c'est de sa libre volonté, si c'est avec réflexion, si c'est en pleine connaissance de cause qu'il l'a signé. Or, là-dessus, sa déclaration doit faire loi aux Tribunaux. »

D'ailleurs, on peut ajouter que la loi ayant prescrit certaines conditions pour constater l'état des hommes, cet état ne peut être reconnu lorsque ces conditions manquent. Ainsi, la loi ayant dit que la reconnaissance des enfants naturels, sera faite (et non *pourra* être faite) par un acte authentique, lorsqu'elle ne l'aura pas été dans les actes de naissance, si l'acte n'est pas authentique, il n'y a point de reconnaissance légale.

249. — Lorsque l'art. 334 dit que la reconnaissance sera faite par un acte authentique, il n'entend pas que cet acte soit dressé spécialement dans ce but, et pour cet objet. Il suffit que la reconnaissance y soit suffisamment énoncée, bien que la qualification d'enfant naturel n'ait point un rapport direct à l'acte, dans lequel elle se trouve.

Ainsi, la Cour royale d'Agen a jugé et bien jugé, selon nous, en décidant, le 16 avril 1816, qu'il y avait reconnaissance valable de la part de *Michel David*, dans une procuration par lui donnée devant Notaire, le 10 ventôse an 11, en faveur de *André David, son fils naturel*, pour administrer ses biens. Le principal motif doit se prendre de ce que la forme de la reconnaissance n'a été prescrite ni indiquée par l'art. 334 du Code civil, ni par aucune autre disposition législative. Cette question a été jugée dans le même sens par la Cour de Bruxelles, le 17 juin 1807, par la Cour de Riom, le 29 juillet 1809, et par la Cour de Bastia, le 17 août 1829 (1). Telle est aussi l'opinion de M. Duranton, tom. 3, n° 214. Il y a pourtant cette différence, c'est que M. Duranton ne paraît disposé à valider la reconnaissance faite en termes énonciatifs, que lorsque l'énonciation a un rapport direct avec les dispositions principales de l'acte. Mais rien, à nos yeux, ne justifie une

_____

(1) *Journal du Palais,* tom. 17, pag. 266.

pareille distinction. Dire d'un tel, que nous char-
geons de gérer nos biens, qu'il est notre fils naturel,
n'est-ce pas suffisamment le reconnaître?

On sait que, dans l'ancienne Législation, la légitimation, par lettre du Prince, ne produisait d'autre
effet, à moins de déclaration contraire, que de couvrir le vice de la naissance. Cependant, la Cour de
Paris a jugé, le 4 germinal an 13, que cette sorte
de légitimation faite en 1778, constituait une reconnaissance suffisante, et que l'enfant ainsi reconnu,
avait droit, comme enfant naturel, à la part fixée
par l'art. 757 du Code civil, dans la succession de
son père, mort en l'an 2, révolutionnairement, bien
que les lettres de légitimation continssent exclusion
formelle de tous droits héréditaires (1).

(1) *Journal du Palais* tom. 17, pag. 460.

CHAPITRE II.

—

Acte Authentique. — Acte sous Seing-Privé.

—

SOMMAIRE.

250. — On ne doit jamais perdre de vue l'intention dominante de la loi, sur la reconnaissance
des enfants naturels ; c'est que cette reconnaissance
doit être l'effet d'une volonté libre ; et l'on ne peut
être convaincu de cette vérité, que lorsqu'elle annonce, par sa forme, qu'elle est hors de tout soup-
çon, de contrainte ou de séduction. Tel n'est point,
nous croyons l'avoir prouvé, l'acte sous signature privée. Nous porterons cette démonstration jusqu'à l'é-
vidence, dans le n° suivant du présent chapitre.

M. Merlin, qui a si bien développé cette proposition, pense par suite que l'avération que ferait en
Justice l'auteur d'une reconnaissance sous seing-privé,
sans se plaindre qu'elle lui a été surprise, mais aussi

sans convenir qu'elle est l'expression de sa volonté, serait inutile à l'enfant. En effet, il n'y aurait jamais que le fait de l'écriture, et non la paternité qui serait reconnu. Aussi ne partageons-nous pas l'opinion contraire de la Cour de Paris, dans son arrêt du 25 prairial an 13 (1).

Mais *M. Merlin* pense également qu'il en serait autrement si l'auteur de l'écrit déclarait positivement en Justice, qu'il l'a souscrit de sa pure et libre volonté, et qu'il y persiste.

Nous le pensons de même, sans difficulté, parce que, dans ce cas, la reconnaissance ne dérive plus de l'écrit, mais du jugement dans lequel elle est renouvelée. Or, un jugement est bien, sans contredit un titre authentique. C'est ce qu'ont décidé la Cour de *Grenoble* par arrêt du 15 therminor an 13, et la Cour de *Colmar* par arrêt du 24 mars 1813 (2) (3).

251. — *M. Loiseau*, pag. 459 et 460, ne discon-

(1) Sirey, tom. 7, 2e part. pag. 4.
(2) Sirey, tom. 14, 2e part. pag. 2. Nous devons à la vérité de dire que, dans l'espèce du second arrêt, *Guilmann* (Casimir) n'avait pas déclaré précisément dans l'acte de naissance de l'enfant, qu'il fût son père ; mais il avait ainsi signé cet acte : *Casimir Guilmann* PÈRE. La Cour de Colmar se fonda non-seulement sur cette circonstance, mais encore sur ce que le Jugement de première instance portait que *Guilmann* avait fait à l'audience l'aveu de sa paternité ; elle ne l'admit pas à rétracter cet aveu.

(3) Mais, hors ce cas, l'acte sous seing-privé ne devient pas authentique par sa remise dans un dépôt public. — Arrêt de la Cour de *Pau*, du 18 juillet 1810. — Sirey, tom. II, 2e part. pag. 12. — Il en est de même d'une lettre missive vérifiée. — Arrêt de la Cour d'*Amiens*, du 9 nivôse an 12. — Sirey, tom. 7, 2e part. pag. 937.

vient pas de ce principe, il est également certain,
dit-il, qu'une reconnaissance faite, soit devant les
premiers Juges, soit devant une Cour d'appel, est
valable, attendu que les actes qui émanent de la
Justice, sont de tous les plus authentiques et les plus
solennels ; que même certains actes de l'Etat civil,
tels que l'adoption et le divorce, sont en tout, ou en
partie, dans les attributions de l'ordre judiciaire ;
qu'enfin l'inspection des registres civils est également dans son domaine.

Mais ajoute M. Loiseau, il ne faut pas perdre de
vue un principe fondamental ; c'est qu'une reconnaissance d'enfant naturel doit être essentiellement
libre et spontanée ; qu'elle ne doit être que l'expression de la tendresse, qu'un mouvement, qu'un acte
d'abandon du cœur ; qu'ainsi, d'après la règle générale, qui interdit la recherche de la paternité, « Toute
reconnaissance qui serait l'effet de poursuites judiciaires, qui auraient seulement été provoquées par des
actes extrajudiciaires, de la part, soit de l'enfant,
soit de la mère, soit de ses parents, soit même d'é-
trangers, serait radicalement nulle. »

Cela serait vrai, sans aucun doute, si la reconnaissance n'était que l'effet de poursuites judiciaires,
dirigées *ad hoc*, contre le père, pour le forcer, ou
même simplement l'engager à reconnaître en Justice
son enfant naturel ; parce que ce serait une véritable
recherche de paternité si formellement prohibée par

la loi, sous quelque forme qu'elle se produise (1).
Mais si, dans le cours d'une instance, introduite pour
un autre objet, un individu reconnaît un enfant naturel; si même, sans qu'il existe aucun litige, cet
individu se présente devant un Tribunal ou une Cour
royale, ou même devant le Greffier de l'une de ces
deux juridictions, et demande acte de ce qu'il se déclare père de tel enfant naturel qu'il désigne, cette
reconnaissance sera bien bonne et bien valable. Pour
l'annuler, il faudrait prouver qu'elle est le fruit du
dol, de la surprise, de la violence ou de l'erreur,
conformément aux art. 1109 et suiv. du Code civil.
Vid. aussi *M. Toullier*, n° 963.

Le danger de la recherche de paternité ne peut
plus exister sous le Code civil; parce que, d'après le
principe qu'il a introduit, nul ne peut être contraint
à reconnaître un enfant naturel qu'il ne juge pas
à propos d'avouer. C'est ce qui a été formellement
jugé par la Cour de *Grenoble,* le 15 thermidor an
13; par la Cour de *Pau,* le 5 prairial de la même
année, et par la Cour de Cassation, le 6 janvier 1808,
dans la cause de Jean-Baptiste *Picat* (2). Ce principe avait déjà été introduit par la loi du 12 brumaire an 2, ainsi que ce dernier arrêt le déclare.

---

(1) Comme on peut le voir dans l'arrêt de la Cour de *Grenoble,* du
5 mars 1810, à l'occasion d'une reconnaissance faite en 1792, sur les poursuites judiciaires faites par Catherine *Virot* contre Pierre *Millet.*—Sirey
tom. 10, 2e part. pag. 134.

(2) Sirey, tom. 8, 1re part. pag. 86.

La même Cour suprême a rendu la même décision, le 27 août 1811, en faveur de la dame *Cabanon*, contre le sieur Carayon (1).

252. — Peut-on regarder, comme authentique, une reconnaissance sous seing-privé, par cela seul qu'elle aura été volontairement déposée entre les mains d'un Notaire, avec réquisition, signée de l'auteur de la reconnaissance, et reçue par le Notaire lui-même, de la ranger parmi ses minutes? *M. Toullier* prononce l'affirmative, n° 951. *M. Merlin* est du même avis, tom. 16, pag. 357. Mais *M. Loiseau* ne partage pas cette opinion. « Déposer un acte privé chez un Notaire, dit-il, ce n'est pas le rendre authentique. Ce dépôt sert bien à le conserver, à lui donner une date certaine, mais il ne lui confère point une autre nature, et ne répare pas le vice dont il est atteint. C'est toujours une reconnaissance privée et défectueuse, que l'on charge le Notaire de garder ; c'est le dépôt authentique d'une pièce nulle. Il faut que le dépôt lui-même contienne la reconnaissance de l'enfant. »

M. Merlin dit que ce sont là de pures subtilités. Aux nombreuses et excellentes raisons qu'il donne pour le prouver, nous croyons devoir ajouter celle-ci : Que fait l'auteur de la reconnaissance privée en la présentant au Notaire, en la déposant dans ses mi-

(1) *Sirey*, tom. 12, 1ʳᵉ part. pag. 13.

nutes, en signant l'acte de dépôt? Il lui déclare que cette pièce est son ouvrage ; qu'il la reconnaît pour son ouvrage ; qu'il veut qu'elle soit conservée comme étant son ouvrage. C'est comme s'il répétait mot-à-mot au Notaire, l'entier contenu en cet acte sous seing-privé, et que le Notaire, sous sa dictée, en dressât le contrat. Ne sait-on pas, d'ailleurs, qu'il faut favoriser le secret de ces sortes de déclarations, sans quoi l'on verrait beaucoup d'enfants continuer de mourir dans l'obscurité de leur état? *Vid.* le second motif de l'arrêt de la Cour de Cassation, du 3 septembre 1806 (1).

253. — Mais il en serait différemment si la reconnaissance était faite devant l'Officier de l'Etat civil, en vertu d'une procuration sous seing-privé. Il faudrait que la procuration fût publique, et par conséquent authentique. Autrement elle ne saurait avoir plus de force qu'une reconnaissance privée. On ne serait même pas admis à procurer au mandat l'authenticité judiciaire, par la vérification des écritures et signatures. Ainsi l'a jugé la Cour de *Riom*, le 26 février 1817, contre Emile, réclamant la qualité d'enfant naturel du général *D'Estaing*. Ainsi l'a jugé la Cour de Paris, le 2 janvier 1819, dans la cause du sieur *Lefebvre-de-Compigny* et des héritiers *Compigny* (2).

(1) *Sirey,* tom. 6, 1re part. pag. 409.
(2) Sirey, tom 18, 2e part. pag. 25, et tom. 19, 2e part. pag. 146. —

Nous avons dit, plus haut, qu'une reconnaissance
était authentique et valable, lorsqu'elle était faite
devant un Juge-de-Paix, devant un Tribunal civil,
et devant une Cour royale. Mais nous pensons avec
M. Loiseau (1), qu'elle serait sans valeur si elle était
faite devant un Tribunal de Commerce ; parce que
les Tribunaux de Commerce sont des Tribunaux
d'exception, qui ne sont établis que pour terminer les
difficultés qui s'élèvent entre marchands, et par rapport à leur commerce. Chaque fois qu'ils sortent de
leur domaine, ils deviennent incompétents. Cependant, si dans les qualités des jugements, si dans les
enquêtes dont il doit rester minute, une reconnaissance d'enfant naturel était faite par l'une des parties, ou par l'un des témoins, chacun, bien entendu
pour son propre compte, notre opinion est qu'une pareille reconnaissance serait valable, parce qu'elle serait à la fois volontaire et authentique. Il devrait en

Si la reconnaissance du sieur *De Compigny* fut validée par ce dernier
arrêt, c'est parce qu'elle avait été renouvelée par le testament *public* de
son père, ainsi que s'en est formellement expliqué la Cour de Paris. —
Cet arrêt a jugé aussi, comme l'on voit, qu'une reconnaissance peut fort
bien être faite par un testament public, qui est un véritable acte authentique, puisqu'il est reçu par un Officier public. Peu importerait que
le testament eût été fait dans les derniers instants de la vie du père. On
avait bien ajouté à l'art. 334, une disposition ainsi conçue : *Néanmoins
la reconnaissance du père est nulle, si elle a été faite dans le cours de
la maladie dont il est décédé, et s'il n'a pas survécu vingt jours à
l'acte.* Mais cette disposition de la Commission fut retranchée, sur l'observation de la Cour de *Bruxelles, qu'il importe d'assurer autant qu'il
est possible, l'état et le sort des enfants.*
(1) Pag. 460.

être de même d'une reconnaissance de cette nature, faite devant les Tribunaux criminels.

254. — Que doit-on décider d'une reconnaissance faite par un testament mystique, ou par un testament olographe ? Cet acte peut-il être réputé authentique ?

Si le testament est déposé sous la forme mystique, et par le testateur lui-même, dans l'étude d'un Notaire, il pourrait bien, pour ce seul fait, être réputé authentique, d'après ce que nous venons de dire pour les reconnaissances sous seing-privé en général (1).

255. — Mais si le testament a été conservé par le testateur dans ses papiers, ou remis à l'enfant, celui-ci sera-t-il admis à en faire vérifier l'écriture et la signature en cas de dénégation ; et cette vérification faite, pourra-t-il dire que la reconnaissance contenue dans cet acte est authentique dans le sens de la loi ?

Cette question présente aujourd'hui de graves difficultés.

---

(1) *Vid.* l'arrêt de la Cour de Cassation, du 3 septembre 1806, cité *inf.* C'est l'opinion de *M. Loiseau,* pag. 467. Parmi les bonnes raisons qu'il donne, on remarque celle-ci, qui nous paraît décisive :

« En employant cette forme de testament, dit-il, le testateur déclare au Notaire et aux témoins que c'est lui qui a écrit et signé l'acte qu'il leur présente, déclaration qui équivaut à la vérification judiciaire. Il désire que sa volonté reste secrète, il est vrai ; mais il entend qu'elle soit recueillie par un Officier public, en sorte qu'on peut dire qu'un testament mystique est authentique, et que la reconnaissance qu'il contient est valable.

M. Loiseau, pag. 465, de son Traité, soutient la négative, et voici comment il raisonne :

« Suivant l'art. 1317, l'acte authentique est celui qui a été reçu par les Officiers publics, ayant caractère pour instrumenter, et avec les solennités requises. Or, d'une part, un testament olographe est l'ouvrage d'un simple particulier ; et de l'autre, d'après l'art. 970, il n'est assujetti à aucune forme. C'est par cette raison que le porteur d'un pareil acte est obligé de se faire envoyer en possession (art. 1008 du Code civil), tandis que l'héritier, institué par un testament solennel, est dispensé de cette formalité, et se trouve saisi de plein droit. C'est par cette raison encore qu'il faudrait passer à l'inscription de faux, pour attaquer un testament public ; tandis que, à l'égard du testament olographe, on peut se contenter de méconnaître les écritures et signatures du testateur, et subir l'épreuve de la vérification prescrite par l'art. 193 du Code de Procédure civile. »

M. Merlin répond qu'autrefois, et d'après la coutume de Paris, les testaments olographes étaient appelés *solennels*. L'art. 289 s'exprime en effet ainsi : *Pour réputer un testament* SOLENNEL, *est requis qu'il soit écrit et signé du testateur, ou qu'il soit passé devant Notaire.* Or, suivant l'arrêt précité, du 3 septembre 1806, cette coutume confiait au testateur, *et son autorité pour disposer, et un caractère pour rédiger la volonté.* Sans contredit, un testament olographe est un acte sous seing-privé, mais c'est un acte sous

seing-privé qui, lorsque l'écriture et la signature en
sont reconnues ou vérifiées, est censé exprimer la
volonté avec la même solennité qu'un testament par
acte public ; et dès lors comment refuser un caractère d'authenticité aux déclarations qu'il contient ?
Les testaments olographes ne sont pas des actes sous
seing-privé, qui n'offrent qu'une *frêle garantie*. Ils
sont, comme les actes revêtus de la plus grande authenticité, conservés dans les dépôts publics. A l'appui de ce raisonnement, M. Merlin cite encore l'arrêt du 3 septembre 1806.

M. Toullier, n° 953, dit aussi que « Le Code civil
confère au testateur la même autorité et le même
caractère. On ne peut donc douter que la reconnaissance d'un enfant naturel, portée par un testament
olographe, fait sous l'empire du Code civil, ne soit
valide et légale. »

Nous craignons d'être accusé d'une orgueilleuse
témérité, en manifestant une opinion contraire à
celle de ces deux grands Jurisconsultes. Cependant
nous devons dire ce que nous pensons, en protestant que l'amour de la vérité dicte seul nos observations critiques.

Pourquoi la coutume de Paris appelait-elle le testament olographe *solennel ?* Était-ce à cause de l'importance de son objet, et du temps auquel le testateur portait sa pensée ? Était-ce parce qu'il y a, en
effet, de la solennité dons l'action par laquelle l'homme
dispose seul et sans intermédiaire pour une époque

où il n'existera plus ? Mais cette expression de la dernière volonté, *de quelque manière qu'elle fût manifestée*, a toujours été protégée par un respect religieux ; *Dicat testator et erit lex.* La dénomination de
solennel avait été donnée au testament écrit par opposition au testament *nuncupatif*, pour l'essence et
la validité duquel l'écriture n'était par nécessaire. Il
suffisait que le testateur déclarât sa volonté, en présence de sept témoins convoqués pour cela. L. *con-
sultissima*, 21, § 2, et lib. 26. *Code de Testam.* C'est
ce qui fait dire à Furgole (1) que « Par l'usage du
Droit romain nouveau, il n'y a, à proprement parler,
que deux sortes de testaments, savoir : le testament
écrit ou *solennel*, et le testament *nuncupatif.* » Mais
alors, comme aujourd'hui, toutes sortes d'écritures
n'étaient pas authentiques. « Actes authentiques, dit
Ferrière, dans son Dictionnaire de Droit, sous ces
mots, sont ceux auxquels on ajoute foi en Justice,
à cause qu'ils sont revêtus de toutes les formes qui
leur sont prescrites, *et qu'ils ont été passés par des
personnes publiques.* Ainsi, on ne peut se pourvoir contre un tel acte, que par l'inscription de
faux. » L'art. 1317 du Code civil contient à peu
près la même définition. Mais, d'après *M. Merlin*
lui-même, le mot olographe est composé de deux
mots grecs qui signifient *écriture privée.* Comment
donc accorder à une écriture privée le caractère

(1) Traité des Testaments, tom. 1er, pag. 12.

d'authenticité qui n'appartient qu'à l'écriture publique ? Dans notre hypothèse, le testament olographe
est solennel, parce qu'il est écrit ; mais il n'est pas
authentique, parce qu'il est solennel. Ces deux qualifications n'ont pas à beaucoup près le même sens.

Voyons ce qu'a décidé la Cour de Cassation par
son arrêt du 3 septembre 1806. Nous transcrivons
ses motifs :

« Considérant, sur le troisième moyen, que, en re-
gardant comme suffisante la reconnaissance de l'enfant naturel dont il s'agit, portée par un testament
olographe fait à Paris, réputé solennel par l'art. 289
de la coutume qui confiait au testateur, et son autorité pour disposer, et un caractère pour rédiger sa
volonté, testament *qui d'ailleurs avait été remis à un
Notaire par le testateur* LUI-MÊME, et qui, placé au
rang des minutes de ce Notaire après le décès du testateur, *et même avant la publication du Code civil*,
ainsi qu'il est justifié par les procès-verbaux des 7
et 12 vendémiaire an 11, avait acquis tous les caractères d'un acte authentique, l'arrêt attaqué a fait une
juste application de l'art. 334 du Code civil. »

Le testament olographe de l'Adjudant-Commandant
Andrieu, dont il s'agissait dans cette espèce, avait été
remis à un Notaire par le *testateur lui-même ;* ainsi
le constate l'arrêt. Cette circonstance fait donc sortir
la question des termes dans lesquels nous l'avons
placée. Nous ne voyons pas comment cette décision
pourrait étayer l'opinion de *MM. Merlin* et *Toullier.*

Et puis encore, il faut bien remarquer le soin qu'a
eu la Cour de Cassation de dire que le testament olographe avait été fait et déposé avant la publication
du Code civil, et que c'était l'art. 289 de la coutume
de Paris, qui le réputait solennel. Elle n'aurait certainement pas fait cette double observation, si elle
avait pensé que l'on pût réputer *solennel*, sous le
Code civil, un testament olographe, dans le sens que
pouvait attacher à ce mot la coutume de Paris.

Pourquoi, d'un autre côté, attacherait-on plus
d'importance à un testament olographe qu'à un autre
écrit privé? N'est-il pas aussi facile de surprendre
l'un que l'autre, par le dol, la fraude ou la violence?
La séduction d'une femme, la crainte d'encourir la
haine, d'en ressentir les effets, ne peuvent-elles pas
imposer silence à toute réclamation que serait tenté
de faire, pendant sa vie, l'auteur d'un pareil testament? Et cependant, on le sait, toute reconnaissance
d'enfant naturel doit être libre, et ne pas devoir son
existence à une cause qui pourrait gêner notre volonté.

« Pourquoi, dit *M. Chabot* (1), le Législateur a-t-il
exigé, par l'art. 334, que la reconnaissance fût faite
par acte authentique? C'est que, éclairé par une longue expérience et craignant que, à l'aide d'un écrit
furtif, on parvînt à faire reconnaître un enfant natu-

_____
(1) Comm. sur le Titre des Successions, art. 226.

τel par un homme faible, ou trompé, qui réellement n'en serait pas le père, il a voulu que les reconnaissances, pour être valables, fussent pleinement libres et bien *réfléchies.* »

M. Lahary, l'un des orateurs du Tribunat, a prévu et résolu la question : « Un acte aussi important qu'une reconnaissance, dit-il, ne pouvait être abandonné à une aussi frêle garantie, que celle qui résulte d'un acte privé ; il était digne de la sollicitude du Législateur, d'exiger qu'il fût conservé dans *les dépôts publics.* »

256. — Tout ce qu'on peut dire du testament olographe, c'est qu'il fait foi par lui-même de sa date, ainsi que l'a dit un autre arrêt de la Cour de Cassation, du 11 juin 1810 (1) ; c'est qu'il est *solennel* dans le sens du Droit romain, adopté par la coutume de Paris. Mais nous ne pourrons jamais nous déterminer à croire que ce soit un acte authentique dans le sens de l'art. 334 du Code civil (2).

---

(1) Sirey, tom. 10, 1re part. pag. 289.
(2) Il nous paraît difficile de critiquer justement l'arrêt de la Cour d'*Angers,* du 25 thermidor an 13, qui l'a décidé ainsi. *Vid. Sirey,* tom. 6, 2e part. pag. 728. Quoiqu'il s'agit, dans cet arrêt, d'un testament fait en l'an 3, il était toujours postérieur à la loi du 12 brumaire an 2, qui avait aboli la recherche de la paternité. *Vid.* aussi l'arrêt de la Cour de Rouen, du 20 juin 1817, même Recueil, tom. 17, 2e part. pag. 423. Le testament olographe fut déclaré nul comme reconnaissance non valable, comme disposition en faveur d'un individu désigné, il nous semble qu'on ne peut plus conserver de doute à la vue de l'arrêt de la Cour de Cassation, du 16 mai 1809. *Sirey,* tom. 9, 2e part. pag. 377. Cet arrêt a positivement décidé qu'un écrit sous seing-privé, reçu dans

La Cour de Cassation a bien encore décidé, le 29 avril 1824 (1), en la cause de M. le marquis *De Ve-rac*, contre la dame *Villers*, que la date d'un testament olographe est certaine. Mais a-t-elle aussi décidé, comme quelques-uns paraissent le croire, que le testament olographe doive, en tous points, être assimilé à un acte authentique ? Il ne faut pas se méprendre sur l'entente du motif suivant, qui semblerait supposer l'affirmative.

« Sur le quatrième moyen relatif à la *date* du testament ; attendu que celui qui, dans un acte en forme de testament, commande à l'avenir, et dispose pour un temps où il ne sera plus, exerce en quelque sorte la puissance législative, ce qui a fait dire à la loi romaine : *Disponat testator et erit lex ;* qu'en conséquence la loi place momentanément le testateur dans la classe des *Fonctionnaires publics*, d'où il résulte qu'il imprime *l'authenticité* A LA DATE qu'il donne à son testament ; qu'au surplus la force des choses conduirait seule à cette conséquence : qu'en effet, lorsqu'une personne a laissé plusieurs testaments, si leur date ne faisait pas foi par elle-même, auquel de ces différents actes attribuerait-on l'antériorité ? »

La Cour de Cassation s'est soigneusement abste-

un dépôt public, *mais dont l'écriture est sujette à vérification, n'est pas un acte authentique. Vid.* aussi un arrêt de la Cour de Limoges, du 27 août 1811, même Recueil, tom. 12, 2ᵉ part. pag. 237.

(1) Sirey, tom. 24, 1ʳᵉ part. pag. 276.

nue, comme l'on voit, d'accorder le caractère d'authenticité à toutes les dispositions du testament olographe. Elle ne le reconnaît que pour sa date, et sur ce point, elle donne un motif également raisonnable et juste. Mais toujours est-il qu'on ne peut pas plus argumenter de cet arrêt que de celui de 1806, pour en conclure qu'un testament olographe est par sa nature authentique, et peut contenir une reconnaissance valable d'enfant naturel. Le danger attaché aux actes privés en général, et la nécessité de les faire vérifier, en Justice, en cas de contestation, seront toujours deux raisons qui donneront à notre opinion une supériorité qui ne saurait lui être enlevée.

Cette opinion que nous avions émise dans notre premier ouvrage, pag. 256 et suiv. , se trouve avoir été postérieurement adoptée par M. Malpel, dans son Traité élémentaire, des Successions *ab intestat*, pag. 255 et suiv., publié en 1826 (1).

La Cour royale de Limoges, par son arrêt du 6 juillet 1832, a aussi décidé que la reconnaissance d'un enfant naturel, faite par un testament olographe, n'est pas valable, un tel testament ne pouvant être considéré comme un acte authentique. Ce point paraît aujourd'hui généralement admis (2). Voyez,

---

(1) Notre Essai sur la Paternité et la Filiation a été publié au mois d'août 1825.

(2) Sirey, tom. 32, 2e part. pag. 498.

d'ailleurs, M. Favard-de-Langlade, *Répertoire*, *verbo* *Reconnaissance*, pag. 735, Delvincourt, tom. 1er, pag. 447, et Duranton, tom. 2, pag 213, qui tous professent la même opinion.

Enfin, la Cour de Cassation a dissipé tous les doutes, par l'arrêt qu'elle a rendu, le 7 mai 1833 (1), par lequel elle a rejeté le pourvoi qui avait été formé contre celui de la Cour de Limoges.

(1) Sirey, tom. 33, 1re part. pag. 355.

CHAPITRE III.

—

Conséquences qui résultent de la Reconnaissance des Enfants Naturels. — Autres Règles sur la matière.

—

SOMMAIRE.

257. — Maintenant que nous sommes fixés sur la
forme de la reconnaissance des enfants naturels, il

faut bien connaître les conséquences qui résultent de cet acte, et les autres règles qui lui sont propres.

Lorsque le père a valablement reconnu son enfant naturel, dans son acte de naissance, ou dans un acte entre vifs postérieur, peut-il révoquer sa reconnaissance? Nous ne le pensons pas. L'enfant a un titre acquis par l'aveu de son père ; il faudrait prouver que cet aveu a été arraché à ce dernier par surprise, dol ou violence, preuve toujours très difficile à faire, puisqu'elle tendrait à compromettre l'Officier public, qui aurait reçu sa reconnaissance (1).

258. — Mais la reconnaissance, contenue dans un testament public, peut-elle être révoquée par la révocation pure et simple du testament qui la contient?

L'affirmative paraît certaine à M. Loiseau (2), attendu qu'un testament ne peut produire aucun effet avant le décès du testateur, que jusqu'alors la reconnaissance n'est qu'un simple *projet*.

En vain dirait-on que cette reconnaissance, quoique déposée dans un testament, n'en est pas moins irrévocable ; que l'état d'un enfant ne peut dépendre du caprice du père ; *nemo potest esse pater ad tempus;* que, lorsque la filiation d'un individu est une

(1) Arrêt de la Cour de *Pau*, du 5 prairial an 13, qui l'a ainsi décidé. Sirey, tom. 6, 2ᵉ part. pag. 8. — Arrêt de la Cour de Toulouse, du 24 juillet 1810, dans la cause de *Cabanon*, même Recueil, tom. 11ᵉ 2ᵉ part. pag. 105.
(2) Pag. 468.

fois fixée par acte *public*, elle lui est acquise pour toujours ; que cette fixité, cette stabilité est un des premiers fondements de la société.

M. Loiseau répond que la reconnaissance fait partie du testament, qu'un testament est un acte indivisible dans sa forme, qu'il doit être nécessairement déclaré nul ou valide pour le tout, qu'ainsi la reconnaissance doit éprouver le même sort que l'institution d'héritier ou le legs, par la révocation du testateur.

En vain objecterait-on encore que la reconnaissance et le testament sont deux actes qui peuvent être réunis, mais qui sont essentiellement distincts et d'une nature tout-à-fait opposée, puisque le premier est un acte de l'Etat civil, qu'il assure l'état d'une personne, tandis que le second n'est qu'une disposition à cause de mort ; que l'un est irrévocable *hic et nunc*, et que l'autre ne prend ce caractère que par le décès du testateur ; que si ces actes sont distincts, l'un peut donc être révoqué et déclaré nul, et l'autre être maintenu.

On confond évidemment, répond M. Loiseau, les diverses dispositions d'un testament, avec le testament lui-même ; quand il est révoqué, toutes ses dispositions tombent avec lui ; il n'y a plus d'acte, par conséquent, pas de reconnaissance authentique. Le vœu de l'art. 334 n'est point rempli.

Aux raisons de M. Loiseau, nous ajouterons nous-même celle-ci qui a bien son importance. Plaçons-

nous hors le cas de révocation. Supposons que le testament qui contient la reconnaissance soit entaché
d'un vice de forme. Suivant la doctrine qui nous est
opposée, on devrait donc décider que le testament,
nul pour ses autres dispositions, devrait néanmoins
subsister pour la reconnaissance, parce qu'elle est,
par sa nature, authentique et irrévocable, parce
qu'elle constitue un acte de l'Etat civil non sujet aux
formalités testamentaires. Serait-il permis de soutenir
un pareil système de division? Nous ne le pensons
pas.

Cependant la Cour royale de Corse a jugé la question contre l'opinion si bien développée de M. Loiseau ; par arrêt du 5 juillet 1826, elle a décidé :
1° que la reconnaissance d'un enfant naturel ne peut
être révoquée, quelle que soit la nature de l'acte authentique qui la renferme, fût-ce un testament ; 2° que
bien que les dispositions de dernière volonté doivent
demeurer secrètes jusqu'à la mort du testateur, cependant les Juges peuvent, avant cette époque, ordonner délivrance d'un testament authentique qui
renferme la reconnaissance d'un enfant naturel, dans
la partie seulement relative à cette reconnaissance (1).

Dans son testament fait par acte public, le sieur
Félix G... a inséré la clause suivante : *Je laisse à
Mademoiselle Surzana, ma fille naturelle, la somme*

(1) Sirey, tom. 27, 2e part. pag. 106.

de... Cette énonciation parut suffisante à la mère de la demoiselle Surzana, pour établir une reconnaissance de paternité de la part du sieur Félix G... En conséquence, elle demanda que le Tribunal ordonnât au Notaire dépositaire du testament d'en délivrer expédition, pour être fait droit sur la demande en aliments, qu'elle intentait au nom de sa fille contre le sieur Félix G... Celui-ci répondit qu'un testament était un acte secret et révocable ; qu'il n'était pas permis dès lors de le faire connaître et de l'exécuter avant la mort du testateur ; qu'ainsi la demande de la dame Surzana devait être écartée. Jugement du Tribunal de *Bastia*, qui, sans égard à ces moyens, ordonna la délivrance de l'expédition du testament, mais dans la partie seulement relative à la reconnaissance. Appel. Arrêt par lequel :

« Attendu qu'un testament reçu par Notaires, est un acte authentique, et que dès lors une reconnaissance d'enfant naturel, faite dans un pareil testament est valable, aux termes de l'art. 334 du Code civil ; que la reconnaissance d'un enfant naturel, étant un acte de l'Etat civil, ne peut être révoquée par le père qui l'a reconnu, quelle que soit la nature de l'acte authentique qui renferme ladite reconnaissance ; attendu que les premiers Juges, en ordonnant la délivrance de l'extrait du testament de Félix G..., dans la partie seulement relative à la reconnaissance de Marie-Pierre, comme sa fille naturelle, ont respecté le principe que les dispositions de dernière volonté

doivent demeurer secrètes jusqu'à la mort du testateur, parce que la reconnaissance d'un enfant naturel est indépendante desdites dispositions ; qu'ils ont
pu le faire avec d'autant plus de raison, que, s'agissant d'une demande d'aliments dus aux enfants naturels reconnus, il importe d'y statuer promptement.
Confirme, etc. »

L'opinion de M. Duranton, dans son Cours de Droit
français, est conforme au premier point jugé par cet
arrêt. Elle a été déterminée sans doute par la maxime : *contractus sunt initio voluntates, sed ex post
facto necessitatis*. On peut dire pourtant qu'une reconnaissance testamentaire n'est pas un contrat,
puisqu'elle n'établit aucun lien de droit ; qu'un testament étant révocable par sa nature, ne fait acquérir
aucun droit à des tiers jusqu'à la mort du testateur ;
que, dans l'espèce, le testateur peut découvrir plus
tard que c'est par erreur qu'il a été induit à insérer
dans cet acte la reconnaissance d'un enfant naturel,
et que, vouloir l'empêcher de rétracter cette reconnaissance, c'est lui enlever ce caractère de liberté,
sans lequel elle ne peut produire aucun effet valable.
Ces considérations nous engagent donc à penser que
l'arrêt de la Cour royale de Corse ne pourrait résister à la censure de la Cour suprême, s'il lui était
déféré.

Comme aussi nous convenons que, si notre opinion n'était pas adoptée, il serait possible, à la rigueur, que l'arrêt dont nous parlons aurait bien jugé

en décidant que les Juges peuvent, avant la mort du testateur, ordonner la délivrance de la partie de son testament relative à la reconnaissance de l'enfant naturel ; par la raison que, bien que cet enfant n'ait aucun droit sur les biens de son père pendant la vie de ce dernier, il peut néanmoins le contraindre à lui fournir des aliments pour l'obtention desquels il doit nécessairement produire une reconnaissance authentique.

Nous ajouterons à notre première décision cette observation importante, que, si l'on autorisait les enfants naturels à faire usage contre leurs pères vivants, des reconnaissances testamentaires, en les rendant ainsi irrévocables, on verrait bientôt diminuer le nombre de ces sortes de reconnaissances qui sont les plus usuelles, parce qu'en général elles ne sont faites que par la certitude qu'ont leurs auteurs de les tenir secrètes jusqu'à leur mort, par des ménagements de famille qu'il est toujours décent de respecter.

Notre opinion a été consacrée par un arrêt de la Cour royale *d'Amiens* du 9 février 1826 (1), rendu en audience solennelle, en la cause de *Finot*, contre *Bordeaux*. Cet arrêt n'a pas précisément jugé la question de savoir si la reconnaissance testamentaire est ou non irrévocable, mais il a décidé que

(1) Sirey, tom. 29, 2ᵉ part. pag. 151.

l'enfant ne peut s'en prévaloir pendant la vie du testateur.

Cependant, après l'arrêt de la Cour royale de Corse,
que nous venons de rappeler, le sieur Felix G... a,
par un second testament, déclaré révoquer celui de
1820 ; il a soutenu en conséquence que la reconnaissance prétendue, existât-elle réellement, serait ré-
putée non-avenue comme le testament qui la contenait. Mais, par un second arrêt, du 17 août 1829, la
Cour de Corse a persisté dans sa première décision (1) ; et nous aussi nous persistons dans notre
opinion.

Nous avons dit précédemment que l'auteur d'une
reconnaissance d'enfant naturel faite dans un acte,
autre qu'une disposition testamentaire, ne pouvait
plus la révoquer, à moins qu'il ne prouvât qu'elle
lui a été arrachée par surprise, dol ou violence.
C'est que la fraude fait exception à toutes les règles.
Ce principe de toute bonne Législation et d'éternelle
Justice a reçu son application dans un arrêt rendu
par la Cour royale de Paris, le 14 décembre 1833 (2).
Il est vrai que les faits dont la preuve fut admise
dans l'espèce de cet arrêt étaient tellement nombreux, tellement graves et tellement concluants,
qu'étant établis, il était impossible de n'être pas convaincu de la non-paternité de celui qui se plaignait

(1) Sirey, tom. 29, 2ᵉ part. pag. 279.
(2) Sirey, tom. 34, 2, 6,

des manœuvres frauduleuses dont une intrigante aurait voulu le rendre victime.

Mais il faut bien faire attention qu'il ne s'agissait pas d'une simple *révocation*, mais d'une demande en *nullité* de reconnaissance. La première n'est que la manifestation d'un changement de volonté. C'est celle-là aussi que quelques-uns soutiennent n'être point autorisée ; parce que la plupart du temps elle pourrait n'être que l'effet du caprice, ou de la mauvaise foi, qui ne peut enlever à l'enfant l'avantage d'une reconnaissance authentique, libre et spontanée, et toujours présumée telle jusqu'à preuve contraire. Quant à la seconde, elle rentre par son motif et son objet, dans la généralité de l'art. 339 qui porte que toute reconnaissance de la part du père ou de la mère, de même que toute réclamation de la part de l'enfant, pourra être contestée par tous ceux *qui y auront intérêt.* Ces mots *pourra être contestée* impliquent la nécessité indispensable d'une justification sans laquelle la simple contestation devrait être rejetée. Comme aussi, la loi ne faisant aucune distinction, les auteurs de la reconnaissance se trouvent compris dans la catégorie de ceux qui *ont intérêt* à la contester.

M. Loiseau (1) admet aussi le droit d'attaquer la reconnaissance pour cause de dol. La loi envisage

(1) Traité des enfants naturels, pag. 506.

le dol, dit-il, comme un vice tellement odieux, tellement contraire à la bonne foi et à la liberté qui doivent présider à tous les engagements, qu'elle annule
de plein droit les actes qui en sont infectés. Mais,
ajoute-t-il, le dol ne se présume pas. La difficulté
consiste presque toujours à le prouver ; les preuves
qu'il faut produire doivent être *éclatantes. Dolum
ex indiciis perspicuis probatur.* Ainsi les cas de nullité, pour cause de dol, doivent être extrémement
rares.

Suivant les principes qui régissent la matière, et
aux termes desquels la reconnaissance d'un enfant
naturel, pour être valable, doit être libre, spontanée, dégagée de toute contrainte morale et physique,
il faut décider qu'une reconnaissance déposée dans
une transaction, ayant pour objet d'éteindre ou de
prévenir un procès, serait radicalement nulle. La
chose ne fait aucune difficulté pour le premier cas.

« Pourquoi, en effet, ces reconnaissances sont-
elles insuffisantes, disait M. Merlin dans les conclusions qu'il donna lors de l'arrêt conforme rendu par
la Cour de Cassation, le 18 floréal an 13 (1)? Pourquoi ne sont-elles pas légales, dans le sens qu'attache à ce mot l'art. 756 du Code civil ? parce que, relativement aux droits dont il parle, le Code civil
n'admet que les reconnaissances parfaitement libres
et volontaires ; parce qu'il n'y a de valablement re-

_____

(1) Répert. vᵒ *Bâtard,* sect. 2, § 3.

connus à ses yeux que les enfants naturels qui l'ont été spontanément ; parce qu'il rejette toutes les reconnaissances *que des poursuites judiciaires ont provoquées.* »

Mais, pour le second cas, pour celui où la reconnaissance est contenue dans une transaction ayant pour objet *d'éviter* un procès, la question pourrait être difficultueuse, en présence surtout de ces paroles prononcées devant la Cour de Cassation par M. Merlin, lors de l'arrêt du 14 floréal an 13 :

« Qu'entend-on en cette matière, par des reconnaissances forcées ? Ce sont celles-là, *et celles-là seulement* qui sont intervenues à la suite des demandes judiciaires en déclaration de paternité (1). »

Cependant nous donnerions la préférence à l'opinion de M. Loiseau (2). Nous dirons donc avec lui qu'il est de l'essence de la transaction de prévenir comme d'apaiser une difficulté (art. 2044 du Code civil) ; qu'ainsi une transaction volontaire, passée même devant un Notaire, porterait encore en elle le caractère de la contrainte, et serait par cette raison radicalement nulle. Nous ne nous appuierons pas, comme l'auteur, sur l'arrêt de la Cour de Cassation, du 5 août 1807 ; parce que, dans l'espèce de cet arrêt, la transaction était intervenue à la suite d'une déclaration de grossesse, portant désignation du père,

(1) Ibid., sect. 2, § 2.
(2) Pag. 462 et 463.

et faite avant l'accouchement, circonstances qui prouvaient que la transaction avait eu lieu sur une contestation *apparente*, quoique non encore portée en Justice, ce qui la viciait complétement (1).

Mais nous dirons que, lorsqu'un individu se détermine à passer une *transaction* sur le fait de la paternité qui lui est attribuée, ce ne peut être que par l'effet des menaces qui lui sont faites, ou pour éviter la honte et le scandale ; alors, sa volonté n'est plus libre et spontanée ; la reconnaissance qu'il fait est donc illégale et nulle.

259. — En général, les mineurs ne sont pas capables de conventions, à cause de la faiblesse de leur âge, qui les expose à la captation, à la surprise. Cependant un mineur peut valablement reconnaître un enfant, parce qu'il ne fait que remplir un devoir naturel. L'ordre public et l'intérêt des mineurs sont suffisamment assurés par l'art. 339, qui permet de contester la reconnaissance, lorsqu'elle n'a pas été l'effet d'une volonté libre. C'est ce que décida la Cour de Cassation, par arrêt du 22 juin 1813, dans la cause d'*Eugénie Carton. Vid. sup.* Ses motifs furent : 1° que l'art. 334 et suiv. concernant la reconnaissance de l'enfant naturel, ne distinguent pas entre les mineurs et les majeurs, pour n'admettre la reconnaissance qu'autant que le père

(1) Toullier, n° 963. — Répert. v° Filiation, n° 14.

qui la consent est majeur ; 2° que les inconvénients, graves sans doute, qui peuvent résulter de la facilité de surprendre une reconnaissance à la faiblesse de l'âge, et à l'inexpérience du mineur, disparaissent devant la disposition de l'art. 339, qui confère à tous ceux qui y ont intérêt le droit d'attaquer la reconnaissance de l'enfant naturel, et, par suite, aux Tribunaux, celui d'annuler cette reconnaissance ; 3° que d'ailleurs, d'après l'art. 1310, le mineur n'est pas restitué contre les obligations résultant de son délit ou quasi-délit ; que le père qui reconnaît son enfant naturel, ne fait autre chose que réparer une faute ou quasi-délit par lui commis, et qu'en cette matière l'aveu du mineur est recevable, et n'ouvre en sa faveur aucune action en restitution contre cet aveu. La même décision a été rendue par la même Cour, le 4 novembre 1835, fondée sur les mêmes motifs (1).

Ces motifs indiquent assez que le mineur n'a pas besoin d'être assisté pour cela d'un curateur, ainsi que l'a jugé d'ailleurs la Cour *d'Aix*, par arrêt du 3 décembre 1807 (2).

Mais tout mineur n'est point capable de reconnaissance ; il faut qu'il ait atteint l'âge requis pour être apte à la procréation. Quel âge doit-on fixer pour cela ?

---

(1) Sirey, tom. 35, 1, 785.
(2) Sirey, tom. 7, 2e part. pag. 693.

260. — *M. Loiseau*, pag. 481 et suiv., pense que le mineur qui a atteint l'âge de puberté, fixé par le Droit romain à quatorze ans pour les mâles, et à douze ans pour les filles, est capable de reconnaître un enfant naturel, parce qu'il est jugé capable de procréer. Mais, selon le Droit romain suivi dans l'ancienne Législation française, les pubères de cet âge étaient capables de mariage, tandis que le Code ne permet aux jeunes gens de se marier que lorsque l'homme a atteint ses dix-huit ans révolus, et la femme ses quinze ans aussi révolus, art. 144. L'âge de puberté a donc été reculé. Or, dès l'instant qu'il est défendu de se marier avant cet âge, on peut dire qu'on est par cela même déclaré auparavant inapte au mariage ; que cette présomption est attachée à la nouvelle règle, comme la présomption de capacité plus précoce était attachée à l'ancienne ; que sans cela on n'aurait rien de positif pour se guider dans la décision de la question soulevée.

Cependant on peut répondre que les nouveaux Législateurs ont bien pensé que l'homme et la femme étaient capables de procréation avant dix-huit et quinze ans, puisque l'art. 145 ajoute que le Roi peut accorder des dispenses, pour des motifs graves.

Mais ce n'est pas une raison pour suivre indistinctement, et d'une manière *invariable*, l'âge de l'ancienne puberté, comme le pense *M. Loiseau ;* car, d'après *Buffon* lui-même, dont il invoque l'autorité : « Dans les villes et chez les gens aisés, les enfants, ac-

coutumés à des nourritures succulentes et abondan-
tes, arrivent plus tôt à cet âge (la puberté). A la
campagne et dans le pauvre peuple, les enfants sont
plus tardifs, parce qu'ils sont mal et trop peu nour-
ris. Il leur faut deux ou trois ans de plus. Dans toutes les parties méridionales de l'Europe, et dans les
villes, la plupart des filles sont pubères à douze
ans, et les garçons à quatorze. Mais dans les pro-
vinces du nord et dans les campagnes, à peine les
filles le sont-elles à quatorze, et les garçons à seize. »
(L'histoire de l'homme, tom. 18, pag. 346, édit.
in-8°.)

Cela fait voir qu'il n'y a point de règle générale à
établir, que la décision dépend de la constitution
des individus et des circonstances ; que si l'on voulait absolument procéder par voie de règle générale,
nous n'hésiterions pas à décider que l'on doit suivre
celle fixée par l'art. 144 du Code, et que par conséquent avant l'âge requis par cet article pour le
mariage, un mineur ne peut pas valablement reconnaître un enfant naturel. Nous nous fondons encore
sur ce que disait le premier Consul, lors de la discussion de la loi sur le mariage, que « S'il ne serait
pas avantageux que la génération tout entière se
mariât à treize ou quatorze ans, il ne faut donc pas
l'y autoriser par une règle générale ; mais qu'il est
préférable d'ériger en règle ce qui est conforme à
l'intérêt public, et de ne permettre *que par une ex-*

ception, dont l'autorité publique serait juge, ce qui ne sert que l'intérêt particulier (1). »

261. — On avait élevé la question de savoir si l'on pouvait reconnaître un enfant naturel avant sa naissance, et lorsqu'il n'est encore que conçu. Pour la négative, on disait : L'art. 334 porte que l'enfant naturel sera reconnu par un acte authentique, *lorsqu'il ne l'aura pas été dans son acte de naissance.* Il résulte de ce texte que l'enfant naturel ne peut être reconnu, qu'autant que l'acte de naissance est

(1) La loi qui fixait la nubilité à douze ans pour les filles et à quatorze pour les mâles, a été portée pour Athènes, plus méridionale que Paris, d'environ six degrés ; elle n'aurait jamais dû être reçue en France. Mais elle lui serait surtout nuisible, maintenant qu'elle a considérablement reculé ses limites au nord. En Prusse, les hommes ne peuvent se marier avant dix-huit ans, et les filles avant quatorze ans accomplis. — *M. Malleville, discussion au Conseil-d'Etat.* — Le premier Consul disait au même Conseil-d'Etat, lors de la discussion de la loi sur le mariage, qu'il serait bizarre que la loi autorisât des individus à se marier avant l'âge où elle permet de les entendre comme témoins, ou de leur infliger des peines destinées aux crimes commis avec un entier discernement. Il pensait que le système le plus sage, peut-être, serait celui qui n'autoriserait le mariage qu'à vingt et un ans pour les hommes, et quinze ans pour les filles. — Enfin, M. Réal disait sur la même loi, qu'en fixant la puberté présumée à douze ans et à quatorze ans, ou à treize et quatorze chez les Romains, les Empereurs *Justinien* et *Léon,* faisaient une chose raisonnable, et obéissaient à la nature, qui, dans les climats brûlants de l'Italie et de la Grèce, de Rome et de Constantinople, donne une puberté très précoce. Devons-nous, continuait-il, suivre en ce point leurs lois, nous, habitants de pays froids ou tempérés, où la nature est plus tardive? On serait plus près de la nature et de la raison, en fixant la puberté présumée, pour l'homme, à dix-huit ans, et pour la femme, à quinze. C'est le vœu des Tribunaux de Paris, de Bourges, de Lyon, et d'un des membres de la Commission du Tribunat. — C'est, d'après ces développements, que la puberté a été fixée à dix-huit ans pour les hommes, et à quinze ans révolus pour les femmes, par l'art. 144 du Code civil.

muet sur la paternité, et, par suite, après cet acte de naissance et l'accouchement de la mère.

Mais *M. Locré*, dans son Esprit du Code civil, tom. 4, de l'édit. in-4°, pag. 179, dit que : « La reconnaissance peut être faite *avant* ou *après* la naissance de l'enfant. La Commission voulait qu'elle fût valable dans les deux cas. Ce système, ajoute-t-il, a passé dans l'art. 334, lequel ne contenant point de restriction, et ne fixant pas l'époque où la reconnaissance devra être faite, l'admet dans tous les temps. » Pourquoi, dit-il encore, refuserait-on à un homme qui a la conviction de sa paternité, le droit d'obéir à sa conscience, même avant que l'enfant ne soit né? Les circonstances peuvent l'obliger à s'éloigner avant ce terme ; une maladie grave peut le surprendre, et ne pas lui laisser le temps d'attendre l'accouchement de la mère. Ce système, tout plein de justice et de sagesse, fut consacré par la Cour de Cassation, par l'arrêt précité du 11 décembre 1811, rendu dans la cause de l'enfant de *Buisserat*, et de Marie *Anthoine*. D'ailleurs, comme l'observe M. Loiseau, pag. 423 et 424, c'est un principe de Droit constant, que l'enfant conçu est capable de recueillir tous les avantages qu'on lui fait, de la même manière que s'il était né. *Qui in utero est, pro jàm nato habetur, quoties de commodis agitur.*

Ainsi l'a également jugé la Cour royale de Greno-

ble, le 13 janvier 1840 (1). Elle a décidé que la déclaration de grossesse faite par la mère devant un
Notaire, équivaut à la reconnaissance expresse de
l'enfant. Telle est aussi l'opinion de Delvincourt (2),
de Duranton (3), de Rolland-de-Villargues (4),
de Toullier (5).

262. — Nous pensons avec le même auteur qu'il
en serait différemment si la reconnaissance était antérieure à la conception. Ce serait en effet une espèce de contrat aléatoire honteux qu'on ne saurait
tolérer, parce qu'il deviendrait une nouvelle source
de séduction auprès du sexe. Il pourrait être même
un moyen de fraude pour lui. Au surplus, le mot reconnaissance emporte l'idée d'une chose qui existe
déjà, au moins en perspective, *qui est in rerum na-*
turâ. Ainsi une pareille reconnaissance ne devrait
pas être déclarée valable.

Nous venons de dire que la reconnaissance avant
la conception pourrait être un moyen de fraude pour
le sexe. Un exemple nous en est fourni dans l'espèce d'un arrêt intéressant à connaître.

Par acte authentique du 30 mars 1838, le sieur
Caulet déclara reconnaître l'enfant qui naîtrait de la

---

(1) *Journal du Palais*, tom. 2, de 1840, pag. 234.
(2) Cours du Code civil, tom. 1er, pag. 235.
(3) Droit français, tom. 3, no 211.
(4) Répertoire, vo *Enfants naturels*, no 27.
(5) Tom. 2, no 955.

demoiselle *Meriaux*, dans les *six mois*, à partir de cet acte, et constituer de plus au profit de la mère et de l'enfant, une rente annuelle et viagère de cinq cents francs. Il est évident que le sieur Caulet croyait que depuis trois mois la demoiselle Meriaux était enceinte de ses œuvres.

Cependant la demoiselle Meriaux n'accoucha que le 28 décembre 1838, c'est-à-dire, près de trois mois plus tard que le terme fixé par l'acte du 30 mars précédent. L'enfant qu'elle avait mis au monde mourut peu de temps après, le 18 janvier 1839.

Dans cet état de choses, la demoiselle Meriaux forma contre le sieur Caulet, une demande en paiement de la rente de 500 francs. Elle soutenait, à l'appui de cette demande, qu'il importait peu que l'enfant, dont la reconnaissance conditionnelle avait motivé cette constitution de rente, fût né après le délai fixé par l'acte du 30 mars 1838, parce que le sieur Caulet, en fixant ce délai, n'avait pas entendu poser un terme fatal, mais seulement se référer à la règle établie par l'art. 312 du Code civil, qui fixe la durée légale de la gestation de six à dix mois.

Jugement qui déboute la demoiselle Meriaux de sa demande. Appel.

Mais le 23 mars 1841, arrêt de la Cour royale de Douai qui met l'appellation au néant sur les motifs suivants :

« Attendu que la reconnaissance d'un enfant naturel est un acte spontané, et de propre mouve-

ment ; que la recherche de la paternité étant interdite, on ne peut attribuer à l'acte de reconnaissance,
d'autre effet que celui qui ressort de ses termes, et
de l'intention du père qui l'a consenti ; que l'intimé
n'a entendu reconnaître que l'enfant qui naîtrait dans
six mois environ, à partir de l'acte authentique du
30 mars 1838; qu'il a donc limité à ce terme le
fait de la paternité qui lui serait imputable ; qu'il n'a
pu s'obliger à reconnaître un enfant né, à deux jours
près, neuf mois après la date de cet acte, et par
suite, à servir à l'enfant et à la mère, la rente annuelle et viagère, qu'il n'avait attachée qu'à cette naissance ainsi limitée ; qu'il n'y a pas lieu, pour interpréter cet acte, de combiner les articles de la loi qui
étendent le terme de la gestation depuis six mois
jusqu'à dix mois, parce qu'il est évident que les parties, guidées par l'opinion commune, n'ont entendu
parler que d'une grossesse ordinaire qui aurait dû
commencer depuis trois mois environ (1). »

Cette décision nous paraît conforme à la nature
des choses, et aux principes de la matière. Mais
aussi nous pensons que la Cour royale de Douai aurait rendu ou dû rendre une décision contraire, si
l'accouchement de la demoiselle Meriaux était arrivé
dans les sept mois seulement, au lieu de neuf mois,
à partir de l'acte du 30 mars 1838, parce qu'alors
la naissance de l'enfant serait venue dans les dix

(1) Sirey, tom. 41, 2, 536.

mois qui forment le temps de la gestation légale,
d'après l'art. 315 du Code civil. En jugeant, comme
elle l'a fait dans l'espèce qui lui était soumise, la
Cour de Douai a naturellement pensé que la reconnaissance du 30 mars 1838 avait été faite avant la
conception de l'enfant, et voilà principalement pourquoi elle n'y a eu aucun égard.

263. — Mais la reconnaissance est-elle valable,
si elle est faite après la mort de l'enfant?

« Après le décès d'un enfant naturel, dit *M. Loiseau*, pag. 444, son père n'en doit pas moins être
fondé à le reconnaître. La paternité appartient au
père, comme la filiation appartient au fils. Le premier ne peut pas perdre ses droits, par la raison que
le second a perdu la vie. Si le fils avait acquis
des biens, s'il avait laissé une succession à recueillir,
ou si, plus malheureux, il était mort accablé sous le
poids de la pauvreté, laissant des enfants dans le besoin, il serait injuste que cette succession fût vacante
quand elle trouve un maître légitime, ou que ces enfants infortunés fussent exposés aux rigueurs de
l'indigence, quand un aïeul leur tend les bras, et
leur offre son nom et ses biens. »

Telle est aussi l'opinion de M. Malpel, dans son
Traité élémentaire des Successions *ab intestat*, pag. 304.
Il ne se dissimule pas qu'une reconnaissance si tardive, doit, plus facilement que toute autre, être sus-
pectée de fraude, surtout, ajouterons-nous nous-

même, lorsque l'enfant naturel ne laisse que son père ou sa mère, pour recueillir sa succession. Mais il répond que la reconnaissance faite du vivant de l'enfant naturel, n'est pas elle-même à l'abri de toute critique. Nous ne concevrions pas trop les motifs d'une pareille suspicion. Nous concevrions au contraire beaucoup mieux par quel motif d'intérêt un individu se déclarerait père d'un enfant naturel, qui laisserait une riche succession à recueillir. Mais la meilleure raison que donne, selon nous, M. Malpel, est celle prise de l'art. 339, qui permet à tous ceux qui y ont intérêt de contester toute reconnaissance du père ou de la mère.

On peut ajouter que l'enfant naturel peut mourir le lendemain, le jour même de sa naissance ; que la loi ne commande pas de le reconnaître, lorsqu'il est encore dans le sein de sa mère, et qu'il y aurait par conséquent une rigueur déplacée à ne pas permettre la reconnaissance de cet enfant après son décès (1).

Notre opinion est encore soutenue par M. Rolland-de-Villargues (Répert. de la Jurisprudence du Notariat, *Verbis Reconnaissance d'enfant naturel*, n° 28.) Elle est aussi appuyée par M. Favard-de-Langlade (*Répertoire*, aux mêmes mots, sect. 1, § 2, n° 5). Mais nous n'adoptons pas le motif qui détermine ce dernier auteur, et qu'il puise dans l'art. 332 qui

---

(1) *Vid.* un arrêt de la Cour de *Nîmes*, du 11 juillet 1827. — Sirey, tom. 28, 2ᵉ part. pag. 55.

porte que la légitimation peut avoir lieu même après
le décès de l'enfant, parce qu'il faut qu'il laisse des
descendants ; tandis que nous pensons que cette condition n'est pas nécessaire pour la reconnaissance valable d'un enfant naturel après sa mort.

Cependant cette opinion est combattue par M. Delvincourt (1) ; par M. Duranton (2), et par un arrêt
de la Cour royale de Paris du 25 mai 1835 (3).

M. Delvincourt se fonde, comme M. Favard-de-
Langlade, sur l'art. 332, et voudrait que l'enfant naturel ne pût être reconnu ni légitimé après son décès, qu'autant qu'il laisserait des descendants. Autrement, dit-il, il est évident que le père ou la mère
ne le reconnaîtront que par intérêt pour eux-mêmes,
c'est-à-dire dans le cas seulement où il laissera une
fortune à recueillir. Il ajoute que, si l'on suppose que
la reconnaissance a eu lieu après la mort, il s'ensuit
que la succession de l'enfant s'étant trouvée ouverte
auparavant, a été déférée à ceux qui avaient droit de
la recueillir à défaut de père et mère. Or, ne serait-
il pas contraire à tous les principes, se demande
M. Delvincourt, qu'un individu pût, par une reconnaissance tardive, et entièrement dépendante de sa
volonté, priver les tiers, ou même l'état d'un droit
légitimement acquis ?

M. Duranton s'étayant des mêmes raisons, con-

(1) Cours du Code civil, tom. 1er, note 6, sur la pag. 91.
(2) Droit français, tom. 3, nos 264 et 265,
(3) Dalloz, tom. 35, 2e part. pag. 107.

vient pourtant que la loi n'a pas déterminé de délai pour faire la reconnaissance. Mais, suivant lui, la raison veut que, pour produire des effets éventuels en faveur du père ou de la mère, elle puisse au moins être utile à l'enfant, qu'elle ne soit par l'objet d'une spéculation intéressée ; cependant il finit par dire que la question pourrait dépendre des circonstances, surtout s'il s'agissait de la reconnaissance faite par la mère.

La Cour royale de Paris a considéré que pour recueillir une succession, c'est à l'époque de l'ouverture de cette succession, qu'il faut avoir les droits et la qualité de successible ; qu'aux termes de l'art. 765 du Code civil, la succession de l'enfant naturel, décédé sans postérité, est déférée au père *qui l'a reconnu.*

L'opinion qui résulte de ces autorités, se résume donc à ces deux points :

1º La reconnaissance est toute dans l'intérêt de l'enfant naturel. Elle ne peut donc être efficace lorsqu'elle est faite après le décès de l'enfant arrivé sans postérité ;

2º L'art. 765 ne déférant la succession de l'enfant naturel qu'au père ou à la mère qui l'a reconnu, il s'ensuit que cette succession doit passer à ceux qui avaient droit de la recueillir au moment de son décès, si, à cette époque, il n'y a pas eu reconnaissance de la part du père ou de la mère.

Nous répondons :

1° Que peu importe l'intérêt que le père ou la mère peut avoir à reconnaître son enfant naturel. Cet intérêt peut être sordide, mais il peut être aussi un intérêt d'affection. D'un autre côté, il est possible que la tardivité de la reconnaissance ait eu pour cause des ménagements de famille que le père ou la mère était lui-même intéressé à respecter pour le plus grand bien de l'enfant ;

2° Que la reconnaissance n'est pas attributive, mais déclarative de la qualité pré-existante de père et d'enfant ; et c'est dans ce sens que M. Loiseau a dit que la paternité appartient au père comme la filiation appartient au fils ; que le premier ne perd pas ses droits, parce que le second a perdu la vie. D'ailleurs, la question de succession est ici tout-à-fait secondaire. Si les biens de l'enfant arrivent au père ou à la mère, c'est par la force des choses, et comme conséquence d'une qualité que vous ne pouvez enlever à aucun d'eux, qu'en prouvant, comme le permet l'art. 339, que la reconnaissance est frauduleuse. On peut même aller jusqu'à soutenir que la reconnaissance a un effet rétroactif, puisqu'elle permet à l'enfant de demander la réduction des donations entre vifs antérieures (1), et des dispositions

---

(1) Duranton, tom. 6, n° 311. — Malpel, pag. 292. n° 162. — Rolland-de-Villargues, Répert., *verbis* Portion disponible, § 3, n° 48.

testamentaires qui le priveraient de tout ou de partie de sa réserve légale (1).

Cette observation nous conduit à examiner pendant quel temps peut être faite cette reconnaissance après le décès de l'enfant naturel.

M. Loiseau pense, pag. 445, qu'elle peut toujours être faite, et il se fonde sur l'art. 328 qui porte que l'action en réclamation d'état est *imprescriptible*, suivant l'art. 2045 qui dit que, pour transiger, il faut avoir la capacité de disposer des objets compris dans la transaction.

Mais : 1º M. Loiseau n'a pas fait attention que l'art. 328 est rangé sous le chapitre *des preuves de la filiation des enfants légitimes*, et que sa disposition n'est point répétée au chapitre suivant, concernant les enfants naturels. D'ailleurs, ceux-ci n'ont point d'état, proprement dit, puisqu'ils n'ont point de famille ;

2º Nous ne voyons pas comment on pourrait faire, au cas qui nous occupe, l'application de l'art. 2045.

Nous pensons donc que la reconnaissance, soit qu'elle doive intéresser le père ou la mère qui l'a faite après la mort de son enfant naturel, soit qu'elle doive intéresser les descendants de cet enfant, ou cet enfant lui-même, ne saurait être efficace, si elle n'a lieu que trente ans après la mort de ce dernier, ou la majorité de ses

(1) Cour de Cassat., 27 avril 1830. — Sirey, tom. 30, 1re part. pag. 166.

descendants ; parce que cet acte n'est qu'acquisitif *de droit*, et que tous les droits se prescrivent par ce laps de temps.

264. — Dans une reconnaissance d'enfant naturel, l'enfant doit être désigné par tous les caractères propres à en établir l'individualité. Ainsi, la reconnaissance par laquelle le père déclare seulement *qu'il a un enfant naturel*, n'est d'aucun effet. La preuve des soins donnés par le père à une mère et à un enfant, ne peut être admissible pour établir *l'identité* de l'enfant soigné avec l'enfant reconnu. La raison en est, que ce serait autrement permettre la recherche de la paternité, défendue par l'art. 340, tandis que l'art. 334 n'admet qu'une reconnaissance par écrit, et par écrit authentique. C'est ce que jugea fort bien la Cour de Lyon par arrêt du 29 ventôse an 12 (1).

265. — A plus forte raison, comme nous l'avons dit précédemment, à défaut de toute reconnaissance écrite et authentique, la preuve de la possession d'état ne saurait être admise pour la remplacer. Elle n'a été introduite que pour établir la filiation légitime, et elle n'a pas été ni pu être reproduite pour les enfants naturels, c'eût été tomber en contradiction avec l'art. 340. Cela ne s'applique, au surplus, qu'à la filiation paternelle, à cause de la prohibition

(1) Sirey, tom. 4, 2ᵉ part. pag. 652.

de la recherche de la paternité prononcée par cet article. Il en est différemment de la filiation maternelle pour l'établissement de laquelle la possession d'état nous semblerait pouvoir être prouvée, malgré la divergence des opinions et des arrêts sur cette question. Voyez ce que nous en disons plus bas chap. 10, de *la Recherche de la Maternité*, et au chapitre 6.

Par une raison à peu près semblable, la Cour de Cassation a jugé, le 24 novembre 1830, que la filiation d'un enfant naturel n'est pas valablement établie par un acte de naissance indiquant son père, si le père n'a pas été présent et n'a pas signé à l'acte de naissance, encore qu'antérieurement, et par un autre acte, le père ait reconnu la filiation de l'enfant, mais à une époque où ce père était marié à une autre femme que la mère de l'enfant (1). Il ne faut pas confondre ce cas avec celui où, dans l'acte de naissance contenant reconnaissance du père, il y aurait simple désignation de la mère. Cette désignation pourrait la lier (2), par le motif que la recherche de la maternité est admise ; mais elle ne saurait lier également celui qui serait indiqué comme père, parce que la loi prohibe la recherche de la paternité. Voyez cependant ce que nous ayons dit de l'indication de la mère, au titre de la Légitimation, chap. 3.

(1) Sirey, tom. 31, 1re part. pag. 131.
(2) Sirey, tom. 24, 1re part. pag. 317, et tom. 31, 2e part. pag. 231.

266. — Lorsque la reconnaissance est authentique, et clairement indicative, et que l'identité seulement est contestée, cette identité peut être établie
par témoins. Ce n'est point, en effet, rechercher la
paternité, que de prouver que l'individu désigné
dans l'acte de reconnaissance, est le même que celui
qui veut s'appliquer cet acte. On n'assimile point
pour cela l'enfant naturel à l'enfant légitime ; car
celui-ci peut établir son identité par la possession
d'état à défaut de titre, conformément à l'art. 321,
tandis que, pour user de cette même faculté, celui-là
a besoin d'un titre authentique : c'est ce qui paraît
d'ailleurs suffisamment résulter de l'art. 339. Ajoutons que, pour l'enfant légitime, l'acte de naissance
prouve la filiation, tandis que l'enfant naturel ne
peut s'en servir utilement, que lorsqu'il contient une
reconnaissance formelle. Telle est la disposition de
l'art. 334. Il le pouvait sous la loi du 12 brumaire
an 2, qui a aboli la recherche de la paternité, ainsi
que la Cour de Cassation l'a décidé le 14 floréal an
13, dans la cause *Méricourt* (1).

Cependant il ne faut pas se méprendre sur la généralité de notre opinion. L'identité de l'enfant naturel reconnu ne peut être établie par témoins, que
lorsqu'il existe un commencement de preuve par
écrit, ainsi que nous le disons au chap 10, en parlant de la recherche de la maternité.

(1) Sirey, tom. 5, 1re part. pag. 321.

267. — Un individu frappé de mort civile peut-il reconnaître un enfant naturel qu'il aurait eu avant sa condamnation?

Il faut répondre non. La raison en est que, suivant l'art. 25 du Code civil, le condamné perd, par la mort civile, la propriété de tous les biens qu'il possédait ; sa succession est ouverte au profit de ses héritiers, auxquels ses biens sont dévolus, de la même manière que s'il était mort naturellement et sans testament. Il ne peut plus ni recueillir aucune succession, ni transmettre, à ce titre, les biens qu'il a acquis par la suite. Il ne peut ni disposer de ses biens, en tout ou en partie, soit par donations entre vifs, soit par testament, ni recevoir à ce titre, si ce n'est pour cause d'aliments. Le mariage qu'il avait contracté précédemment est dissous, quant à tous ses effets civils. Il est incapable de contracter un mariage qui produise aucun effet civil. Il est, en un mot, frappé d'incapacité absolue pour tous les actes de la vie civile.

Mais, comme d'après l'art. 26, les condamnations contradictoires n'emportent la mort civile qu'à compter du jour de leur exécution, soit réelle (1), soit par effigie (2), il s'ensuit que jusque-là le condamné peut valablement reconnaître son enfant naturel, que cet enfant soit déjà né ou seulement conçu, pourvu que,

(1) Lorsque le condamné est présent.
(2) Lorsqu'il s'est évadé après la condamnation.

dans ce dernier cas, il vienne au monde dans le temps de la gestation légale ; que si le condamné vient à mourir avant son exécution, il meurt dans l'intégrité de ses droits, et par conséquent la reconnaissance qu'il a précédemment faite est également valable. Cela ressort des termes mêmes de l'article et des articles suivants. Il en est de même, d'après l'art. 31, du condamné par contumace, puisque, par sa mort arrivée dans les cinq ans de l'exécution de sa condamnation, le jugement est anéanti de plein droit. Dans ce cas, la loi le présume innocent.

Mais si l'individu est condamné par contumace, pourra-t-il valablement reconnaître son enfant naturel pendant les cinq ans qui suivront l'exécution du jugement par effigie, et pendant lesquels il peut se représenter ? — Art. 27. — Non, sans doute ; car, suivant l'art. 28, les condamnés par contumace sont, pendant ces cinq ans, ou jusqu'à ce qu'ils se représentent ou qu'ils soient arrêtés pendant ce délai, privés de l'*exercice des droits civils*. Cette peine est attachée à leur désobéissance aux ordres de la Justice.

Il en sera différemment, lorsque le condamné par contumace se présentera volontairement dans les cinq années, à compter du jour de l'exécution, ou lorsqu'il aura été saisi ou constitué prisonnier dans ce délai. Alors, dit l'art. 29, le jugement sera anéanti de plein droit ; l'accusé sera remis en possession de ses biens ; il sera jugé de nouveau ; et si, par ce nouveau jugement, il est condamné à la même peine ou à une peine différente emportant également la mort civile, elle n'aura lieu qu'à compter du jour de l'exécution du second jugement. D'où l'on doit conclure que, jusqu'à cette dernière époque, le condamné conserve la capacité de reconnaître son enfant naturel. Mais il ne pourra exercer ce droit que pour l'avenir, suivant l'art. 30, et à compter du jour où il aura reparu en Justice, s'il ne se représente ou qu'il ne soit constitué prisonnier qu'après les cinq années de grâce, dans le cas où, par le nouveau jugement, il viendrait à être absous, ou à n'être condamné qu'à une peine qui n'emporterait pas la mort civile.

Le motif est pris de ce que cet art. 30 ajoute que le 1er jugement conservera pour le passé les effets que la mort civile avait produits dans l'intervalle écoulé depuis l'époque de l'expiration des cinq ans jusqu'au jour de la computation en Justice.

Mais la reconnaissance d'un enfant naturel ne sera jamais valable, ni après la condamnation emportant la mort civile, ni depuis, de la part de celui qui aura prescrit sa peine ; parce qu'il est écrit dans l'art. 32 du même Code civil qu'en aucun cas la prescription de la peine ne réintégrera le condamné dans ses droits civils pour l'avenir. Cet individu est assez heureux d'être affranchi, par cette voie, des suites d'une condamnation qui a menacé pendant si longtemps sa vie ou sa liberté.

Quant à l'enfant naturel lui-même qui serait frappé

d'une condamnation emportant la mort civile, il ne pourrait valablement être reconnu pour jouir des droits que cette reconnaissance confère, et les transmettre à ses héritiers, que dans les différentes hypothèses que nous venons de rappeler. Mais, hors de ces hypothèses, il ne saurait être reconnu que pour obtenir des aliments. C'est le seul droit qui lui est accordé par le troisième alinéa de l'art. 25 ci-dessus cité.

Il s'est élevé entre M. Toullier et M. Merlin une question assez embarrassante, au premier aperçu, sur l'interprétation de l'art. 30. M. Toullier (1) soutient que les enfants du condamné par contumace, qui ont été conçus après les cinq ans de l'exécution de son jugement par effigie, soit d'un mariage qu'il aurait contracté après ce laps de temps, soit d'un mariage dans lequel il s'était précédemment engagé, sont légitimes. Ils sont légitimes, dit-il, parce que le lien du mariage n'est pas dissous par la mort civile. Cette opinion paraissait justifiée par cet amendement adopté avec l'article proposé (2) « *Que les enfants nés entre la condamnation et l'exécution d'un mort civilement, seront légitimes, s'ils sont reconnus par leur père.* »

Mais M. Merlin a fort bien prouvé, selon nous (3), que M. Toullier avait commis une première erreur

(1) Liv. 1er, tit. 1er, no 293.
(2) Séance du 26 thermidor an 10. Procès-verbal, tom. 1er, pag. 115.
(3) Répert., vo Mariage, sect. 2, § 2.

en disant que la mort civile ne dissout pas le lien du mariage.

Il a fort bien prouvé ensuite, par la discussion au Conseil-d'Etat, que l'amendement précité n'avait pour objet que les enfants nés ou conçus *dans* les cinq ans de l'exécution du jugement par effigie, parce que ce sont les seuls qui, d'après l'expression de M. Defermon, sont nés sous les auspices de la loi(1).

Mais il résulte toujours de cette discussion, par voie de conséquence, que la reconnaissance d'un enfant naturel peut être faite dans ce délai de cinq ans de grâce, parce que pendant ce temps les effets de la mort civile sont suspendus.

Mais quels sont les effets des lettres de grâce que le condamné peut obtenir de la clémence du Prince?

Il faut répondre, avec M. Merlin et avec tous les criminalistes, que, soit que le condamné obtienne remise entière de sa peine, soit qu'il n'obtienne qu'une simple commutation, la grâce ne fait cesser la mort civile que pour l'avenir. C'est une conséquence forcée de l'art. 30 du Code civil. La Charte qui confère cette prérogative au Roi, n'a pas voulu se mettre en contradiction avec la loi civile. Il faut donc dire que ce n'est qu'à compter du jour où le condamné à la mort civile aura obtenu sa grâce, qu'il pourra reconnaître valablement son enfant naturel conçu avant l'époque à laquelle sa condamnation sera devenue définitive.

(1) Répert., v° Mort civile, § 1, art. 6, n° 6.

Ici pourtant il faut distinguer. Ou la condamnation emportant mort civile n'a pas encore été exécutée, ou elle a reçu un commencement d'exécution.

Au premier cas, la grâce entière, ou la simple commutation de peine, efface la mort civile, ou plutôt, comme le dit M. Toullier (1), elle n'a pas existé un seul instant. Telle est aussi l'opinion de M. Merlin (2). Cela a été ainsi jugé pour la commutation, par arrêt de la Cour de Cassation du 6 avril 1832 (3). A plus forte raison, lorsque la peine a été complétement remise par lettres du Prince. La raison en est que la mort civile n'est pas une peine par elle-même. Elle n'est que l'accessoire et la suite d'une peine (4).

Au second cas, la grâce ne faisant que remettre au condamné ce qu'il lui reste à subir de sa peine, tous les effets de la mort civile continuent de subsister contre lui, à moins que les lettres de grâce ne contiennent une clause qui réintègre expressément le condamné dans ceux de ses droits civils dont il a encouru la privation (5). Ce privilège appartient incon-

(1) Tom. 1er, no 291.

(2) Répert., tom. 11, § 2, art. 6, no 5.

(3) Sirey, tom. 32, 1, 708.

(4) C'est ce qu'exprimait fort bien M. Treillhard, par ces paroles : « La » mort civile, en soi, n'est jamais directement la peine du crime, elle » n'est que la suite d'une autre peine directe, qui l'entraîne nécessaire- » ment après soi. » *Procès-verbal du 6 thermidor an 9, tom. 1er, pag. 29.*

(5) M. Toullier, Loc. cit., pense, contrairement à M. Merlin, quest. de Droit, tom. 4, § 1, no 3, que la grâce accordée après l'exécution, efface la mort civile pour l'avenir. Nous ne saurions adopter son opinion que dans l'hypothèse où les lettres de grâce contiendraient la clause d'abolition dont nous parlons. C'est ce qui résulte très clairement, selon nous, des art. 26 et suivants du Code civil.

testablement au Roi, ainsi que le prouve fort bien
M. Merlin en combattant un avis des comités de Législation, des Finances et de la Guerre, du Conseil-
d'Etat du 21 décembre 1822, approuvé par le Roi,
le 18 janvier 1823 (1).

La Cour d'Angers a donné, selon nous, une singulière interprétation à l'art. 227 du Code civil, qui
porte que le mariage se dissout par la condamnation
devenue *définitive* de l'un des époux, à une peine
emportant mort civile. Elle a jugé, le 21 août
1840 (2), que la dissolution du mariage pour cette
cause est opérée, non pas à l'expiration des cinq ans
à partir desquels la mort civile commence à frapper
le contumax, aux termes de l'art. 27 du Code civil,
mais seulement après le délai de vingt ans nécessaire
pour accomplir la prescription de la peine et rendre
la mort civile irrévocable.

La Cour d'Angers a évidemment confondu une
condamnation *irrévocable* avec une condamnation *définitive*. L'art. 27 précité ne parle que d'une condamnation *définitive*, et devenue telle après les cinq
années qui suivent l'exécution du jugement par effigie, et cependant il veut que cette condamnation emporte la mort civile par la seule expiration de ce délai
pendant lequel le condamné peut se représenter. La
condamnation n'est pourtant pas *irrévocable*, puisque

(1) Questions de Droit, tom. 4, § 1, n° 4.
(2) Sirey. tom. 40. 2, 372.

le condamné peut encore se représenter et profiter du bénéfice que lui assure l'art. 30, à compter de sa comparution seulement. Si la Cour d'Angers eût comparé les art. 27 et 227 du Code civil avec l'art. 23 du Code pénal, elle se serait facilement aperçue de la différence qui existe entre ces deux espèces de condamnations. L'art. 23 de ce dernier Code porte, en effet, que la durée des peines temporaires comptera du jour où la condamnation sera devenue *irrévocable*, c'est-à-dire, à l'abri de toute attaque légale. Renvoyer la dissolution du mariage à l'expiration des vingt années voulues pour opérer la prescription, c'est incontestablement détruire la lettre et méconnaître l'esprit de l'art. 27 du Code civil, combiné surtout avec l'art. 30.

CHAPITRE IV.

Aliments. — Droits de Famille.

SOMMAIRE.

268. — Il est rare que la loi civile se trouve en contradiction avec la loi naturelle. En général, les principes fondamentaux leur sont communs. Il ne

se modifient que suivant les besoins reconnus et bien sentis de la société.

Selon l'art. 203 du Code, les père et mère contractent, par le seul fait du mariage, l'obligation de nourrir leurs enfants légitimes. Mais comme la même disposition n'est point répétée dans le chapitre des enfants naturels, on doutait que ceux-ci eussent le droit de demander des aliments à leurs père et mère, quoique ces derniers les eussent légalement reconnus. Mais on a considéré que la nature elle-même, indépendamment de toute loi positive, impose aux pères l'obligation de fournir des aliments à leurs enfants, et que cette obligation, qui dérive nécessairement de la paternité, s'applique au père qui a reconnu son enfant naturel, comme au père d'un enfant légitime ; que la *Novelle* 89, chap. 12, donnait à cet égard les mêmes droits aux enfants naturels qu'aux enfants légitimes, et qu'ils leur étaient accordés également en France par une Jurisprudence constante et uniforme ; qu'à la vérité, le Code ne contient aucune disposition expresse, quant aux aliments, en faveur des enfants naturels reconnus ; mais que dans le silence des lois positives, il faut recourir au droit naturel ; que les art. 756 et 757 ne s'occupent que de la *succession*, et que, suivant la maxime du droit, *viventis nulla est hœreditas*, ils devaient nécessairement supposer le décès des père et mère de l'enfant naturel, pour régler leur succession ; qu'au surplus, ils ne déclarent pas que l'enfant

naturel n'aura de droit sur les biens des père et
mère, *qu'après leur décès* ; qu'ils décident seulement
que, pour avoir des droits sur les biens des père et
mère après leur décès, il faut qu'il ait été légalement
reconnu ; mais qu'il n'en résulte pas que le père vivant ne doive pas d'aliments à l'enfant naturel qu'il
a reconnu ; qu'on ne peut et ne doit pas supposer
que les auteurs du Code civil aient voulu affranchir
les pères naturels de la dette la plus sacrée, du devoir le plus impérieux de la paternité ; qu'en effet,
l'un des rédacteurs du Code civil, en parlant au nom
du Gouvernement, sur le titre *de la Paternité et de
la Filiation*, disait que la loi serait à la fois impuissante et barbare, qui voudrait étouffer le cri de la
nature entre ceux qui donnent et ceux qui reçoivent
l'existence, et que les pères ont envers leurs enfants
naturels, des devoirs d'autant plus grands, qu'ils ont
à se reprocher leur infortune ; qu'il résulte d'ailleurs
de plusieurs dispositions du Code, qu'il n'a pas eu
réellement l'intention de refuser des aliments aux
enfants naturels, reconnus ; qu'avant les lois nouvelles, l'enfant naturel ne succédait jamais à son
père, et que cependant il avait le droit de lui demander une pension alimentaire ; que dans le Droit romain, il ne succédait pas, mais que la non-successibilité
ne faisait point obstacle à la demande en aliments, et
que le Code ayant accordé à l'enfant naturel des
droits sur la succession de son père qui l'a reconnu
(art. 756, 757 et 758), ayant même donné au père

la succession de son enfant, décédé sans postérité (art. 765), on doit conclure de ces rapports établis entre le père et l'enfant, qu'ils se doivent mutuellement des aliments pendant leur vie ; qu'enfin, ce qui ne permet plus de doute à cet égard, c'est que le Code ayant expressément accordé, par l'art. 762, des aliments aux enfants adultérins ou incestueux, il serait contradictoire qu'il en eût refusé aux enfants nés de personnes libres, qui sans doute sont bien plus favorables, et qu'en effet il a traités avec beaucoup de faveur ; que déjà la Cour a décidé en faveur d'un enfant naturel, par arrêt du 16 novembre 1808, et qu'elle doit maintenir cette décision qui est conforme au vœu de la nature, à la morale, à la justice, et au véritable esprit de la Législation. Tels sont les motifs de la Cour de Cassation, dans son arrêt du 27 août 1811, rendu en faveur de la fille *Carayon. Vid. sup.*

269. — Mais les aliments ne sont pas dus à celui qui n'a point en sa faveur une reconnaissance authentique. La Cour de Paris décida bien cependant, le 25 prairial an 13 (1), qu'ils étaient dus à l'enfant reconnu par un acte privé. Elle dit que, quand il n'est question que d'aliments, les enfants naturels ont toujours droit de les demander, même les adultérins et incestueux, suivant l'art. 762, quoique d'après l'art. 335, la reconnaissance par acte authentique ne

_____

(1) Sirey, tom. 7, 2e part. pag. 4.

puisse avoir lieu à leur profit, et que d'un autre côté
l'art. 340 interdise la recherche de la paternité, d'où
il résulte, dit-elle, que cette classe d'enfants naturels,
à plus forte raison, ceux nés de parents libres, n'ont
pas besoin, pour réclamer des aliments, d'un acte authentique. Telle est aussi l'opinion de *M. Proudhon*,
tom. 2, pag. 112 et suiv.

La Cour de Limoges a raisonné d'une manière
bien plus conséquente, selon nous, dans son arrêt
du 27 août 1811 (1), en disant qu'il serait absurde
que la preuve qui n'aurait pas été suffisante pour
faire déclarer un homme père, suivant la loi, pût
l'être pour le contraindre à fournir des aliments à un
enfant qui peut être le sien, suivant l'ordre de la nature, mais que la loi n'a pas permis de lui attribuer
comme tel; qu'ainsi, sous l'empire de la loi du 12
brumaire an 2, dont l'esprit était bien plus favorable
aux enfants naturels, comme sous celui du Code civil, qui a senti la nécessité de resserrer les liens de
cette Législation. Le principe de l'indivisibilité était
pour les aliments comme pour la succession; qu'il
ne pouvait être permis de séparer l'un de l'autre,...
que l'exception pour les enfants adultérins ou incestueux, loin de détruire la règle, vient, au contraire,
à l'appui, puisqu'on ne trouve dans le Code aucune disposition semblable en faveur des enfants naturels; et que le principe de l'interdiction de toute

(1) Sirey, tom. 12, 2ᵉ part. pag. 237.

recherche de paternité, reste toujours dans toute sa force.

La même décision a été rendue par la Cour de Cassation, le 4 octobre 1812, et par la Cour royale de Bourges, le 11 mai 1841 (1). Telle est aussi l'opinion de MM. Toullier (2), Duranton (3) et Loiseau (4).

Quoique nous ne partagions point l'opinion contraire, nous croyons néanmoins devoir soumettre à nos lecteurs, les développements de cette opinion donnée par *M. Proudhon* à l'endroit ci-dessus cité ; il dit que :

« 1º Le seul fait de la paternité impose au père l'obligation de fournir des aliments à l'être faible, auquel il a donné le jour. Abandonner un enfant au dénûment, et à l'état d'impuissance dans lequel il vient au monde ; c'est lui donner la mort. *Necar videtur non tantùm, is qui partum profocat : sed is qui abjicit : et qui alimonia denegat ; et is qui publici locis, misericordiæ causâ exponit quàm ipse habet (5).* Aucune loi ne peut approuver un crime qui répugne si essentiellement à la nature. Aussi le Code civil reconnaît cette obligation, dans le père même à l'égard des enfants adultérins ou incestueux (762) Il est donc impossible que la paternité soit constante

---

(1) Sirey, tom. 13, 1, 139, et tom. 42, 2, 128.
(2) Tom. 2, nos 976 et 977.
(3) Tom. 3, nº 231.
(4) *Traité des Enfants naturels,* pag. 561 et suiv.
(5) *L.* 4, ff, *de agnoscendis et alendis liberis. L.* 25, *tit.* 3.

et que la créance ne le soit pas, puisque l'une dérive nécessairement de l'autre. Il y aurait une contradiction trop révoltante à juger que celui qui avoue la paternité, est admissible à refuser le paiement de la dette, qui en est inséparable ;

» 2° Un acte de reconnaissance, quoique sous seing-privé, ne peut être fait sans dessein, et pour rester absolument inutile : un enfant n'est reconnu que pour reconnaître les obligations que la paternité impose à son égard. L'acte doit du moins valoir comme un simple traité, ou une promesse de lui fournir des aliments, ayant pour cause le devoir naturel de celui qui l'a souscrit ;

» 3° Quoique le Code civil exige que la reconnaissance des enfants naturels soit faite par un acte authentique, pour pouvoir produire tous les droits que la loi rattache à cette forme, il ne faut pas conclure de là que la reconnaissance faite par acte privé ne doive produire aucun effet.

» Il n'est pas permis de confondre la simple dette d'aliments, qui résulte de l'aveu de la paternité, avec les droits d'une toute autre importance qui dérivent d'une reconnaissance authentique, pour en conclure que le titre doit être revêtu des mêmes formes, dans un cas comme dans l'autre.

» Pour la reconnaissance authentique, l'enfant naturel acquiert un état personnel qu'il n'aurait pas s'il était né d'une mère étrangère. Il devient Français : il prend le nom du père qui l'a reconnu. Il

passe sous la puissance paternelle. Il se revêt du
droit de recueillir une partie, ou la totalité de ses
biens ; comme le père, de son côté, acquiert le droit
de succéder à son enfant naturel, mort sans postérité.

» On conçoit que, pour obtenir tous ces avantages
décrétés par la loi civile, il faut avoir rempli les formes civiles auxquels on en soumet le titre : on conçoit encore que l'acte qui produit des droits si im-
portants, doit être conservé dans un dépôt public,
parce que c'est la seule voie légale de constater l'é-
tat civil des citoyens : le Législateur a eu soin d'é-
tablir des registres pour y consigner la preuve authentique de la filiation. Ces registres sont établis
pour tous, en général, c'est là que tous les pères
sont appelés à consigner l'aveu de leur paternité : si
donc la reconnaissance d'un enfant naturel n'est
pas prouvée par ces registres, il faut qu'elle soit faite
par acte authentique, conservé dans un autre dépôt
public, sans quoi elle ne serait pas équivalente à
celle qui résulterait des registres de l'Etat civil, et
par conséquent elle ne pourrait servir de fondement
a l'état qu'il veut conférer à son enfant.

» Ainsi, par l'acte de reconnaissance sous seing-
privé, le père n'acquerra pas la puissance paternelle
sur son enfant naturel, et celui-ci n'aura pas les
droits de successibilité irrégulière, qui résulteraient
d'une reconnaissance authentique, parce que tous ces
avantages sont des droits purement civils, qu'on ne

peut acquérir sans satisfaire aux formes publiques, dont ils dépendent.

» Mais les aliments ne sont point une dette civile. Le père doit nourrir son enfant, par la seule raison qu'il en est le père. La reconnaissance de cette dette ne suppose, dans l'état civil du père ni du fils, aucun changement qui doive être constaté par acte authentique ; la créance de l'enfant ne porte que sur de simples intérêts pécuniaires, pour lesquels l'aveu du débiteur est toujours suffisant. L'enfant peut donc faire valoir son action, s'il n'y a ni défense de l'intenter, ni fin de non-recevoir à lui opposer. Or, on ne trouve point de défense dans la loi civile, puisqu'au contraire, elle reconnaît la dette, même à l'égard des enfants adultérins ou incestueux, il ne peut pas y avoir non plus de fin de non-recevoir à opposer à l'enfant, puisque nous raisonnons dans une hypothèse où la paternité est avouée par le père ;

» 4° La simple parenté naturelle est un obstacle au mariage entre les ascendants et les descendants de tous les degrés (161), et entre les frères et sœurs (162). Exigera-t-on une reconnaissance authentique pour être admis à proposer cet empêchement ?

» Supposons qu'un père qui a reconnu sa fille par acte privé, veuille la donner en mariage à un de ses autres enfants. La Justice pourrait-elle l'y autoriser ? Pourra-t-on dire que la production de cet acte ne serait pas suffisante pour mettre obstacle à une alliance aussi monstrueuse?

» Il faut donc convenir que la reconnaissance de la paternité, faite par un acte privé, n'est pas sans effet, même aux yeux de la loi civile, et alors comment ne serait-elle pas suffisante pour contraindre le père à fournir des aliments à son enfant naturel, puisque la nature lui en impose le devoir. »

M. Proudhon, comme on voit, met en fait précisément ce qui est en question. Il suppose que la paternité est *constante* par la reconnaissance sous seing-privé, tandis que la loi ne l'admet pas si elle n'est pas contenue dans un acte authentique. Son système présente ensuite un vice intolérable en Législation, c'est celui de la divisibilité, comme l'a fort bien observé la Cour de Limoges. D'un autre côté, tout en reconnaissant que les aliments sont une dette de la nature, on peut répondre que c'est à la nature seule à l'acquitter. Or, dès que dans le Droit civil un homme n'est réputé père que par la reconnaissance authentique qu'il a faite de son enfant naturel, à cause de la facilité de surprendre une reconnaissance d'écriture privée, ne doit-on pas craindre de faire payer à cet homme, auteur d'un pareil écrit, une dette qui ne le concerne point, qui est à la charge du véritable père? Croyons-le, ce sont ces graves motifs qui ont déterminé le Législateur, et alors dépouillons-nous de cette équité *cérébrine,* contre laquelle le Président *Bouhier* s'élevait avec tant de

force. N'ayons point la présomptueuse prétention
d'être plus sage que la loi.

Dans le nombre des raisons qui sont données par
M. Proudhon, il en est une cependant qui a d'abord
jeté une grande perplexité dans notre esprit, et dou-
loureusement affecté notre cœur : c'est celle par laquelle il suppose un père, qui ayant reconnu sa fille
par un acte privé, veut la·donner en mariage à l'un
de ses autres enfants : et il se demande si la produc-
tion·de cet acte ne serait pas suffisante pour mettre
obstacle à une alliance aussi monstrueuse?

Mais en y réfléchissant, on s'aperçoit, en premier
lieu, que l'on ne peut rien conclure de ce cas à celui
qui concerne l'obligation de fournir des aliments. Ce
cas est absolument étranger à notre question.

' En second lieu, la supposition est forcée! Elle ré-
volte la nature. On ne peut pas croire qu'un père,
dans l'état de société, soit assez profondément im-
moral, pour concevoir seulement la pensée de marier sa fille avec son propre fils, *aut vice versâ.* Si
jamais cet exemple épouvantable se présentait, nous
n'hésitons pas à penser que la reconnaissance sous
seing-privé serait un obstacle, un empêchement dirimant à un pareil mariage, cet acte n'eût-il d'autre
force que de faire naître un doute, et par conséquent
la crainte d'une aussi monstrueuse association.

Mais encore une fois, la supposition de *M. Prou-*

dhon est hors de la question qu'il avait posée (1).

Au surplus, ce que la Cour de Limoges a décidé, l'avait été auparavant par la Cour de Cassation, le 3 ventôse an 11. *Vid.* aussi *M. Chabot de l'Allier,* Commentaire sur les Successions, tom. 2, pag, 136 et suiv.

(1) L'art. 161 du Code civil prohibe le mariage entre tous les ascendants et descendants légitimes ou *naturels,* et les alliés dans la même ligne ; et l'art. 162 le prohibe aussi en ligne collatérale entre le frère et la sœur légitimes ou *naturels,* et les alliés au même degré. Il est vrai que la Législation n'a pas déterminé dans ces articles le mode de constater la parenté naturelle. Mais, ainsi que le dit fort bien *M. Vazeille,* Traité du Mariage, tom. 1er. pag. 132, le défaut d'indication, par la loi spéciale du mariage, des moyens à employer pour établir cette parenté qui voudrait se dissimuler, ne ferait pas rejeter des preuves raisonnablement admissibles, repousser l'évidence, et permettre des unions qui, comme l'a dit M. Portalis, bouleverseraient tous les droits, tous les devoirs, et feraient horreur. On serait tenté de dire, ajoute comme nous *M. Vazeille,* qu'en cette matière, le doute seul devrait arrêter. C'est par application de cette doctrine et de l'art. 358 du Code du 3 brumaire an 4, que la Cour de Cassation décida, le 6 avril 1809, que l'enfant naturel, incestueux ou adultérin, de l'épouse d'un accusé, notoirement connu pour tel, ne pouvait rendre contre lui témoignage en matière criminelle. Etienne *Ferrand,* condamné à mort, pour assassinat sur la personne du sieur Vaginal, commissaire de police de la ville de *Charlieu,* n'avait d'autres charges graves contre lui que la déposition *de visu* d'un enfant de douze ans, nommé Thomas *Alamartine.* C'était un enfant naturel dont la *Choignard,* épouse d'Etienne *Ferrand,* était reconnue mère. Elle l'avait eu avant son mariage avec lui, par suite d'un commerce illégitime avec un homme marié nommé *Alamartine,* garde-forestier du voisinage. Le fait de maternité était tellement notoire, que l'enfant fut assigné sous le nom de Thomas *Alamartine,* fils de Madeleine *Choignard.* La Cour de Justice criminelle du département de la Loire avait refusé de faire droit à la réclamation d'Etienne Ferrand, repoussant le témoignage de cet enfant, comme étant son allié ! Il lui avait paru que la loi ne devait s'entendre que des alliés *légitimes ;* qu'un enfant adultérin n'appartenant à aucune famille, n'ayant pas de parents dans le sens de la loi, il ne pouvait pas avoir d'*alliés.* Mais son arrêt fut cassé, sur le rapport lumineux de *M. Guien. Vid.* Sirey, tom. 9, 1re part. pag. 136 ; la même décision devrait être rendue aujourd'hui, par interprétation de l'art. 322 du Code d'instruction criminelle.

« La question, dit fort bien cet auteur, n'est pas, comme on le prétend, de savoir si un père est obligé de nourrir son enfant. Qui oserait élever cette question impie? La véritable, la seule question est de savoir à quel titre, à quel caractère, on doit reconnaître le père qui doit des aliments. » *M. Chabot*, en résolvant cette question contre l'opinion de *M. Proudhon* avec sa logique ordinaire, rappelle cinq arrêts de la Cour de Cassation, des 14 thermidor an 8, 3 ventôse an 11, 5 nivôse an 12, 26 mars 1806 et 14 octobre 1812 ; il rappelle encore un arrêt de la Cour de Dijon, du 24 mai 1817, tous rendus contre une demande d'aliments fondée sur une reconnaissance d'écriture privée.

Les principaux motifs du dernier arrêt de la Cour de Cassation, sont : 1° que depuis la promulgation du Code, la reconnaissance d'un enfant naturel doit être faite dans un acte authentique, lorsqu'elle ne l'a pas été dans son acte de naissance ; 2° que la paternité et les effets civils ou naturels qui en découlent, *étant indivisibles*, l'interdiction indéfinie de la recherche de la paternité, prononcée par l'art. 340 du Code, reçoit son application à tous les cas où le titre de la demande dérive de la paternité non reconnue légalement (1).

270. Mais les sommes payées pour nourriture, en-

_____
(1) Sircy, tom. 13, 1re part. pag. 139.

tretien et éducation d'un enfant naturel, ne peuvent être répétées ; parce que l'art. 1230 du Code civil refuse l'action en répétition des sommes volontairement payées en acquit d'une obligation naturelle. Dans ce cas, l'exception peut être établie, sans qu'il soit besoin de prouver, par un acte authentique de reconnaissance, que le demandeur était réellement père de l'enfant pour qui les sommes ont été payées. C'est ainsi que l'a jugé la Cour royale de Paris, par arrêt du 3 août 1825, en faveur de la demoiselle B.... contre le sieur Turville (1). Il en est de même de l'engagement sous seing-privé de nourrir et entretenir l'enfant dont une personne du sexe est enceinte. Il est valable, quoique la cause n'en soit pas exprimée. Ainsi jugé par la Cour royale *d'Agen*, le 24 février 1825, en la cause de *Cayre* et Lamothe (2).

271. — L'enfant naturel reconnu n'étant pas le fruit du mariage, ne peut prétendre aux droits de famille. C'est un des attributs de la légitimité. Il porte bien le nom de son père, s'il a été par lui reconnu (3), ou bien celui de sa mère, si la reconnaissance n'émane que d'elle seule ; mais il n'est point leur héritier comme l'enfant qui est provenu d'une

(1) Sirey, tom. 26, 2ᵉ part. pag. 24.
(2) Sirey, tom. 26, 2ᵉ part. pag. 102.
(3) Les bâtards, même adultérins, pouvaient porter le nom de leur père malgré lui, conformément à un arrêt de la Cour de Paris, rapporté par *Eugeard*. (*Salviat*, Jurisprudence du Parlement de Bordeaux, 2ᵉ édit. publiée par M. B.... an 1824.)

union légitime : il n'a de droit que sur leurs biens, et jusqu'à concurrence de la quotité fixée par la loi, art. 756.

272. — Cependant, lorsque l'enfant naturel reconnu veut se marier, il ne le peut pas sans avoir rempli les formalités prescrites par les art. 148, 149, 150, 152, 153, 154 et 155 du Code civil, relatives à l'acte respectueux, qui doit être fait aux père et mère dans le cas prévu par ces articles. Ainsi en dispose formellement l'art. 158. Puisque l'enfant reconnu doit porter le nom de son père, et doit avoir une part dans ses biens, il est raisonnable et juste de lui imposer une déférence respectueuse à son égard. C'est une espèce de puissance paternelle qui s'étend même jusqu'au droit de détention correctionnelle que la loi accorde aux pères sur leurs enfants légitimes. Art. 383.

CHAPITRE V.

—

Puissance Paternelle. — Tutelle.

—

SOMMAIRE.

273. — Autre chose est cette déférence respectueuse que nous avons dit être due par les enfants naturels à leurs père et mère qui les ont reconnus, autre chose est la puissance paternelle propre-

ment dite. La première prend sa source dans le droit naturel; la seconde dérive principalement du droit civil.

Ce n'est qu'improprement, en effet, que nous avons donné aux divers droits, résultant, pour les père et mère, de la déférence filiale, le nom de puissance paternelle. Si elle existait réellement sur les enfants naturels, leurs père et mère auraient la jouissance impunie de leurs biens, jusqu'à leur dix-huitième année accomplie, ou jusqu'à leur émancipation. Cependant l'art. 384 ne l'accorde au père que *durant le mariage*, et, après sa mort, à la mère. Cet article est placé sous le titre *de la puissance paternelle*. Cela fait voir de reste que cet usufruit légal ne leur est accordé qu'envers leurs enfants légitimes. D'un autre côté, la disposition de l'art. 384 n'est point répétée au chapitre des enfants naturels; ainsi nul doute sur ce point. Telle est aussi l'opinion de *M. Toullier*, n° 957.

M. Loiseau, pag. 550, pense pourtant que la puissance paternelle a lieu sur les enfants naturels, et que leur père a l'usufruit légal de leurs biens. pour l'indemniser des aliments et des soins d'éducation de l'enfant. Son opinion est combattue par *M. Rolland-de-Villargues*, dans son Traité des enfants naturels, n° 295. Cette opinion de *M. Loiseau* nous paraît contraire à la loi. Celle de *M. De Villargues* et celle de *M. Toullier* sont plus en harmonie avec la Législation des enfants naturels. *M. Toullier* dit en effet, n° 957, que la puissance des père et

mère sur leurs enfants naturels ne s'étend point aux
biens de ces derniers ; que le Code ne leur en donne
point l'usufruit accordé seulement aux père et mère
légitimes sur les biens de leurs enfants, jusqu'à ce
qu'ils aient atteint dix-huit ans.

274. — De ce que les enfants naturels reconnus
ne jouissent point des droits de famille, il doit s'ensuivre qu'ils ne peuvent réclamer des aliments contre les parents de leurs père et mère, par exemple
contre leur aïeul. Cette opinion avait été pourtant
bien controversée; elle avait été proscrite par un arrêt de la Cour de *Douai*, du 19 mars 1816, lors duquel on invoqua des autorités sans nombre, et une
foule de préjugés qui avaient condamné l'aïeul à fournir
des aliments à son petit-fils naturel. Mais cet arrêt a
été cassé par la Cour suprême, le 7 juillet 1817 (1) :
c'était en la cause de *Lesclar* et *Demangeot*. Indépendamment des motifs ci-dessus, la Cour de Cassation
a considéré que : « La reconnaissance de l'enfant na-
» turel faite par le père est personnelle au père, et

_____

(1) Sirey, tom. 17, 1re part. pag. 289. Il est à remarquer que le fils
était décédé sans fortune, à la survivance de son enfant et de son père :
mais s'il avait eu des biens, et que son père en eût eu la jouissance, nous
pensons que ce dernier n'aurait pu se soustraire à la demande contre lui
formée : *quia alimenta sunt onus usufructûs. Sic judicatum in
puncto.* Au mois de mars 1828, à la Grand'Chambre, M. De Martin, rapporteur, en faveur de la nommée Geneste contre Devaux, père du ravisseur. *Salviat,* 2e édit. de M. B..., *verbo Bâtard.* Mais sans cela l'aïeul,
au Parlement de Bordeaux, ne devait point d'aliments au bâtard de son
fils. *Lapeyrère,* no 27, vo *Bâtard,* et les arrêts qu'il rapporte.

» ne peut produire d'obligation que contre lui, d'a-
» près le principe immuable qui veut qu'on ne soit
» pas lié par le fait d'autrui. »

275. — Toujours du même principe, que les
droits de famille n'appartiennent point à l'enfant naturel reconnu, doit encore découler la conséquence
que son père ne peut revendiquer sa tutelle légale.
Nous adoptons en cela l'opinion de *M. Rolland-de-
Villargues*, dans son Traité des enfants naturels,
n° 299, et reproduite dans une dissertation qu'il a fait
insérer au Recueil de Sirey, tom. 13, 2e part. pag.
19. M. Loiseau, comme on le sent bien, est d'un
avis contraire. La puissance paternelle, dit-il, a lieu
sur les enfants naturels ; donc leur tutelle qui n'est
qu'une suite de la puissance paternelle, appartient de
plein droit à leur père ou à leur mère. *M. De Villargues* a bien raison de dire que si le principe est
erroné, la conséquence ne peut être vraie. Or,
nous nous sommes expliqué sur le principe.

La Cour de Paris a eu à examiner cette question
entre la demoiselle Ferry et les héritiers Marraize. Elle
l'a décidée dans le même sens par arrêt du 9 août
1811 (1) sur le motif suivant : « qu'aux termes de
l'art. 390 du Code, la tutelle légale n'a lieu qu'en
cas de dissolution du mariage, et n'appartient qu'au

(1) Sirey, tom. 11, 2e part. pag. 471.

survivant des époux ; que la disposition de l'art. 405, loin d'être une exception à l'art. 390, en est une conséquence, puisqu'elle suppose le défaut des ascendants mâles,. et ne peut s'appliquer aux enfants naturels qui n'ont point de famille ; que, dans le silence de la loi, sur la tutelle des enfants naturels, la Justice doit se décider sur le droit général, et écouter l'intérêt des mœurs, qui veut que la tutelle des enfants naturels soit dative. »

Il est vrai que la Cour de Bruxelles avait jugé le contraire, le 4 février 1811, dans la cause de la demoiselle *Carton ;* mais ses motifs ne peuvent, selon nous, atténuer ceux de la Cour de Paris ; elle dit : « qu'il est du droit naturel que les enfants en bas âge soient sous la tutelle d'autrui ; que dans le silence du Code civil, *ce devoir* se trouve imposé aux père et mère des enfants qu'ils ont reconnus hors mariage, non-seulement par le droit de la nature, mais aussi par la considération des avantages que leur assure l'art. 765, dans la succession de ces enfants dont ils sont héritiers. »

Qu'il soit de droit naturel que les enfants en bas âge soient sous la tutelle d'autrui, à la bonne heure, quoique ce droit ait eu besoin d'être consacré par la loi civile, comme l'obligation de nourrir et d'élever les enfants, art. 203. Que ce devoir soit imposé aux père et mère des enfants naturels, il faut distinguer. Sans doute, si la tutelle est déférée par le conseil de famille (et elle le sera le plus souvent), ils ne peu-

vent la refuser. C'est un *devoir* pour eux de l'accep-
ter. Mais le devoir est autre chose que le *droit*. Etre
obligé de faire quelque chose, n'est pas avoir le droit
de la faire. Une obligation *imposée* est bien différente
d'un droit *acquis*. Cette observation fait crouler tout
le système de la Cour de *Bruxelles*.

D'un autre côté, c'est par cela seul que la loi a
gardé le *silence* sur la tutelle *légale* des enfants naturels, qu'on ne peut l'accorder à leur père ou à leur
mère ; car on doit croire que si elle avait voulu la
leur conférer, elle s'en serait formellement expli-
quée, comme elle l'a fait pour la tutelle des enfants
légitimes. On ne peut pas suppléer les dispositions
législatives (1).

Que l'on fasse attention ensuite à la disposition de
l'art. 402 qui porte que, lorsqu'il n'a pas été choisi
au mineur un tuteur par le dernier mourant des père
et mère, la tutelle appartient de droit à son aïeul paternel. Dans le système de la Cour de *Bruxelles*, il
faudrait donc accorder la tutelle légale à l'aïeul de
l'enfant naturel ; or, comment pouvoir le faire, puisque cet aïeul n'est pas obligé de lui fournir des aliments ? Quoi de plus monstrueux que de mettre dans
une perpétuelle contradiction les devoirs et les droits
de la nature !

_____

(1) Non, la loi n'a pas gardé le silence, car, encore une fois : 1o la puissance paternelle n'est accordée au père, *que durant le mariage*, art.
378 ; 2o le père n'a l'usufruit légal du bien de ses enfants, *que durant le
mariage*, art. 384. — Ce n'est que durant le mariage que le père est
administrateur des biens personnels de ses enfants mineurs, art. 389.

Inutile d'argumenter des actes respectueux que les enfants naturels doivent adresser à leurs père et mère pour le mariage. On voit que, « en exigeant » comme autrefois le consentement des père et mère » pour le mariage des enfants, *on ne motive plus la* » *nécessité de ce consentement sur la puissance pater-* » *nelle*, mais que c'est seulement un hommage particu- » lier de reconnaissance et de respect. » Cette dernière considération que nous empruntons à *M. Rolland-de-Villargues* dans sa dissertation ci-dessus rappelée, sape dans sa base l'opinion de *M. Loiseau* (1).

Enfin, nous dirons avec cet estimable Jurisconsulte, que, de ce que les art. 757 et 765 établissent, entre les père et mère, et leurs enfants naturels, une successibilité réciproque, il ne s'ensuit nullement que ces enfants soient assimilés aux enfants légitimes. S'ils leur sont assimilés sous quelques rapports, comme ce sont autant d'exceptions, il faut leur appliquer sévèrement la règle *inclusione unius fit exclusio alterius*.

M. Delvincourt, pag. 425, se range pourtant de l'avis de M. Loiseau. Les père et mère naturels, dit-il, sont tuteurs légitimes de l'enfant qu'ils ont reconnu. On voit que l'art. 383 leur donne tous ceux

---

(1) *M.' Portalis* dit formellement que c'est parce que le consentement au mariage *n'est plus un effet de la puissance paternelle*, que les enfants naturels peuvent s'en appuyer. C'est bien dire clairement que les enfants naturels ne sont pas soumis à la puissance paternelle. Or, comme c'est du principe contraire qu'on a voulu faire dériver la tutelle légale, la conséquence est facile à tirer.

des droits de la puissance paternelle qui sont établis en faveur de l'enfant du pupille. D'ailleurs, les droits que la tutelle donne au tuteur, sont bien moins étendus que ceux qui résultent de la puissance paternelle. De là il conclut que la tutelle légitime a lieu à l'égard des père et mère naturels ; que, pendant leur vie à tous deux, elle doit être exercée par le père ; après sa mort, par la mère, si elle est fille ou veuve ; sinon l'on doit se conformer, à son égard, aux art. 395 et 396. Il donne la préférence à l'arrêt de la Cour de *Bruxelles* sur celui de la Cour de Paris.

L'on voit d'abord que M. Delvincourt commet la même erreur que M. Loiseau, sur le droit de puissance paternelle. Nous croyons avoir suffisamment démontré cette erreur.

En second lieu, M. Delvincourt ne nous paraît pas raisonner juste en concluant directement et par identité de la puissance paternelle à la tutelle. Ces deux droits ne sont pas les mêmes à beaucoup près. Pour s'en convaincre, il faut voir les excellentes raisons que donne M. Proudhon, tom. 2, pag. 170, et auxquelles nous renvoyons. Les deux principales sont : 1° que la puissance paternelle est un droit, tandis que la tutelle est une charge ; 2° que la puissance paternelle est instituée en faveur des père et mère, et que la tutelle est toute en faveur des enfants.

En troisième lieu, l'art. 383 invoqué par *M. Delvincourt* est topiquement contre son système. Que porte-t-il, en effet ? que les art. 376, 377, 378 et

379, tous relatifs au droit de correction du père légitime sur ses enfants, sont communs aux pères et mères des enfants naturels légalement reconnus. Si les Législateurs avaient voulu légalement leur accorder la puissance paternelle et la tutelle, il est sensible qu'ils leur auraient aussi rendu communs les articles concernant ces deux espèces de droit, au lieu de se borner à celui de correction. C'est donc bien le cas ou jamais d'appliquer la maxime, *qui de uno dicit de altero negat.*

Pendant trois fois, la question de savoir si la mère naturelle est tutrice légale de son enfant reconnu, a été soumise à la Cour de Cassation, qui a toujours éludé de la décider *in terminis.*

La première fois, c'était en la cause d'Eugénie *Carton.* La Cour suprême considéra « que l'enfant naturel légalement reconnu, étant décédé presque à l'origine du procès, Eugénie Carton, sa mère, qui avait d'abord procédé comme sa mère naturelle et sa tutrice légale, n'a plus dû figurer dans le procès après ce décès, que comme mère naturelle et de plus comme héritière de son enfant, et qu'en l'état, la Cour de *Bruxelles*, qui a rendu l'arrêt attaqué, n'avait plus à examiner si la mère naturelle est, comme la mère légitime, tutrice de droit de son enfant, et peut, en cette qualité, procéder pour lui en Justice. Arrêt de rejet, du 22 juin 1813 (1). »

(1) Sirey, tom. 13, 1re part. pag. 281.

La seconde fois, c'était en la cause de Marie-François çoise *Lépine* qui avait eu, en 1808, une fille naturelle qui s'était mariée ensuite avec *Louis-Dominique Lemire*. La Cour de Cassation considéra « QU'ABSTRACTION *faite de la question de savoir si la mère naturelle d'un enfant par elle reconnu, est de droit tutrice de cet enfant*, il est, d'après la disposition de l'art. 395 du Code civil, constant en droit, que la mère qui se marie, sans avoir, avant l'acte de son mariage, convoqué le conseil de famille, pour décider si la tutelle doit lui être conservée, perd cette même tutelle de plein droit; que, dans l'espèce, la demanderesse s'est mariée avec le défendeur, et a donné à sa fille naturelle un beau-père, sans avoir convoqué le conseil de famille pour décider de la tutelle ; et que par là, *en la supposant même tutrice légale de sa fille naturelle*, la demanderesse avait perdu la tutelle de plein droit. Arrêt de rejet, du 31 août 1815 (1).

La troisième fois, c'était en la cause de *Virginie Hours* qui avait eu quatre enfants naturels du marquis *De Bellegarde*. Avant que cette mère eût reconnu ses quatre enfants, un tuteur leur avait été nommé par le conseil de famille. Après sa reconnaissance, et le 19 février 1817, *Virginie Hours*, assistant à l'inventaire, déclare qu'au moyen de l'arrangement qu'elle se proposait de faire avec la dame

(1) Sirey, tom. 15, 1re part. pag. 361.

De Beaumont (sœur du défunt) et le sieur Dautour, tuteur nommé, elle renonçait à la tutelle de ses enfants. L'arrangement s'effectue ; ensuite, Virginie *Hours* réclame la tutelle légale de ses enfants. La Cour de Cassation considéra « *qu'abstraction faite de la question de savoir si la mère naturelle d'un enfant par elle reconnu est de droit sa tutrice,* le dispositif de l'arrêt dénoncé est motivé par des faits qui militent tous pour le justifier et le mettre à l'abri de toute censure. » Arrêt de rejet, du 17 juin 1820 (1).

Il semblerait même résulter un préjugé contre la mère naturelle, des autres considérants de l'arrêt du 31 août 1815, « qu'à la vérité, dit la Cour, l'article cité (395), en parlant d'un second mariage, en suppose un premier, et par conséquent, il ne parle pas, au moins expressément, d'une mère naturelle, qui antérieurement n'était pas astreinte par le lien d'aucun mariage. Mais attendu : 1º que la loi ne pouvait ôter expressément à la mère naturelle une tutelle que la même loi ne lui accordait au moins *expressément* nulle part. — Attendu : 2º que si la loi se méfie, et traite avec cette rigueur une mère légitime, et qui n'a donné aucune preuve de faiblesse, à bien plus forte raison, elle a dû se méfier, et traiter avec la même rigueur une mère qui n'est pas sans reproche. » Ce dernier motif juge la cause sous le rap-

(1) Sirey, tom. 20, 1re part. pag. 366.

port moral. Par le précédent, la Cour de Cassation reconnaît au moins, qu'aucun article du Code n'accorde *expressément* à la mère naturelle la tutelle légale de ses enfants reconnus. Nous persistons donc à penser que la tutelle de ces enfants est purement dative.

Lors de l'arrêt du 31 août 1815, on invoqua, en faveur du système contraire, l'arrêt du 22 juin 1813, et l'on dit qu'il avait déclaré, *sans difficulté*, la mère tutrice légale de son fils naturel ; mais on vient de voir que la question a été d'autant moins jugée, qu'elle n'a même pas été agitée par la Cour suprême à cause du décès de l'enfant naturel, arrivé presqu'à l'origine du procès.

On invoqua encore un arrêt de la Cour de *Colmar*, du 24 mars 1813 (1), qui avait, dit-on, jugé dans le même sens. Il s'agissait, dans l'espèce de cet arrêt, de la demande en aliments, formée par Anne-Marie-Mussal pour l'enfant naturel qu'elle avait eu de Casimir *Guillemann*. La Cour de Colmar décida-t-elle que la mère de cet enfant était sa tutrice *légale?* Non ; elle dit que l'enfant était suffisamment représenté dans la cause par sa mère et tutrice *naturelle ;* c'est-à-dire, que l'on considéra la mère comme la surveillante, la protectrice de son enfant, qualités suffisantes pour obtenir des aliments, qui jusque-là avaient été tout entiers à sa charge ; d'ail-

(1) Sirey, tom. 14, 2ᵉ part. pag. 2.

leurs, lorsqu'il y a deux co-obligés à une même dette
envers un tiers, l'un d'eux, en cette seule qualité, a
bien le droit de forcer l'autre à exécuter l'obligation
pour sa part, afin de cesser de la supporter en totalité.

Ainsi, nous pouvons affirmer qu'il n'existe encore
qu'un seul préjugé (celui de la Cour de Bruxelles),
en faveur de la tutelle légale des enfants naturels reconnus, préjugé fondé sur des motifs dont nous croyons
avoir démontré le peu de solidité.

On he peut citer contre notre assertion, un arrêt
de la Cour royale de Toulouse, du 21 juillet 1836,
car cet arrêt très brièvement motivé, s'est borné à juger
la question par la question ; il a dit, en effet, que la
tutelle des enfants naturels appartient, par *une suite*
de la puissance paternelle, au père et à la mère de
l'enfant naturel reconnu. C'est faire dériver un droit
d'un autre droit également contesté, ce qui n'est pas
très logique.

Cependant M. Vazeille, dans son Traité *du Mariage*
de la Puissance maritale, et de la Puissance paternelle,
tom. 2, pag. 274 et suiv., dit que la tutelle des enfants nés hors mariage, résulte forcément, pour les
parents naturels, de la disposition de l'art. 405, qui
n'établit la tutelle dative, que pour les enfants restés
sans père ni mère. Nous sommes étonné qu'un aussi
bon esprit se soit arrêté à la seule lettre de la loi,
sans consulter sa pensée, sans faire attention surtout
à la matière pour laquelle l'article invoqué était fait.

Cet art. 405, est en effet placé dans le chapitre de
la tutelle des enfants nés *pendant le mariage*. Lors
donc que la loi a parlé des enfants restés sans père
ni mère, elle n'a évidemment eu en vue que les enfants légitimes. Au surplus, M. Vazeille convient que
par les trois arrêts que nous avons cités plus haut,
. la Cour de Cassation a évité la difficulté. L'opinion
de M. Vazeille, sur la tutelle des enfants naturels,
est la conséquence de celle qu'il a émise sur la puissance paternelle, à l'instar de *M. Loiseau*.

Notre opinion se trouve avoir été consacrée par
deux arrêts des Cours d'Aix et d'Agen, des 9 août
1811 et 19 février 1830 (1). Il faut consulter surtout les motifs qui ont déterminé ce dernier arrêt.

---

(1) Sirey, tom. 11, 2, 475, et tom. 32, 2, 58.

CHAPITRE VI.

—

Reconnaissance du Père seul. — Reconnaissance pendant le Mariage.

—

SOMMAIRE.

276. — *Différence de position entre les enfant naturels et les enfants légitimes pour la reven dication de leur état.*

277. — *La reconnaissance du père, sans l'indi cation et l'aveu de la mère, n'a d'effet qu' l'égard du père. — Discussion de l'art. 33 du Code civil au Conseil-d'Etat. — Discussio au Corps législatif.*

278. — *La reconnaissance de la mère doit-ell être expresse comme celle du père? — Arr pour l'affirmative. — Deux arrêts de la Cou de Cassation pour la négative; préférence à leu donner. — Deux arrêts conformes de la Cou royale de Bordeaux.*

279. — *Le désaveu de la mère ne détruit pa la reconnaissance du père. — Sentiment d M. Locré. — Opinion contraire de M. Toullier — Réfutation de cette opinion.*

280. — *Reconnaissance faite pendant le mariag par l'un des époux, quel effet doit-elle avoir?*

281. — *Quid de la reconnaissance forcée?*

282. — *Quid de la reconnaissance après le ma*

riage? — Opinion de M. Toullier. — Examen de cette opinion. — Arrêt. — Observations sur cet arrêt.

276. — Il n'en est pas des enfants naturels, comme des enfants légitimes, pour la revendication de leur état. On a vu que ces derniers ne peuvent être réputés tels, que lorsqu'il est prouvé qu'ils ont pour père et mère deux époux légalement unis par le lien sacré du mariage, tandis que les premiers peuvent n'être connus dans le monde et dans la société, que comme enfants de leur père seulement, ou de leur mère, si l'un et l'autre ne les ont pas également avoués de la manière prescrite par la loi. Ainsi, dans le premier cas, le père ou la mère qui se cache, repousse par cela même la paternité ou la maternité qu'on voudrait lui attribuer ; au lieu que, dans l'autre, il n'y a point de légitimité pour les enfants, si leurs père et mère ne se montrent pas ensemble dans l'acte de célébration d'une union légale.

De là doit résulter la conséquence que si l'enfant naturel n'a été reconnu que par son père, quelle que soit la désignation que celui-ci ait faite d'une femme pour la mère de cet enfant, cette désignation ne peut pas la lier sans son aveu, *et vice versâ*.

277. — Aussi l'art. 336 du Code dit fort bien que

la reconnaissance du père, sans l'indication et l'aveu de la mère, n'a d'effet qu'à l'égard du père. La conjonction *et* prouve suffisamment qu'il faut le concours de l'indication du père et de l'aveu de la mère. Sans cet aveu, l'indication est inutile, excepté néanmoins pour le cas de recherche de maternité dont il sera bientôt question.

La première rédaction de cet article, discutée au Conseil-d'Etat, était celle-ci :

« La reconnaissance du père, si elle est désavouée par la mère, sera de nul effet. »

M. Bigot-Préamenu demanda si cet article aurait son effet, même lorsque la maternité serait prouvée. *M. Malleville* répondit que l'art. 341 décidait la question ; car, dit-il, la preuve de la maternité étant une fois faite, elle doit nécessairement faire regarder comme non-avenu le désaveu de la mère.

A défaut d'aveu ou de reconnaissance positive de la mère, *M. Portalis* dit qu'il est des circonstances qui ne sont pas moins fortes que l'aveu positif pour opérer la conviction : tels sont, par exemple, l'éducation, les soins donnés à l'enfant, en un mot, ce qu'on appelle en droit le *traitement*.

Et M. Berlier disait encore que, lorsque l'enfant a été traité comme tel par celui qui ensuite s'en déclare le père, le tout au vu et su d'une mère qui n'aurait point contesté cette possession d'état, une telle mère doit être déclarée non-recevable dans son désaveu de maternité.

Mais *M. Eymeri* observa qu'on ne pouvait pas
avoir égard à cette possession d'état; l'enfant né d'une
union illicite, dit-il, n'appartient qu'à sa mère, parce
que, hors le mariage, il n'y a de certain que la maternité. Il serait donc contre l'ordre que la reconnaissance de celui qui se prétend père de l'enfant, pré-
valût sur le désaveu formel de la mère. Mais quand
il est prouvé par un aveu antérieur que le désaveu
actuel est l'effet de la passion, ce désaveu devient
non-recevable : toute autre circonstance ne doit être
d'aucune considération ; c'est un malheur si l'application de ce principe nuit aux intérêts de l'enfant.

M. Tronchet fit ensuite une autre observation. Il
sera décidé, dit-il, que la reconnaissance du père est
insuffisante quand il y aura eu désaveu valable de la
part de la mère. Or, quel sera dans ce système l'effet
de la reconnaissance du père, quand la mère sera
morte avant de l'avoir ni avoué ni désavoué? Lais-
sera-t-on celui qui se prétend le père libre d'attribuer
l'enfant à telle femme qu'il voudra, par une déclaration ensevelie chez un Notaire ou chez un Juge-de-
Paix, et que la mère prétendue n'aura pas connue?
Ce serait là la conséquence nécessaire du principe qui
ne prive d'effet la reconnaissance du père que quand
elle est désavouée par la mère. On échapperait à cet
inconvénient si, au lieu de ne regarder la déclaration
du père comme nulle que dans le cas où elle est désavouée par la mère, on n'y avait égard que lorsqu'elle

serait avouée. Cette rédaction avait d'abord été proposée.

Mais *M. Cambacérès* répondit que l'inconvénient
n'était pas aussi grave qu'il le paraissait d'abord,
puisque la déclaration du père ne donne à l'enfant
aucun droit à la succession de la mère. On peut néanmoins, ajoute-t-il, prévenir tout danger en permettant au père de reconnaître l'enfant sans indiquer la
mère. Cette forme aurait même l'avantage de mieux
ménager les mœurs ; puisqu'il ne s'agit que d'une
créance sur les biens du père, rien ne s'oppose à ce
que la loi se contente de l'aveu du père.

M. Tronchet demanda qu'on décidât avant tout que
l'enfant reconnu n'aurait droit *qu'à une créance*, et
seulement sur les biens de celui qui l'aurait avoué.

Il paraît qu'on n'eut pas égard au premier chef
de réclamation de M. Tronchet, puisque le Conseil-
d'Etat arrêta la rédaction de l'article de la manière
suivante (1) :

« La reconnaissance d'un enfant naturel n'aura
» d'effet qu'à l'égard de celui qui l'a reconnu (2). »

Cependant au Corps législatif, l'art. 336 fut arrêté
tel qu'il existe aujourd'hui, mais il fut rédigé dans le
même sens. On en trouve la preuve dans ce passage,
du rapport de *M. Duveyrier* :

» De l'impossibilité d'obtenir sans un grand incon-

_____

(1) *Vid. sup.*, l'arrêt de la Cour de Cassation, du 25 août 1813.
(2) Conférences du Code civil.

» vénient la déclaration de l'aveu de la mère, on est
» parvenu naturellement à la conséquence contraire,
» c'est-à-dire, à la nécessité de n'exiger ni la décla-
» ration, ni l'aveu, ni même la désignation de la
» mère, en statuant seulement que, dans ce cas, la
» reconnaissance n'aura d'effet qu'à l'égard du père
» seulement; on voit bien ce que peut produire cette
» faculté d'une déclaration solitaire. Mais, encore
» une fois, il vaut mieux pour la société de tolérer
» ce qu'elle ignore encore, que de connaître ce qu'elle
» doit punir. »

Dans les précédents projets, on avait clairement manifesté l'intention, et toujours attendu l'incertitude de
la paternité, de ne donner aucune créance, aucun effet, à la reconnaissance d'un enfant naturel, faite par
son père, si elle n'était pas confirmée par l'aveu de
la mère. Mais on a senti, comme le dit encore M. Duveyrier, que c'était faire dépendre l'état et la destinée
d'un enfant d'une révélation difficile, et quelquefois
impossible, et toujours inconvenante pour la pudeur
d'une femme.

278. — Pour que la reconnaissance du père puisse
lier la mère, il semblerait donc que celle-ci doit également reconnaître l'enfant, soit conjointement avec
le père, soit par acte séparé, ou que, par cet acte,
elle ait avoué que l'indication faite d'elle comme mère
est véritable et sincère. On devrait dire, par suite, que
l'aveu ou la reconnaissance doit avoir lieu d'une ma-

nière expresse, et qu'ainsi la possession d'état toute seule ne pourrait établir une équipollence suffisante, et ne saurait être prouvée par témoins.

C'est ce qu'a formellement jugé la Cour Royale de Bourges, le 2 mai 1837 (1), dans l'espèce suivante :

Le 15 germinal an 8, un enfant fut présenté par Jacques Champagnat, et inscrit, à sa requête, sur les registres de l'Etat civil de la commune de Vic-sur-Aubois, sous le nom de Jean, comme né hors mariage de lui et de Marie Foreau. Celle-ci ne reconnut pas formellement l'enfant qui lui était ainsi attribué ; mais il paraît constant, en fait, que Jean fut toujours traité par elle et considéré dans le monde comme son fils naturel.

Au décès de sa mère, Jean Champagnat se mit en possession de tous ses biens et en vendit une partie au sieur De Bourges.

Plusieurs années après, ses héritiers naturels attaquèrent cette vente et demandèrent à Jean Champagnat le désistat des autres biens. Celui-ci produisit son acte de naissance et invoqua sa possession publique et constante d'enfant naturel de Marie Foreau.

14 juillet 1835, jugement du Tribunal de Saint-Amand qui donne gain de cause à Jean Champagnat.

Mais sur l'appel, ce jugement a été réformé par les motifs suivants :

Que l'acte de naissance et la possession d'état ne

(1) *Journal du Palais,* tom. 1er, de 1838, pag. 193.

suffisent pas pour établir la filiation de l'enfant né hors mariage ; qu'aux termes de l'art. 334 du Code civil, la reconnaissance d'un enfant naturel doit être faite par un acte authentique, lorsqu'elle ne l'a pas été par l'acte de naissance ; que, suivant l'art. 336, la reconnaissance du père sans l'indication et l'aveu de la mère, n'a d'effet qu'à l'égard du père ; qu'enfin l'art. 341 veut que l'enfant naturel qui réclamera sa mère soit tenu de prouver qu'il est identiquement le même que l'enfant dont elle est accouchée, et déclare de plus qu'il ne sera reçu à faire cette preuve que lorsqu'il aura déjà un commencement de preuve par écrit ; que, de la combinaison de ces articles, il résulte que la loi exige *une reconnaissance formelle* de la part des père et *mère* de l'enfant naturel, pour que ce dernier soit dispensé de toute autre preuve ; que, dans l'espèce, Marie Foreau n'a point participé à la déclaration de l'acte de naissance, que dès lors il n'y a point d'aveu et conséquemment de reconnaissance de sa part.

On le voit, la Cour de Bourges ne considère l'*aveu* de la mère indiquée par le père, comme existant légalement, aux termes de l'art. 336, que lorsqu'il est exprès et formel, que lorsqu'il est écrit, que lorsqu'il résulte d'une reconnaissance authentique semblable à celle exigée pour le père par l'art. 334.

Mais il faut faire attention que dans l'art. 336, la loi ne place pas la mère au même rang, dans la même condition que le père. Si elle exige de celui-ci une reconnaissance formelle et authentique, elle n'exige de celle-là qu'un *aveu* justifiant l'*indication* dont elle a été l'objet. Or, un aveu peut se manifester de plusieurs manières, aussi bien, souvent beaucoup mieux, par la conduite qui n'est que le résultat d'une conviction profonde, que par un écrit qui peut avoir été surpris par erreur, par violence, ou par dol.

Ainsi, la Cour de Cassation a décidé, le 26 avril 1824 (1), que l'aveu de la mère peut résulter de ce qu'elle a comparu personnellement, du vivant de son enfant, dans l'inventaire auquel il a été procédé après le décès du père, et qu'elle y a fait divers dires et réclamations qui confirment l'indication de maternité contenue dans l'acte de naissance.

Ainsi, la Cour royale de Bordeaux a jugé, le 19 janvier 1831 (2), que l'aveu de la mère n'est soumis à aucune forme de constatation spéciale; qu'il peut s'induire des faits et des circonstances; elle a de plus jugé, le 15 février 1832 (3), que, par suite, si l'enfant naturel prédécède, sa mère est habile à lui succéder.

Ainsi, enfin, la Cour suprême a décidé, le 22 janvier 1839 (4), que l'aveu de la mère est suffisamment exprimé par les soins et les traitements qu'elle a donnés à l'enfant en sadite qualité; que dès lors cet enfant

---

(1) Sirey, tom. 24, 1, 317.
(2) Sirey, tom. 31, 2, 231.
(3) Sirey, tom. 32, 2, 410.
(4) Sirey, tom. 39, 1, 1.

doit être réputé légitimé par le mariage subséquent de ses père et mère ; qu'en un mot la possession d'état est la seule chose que l'on doive considérer en cette matière.

Voici l'espèce de cet arrêt :

5 germinal an 11, Florentin Leloup est inscrit sur le registre de l'Etat civil comme fils naturel de Suzanne Leloup, sur la seule désignation de l'accoucheur.

7 novembre 1817, déclaration devant l'Officier de l'Etat civil par Jacques-Pierre-François Calop, par laquelle il reconnaît Florentin Leloup pour son fils naturel, né de lui et de Suzanne Leloup.

Il était constant, en fait, que cette femme avait toujours donné à Florentin des soins de mère, et que celui-ci avait toujours été traité comme enfant légitime de Suzanne Leloup et du sieur Calop.

17 septembre 1819, ces deux derniers célèbrent leur mariage sans faire aucune mention de leur enfant.

10 avril 1825, mariage de Florentin en présence des époux Calop qui lui attribuent la qualité de leur enfant.

5 février 1836, décès de Calop père. Alors procès entre la dame Borel, fille du premier mariage du sieur Calop, et Florentin Leloup. La première lui conteste sa légitimation sur le motif qu'il n'avait pas été reconnu par sa mère, ni avant, ni lors de son mariage avec son père.

4 avril 1837, jugement du Tribunal de Coutances qui reconnaît la légitimation.

4 janvier 1838, arrêt de la Cour royale de Caen qui confirme par plusieurs motifs et entre autres par celui pris de l'exécution publiquement donnée par la mère à la déclaration faite par le père dans l'acte de reconnaissance du 7 novembre 1817.

La Cour de Cassation a rejeté le pourvoi contre cet arrêt :

« Attendu que la loi n'a prescrit aucune forme » pour constater l'aveu de la mère, et qu'il résulte » de la Jurisprudence qu'il n'est pas besoin de sa » part d'une reconnaissance authentique. »

Cette Jurisprudence est fondée, comme l'a fort bien dit la Cour de Caen, sur ce que, si le Législateur n'a assujetti avec raison l'aveu de la mère à aucune formalité, c'est parce qu'on doit être moins rigoureux pour établir la reconnaissance de la maternité, dont la recherche est admise, que pour établir la paternité, dont la recherche est interdite.

Il faut voir, au surplus, ce que nous en disons *infrà*, chap. 10, *Recherche de Maternité*.

Il résulte de l'arrêt que nous venons de rappeler un autre enseignement important à constater ici ; c'est que, pour opérer la légitimation, il faut que l'aveu de la mère soit antérieur à son mariage. C'est ce qui se trouve formellement exigé par cet autre motif :

« Attendu que l'arrêt (de la Cour de Caen) a re- » connu, en fait, que cette déclaration (celle du père)

» avait été confirmée par l'aveu de la fille Leloup
» *avant son mariage.* »

Cela se conçoit parfaitement, puisque l'aveu ne
fait que tenir lieu de la reconnaissance formelle et
authentique, et que, suivant l'art. 331, la légitimation
n'a lieu que lorsque l'enfant a été reconnu avant le
mariage ou dans l'acte même de célébration.

La Cour royale de Paris a rendu la même décision
par deux arrêts des 20 et 27 avril 1839 (1).

279. — On a vu qu'au Conseil-d'Etat, *M. Tronchet* dit qu'il serait décidé que la reconnaissance du
père est insuffisante, quand il y aura désaveu valable de la part de la mère. Il paraît, au contraire,
suivant *M. Locré*, tom. 5, pag. 272, édit. in-8°,
que la mère, par son seul témoignage, ne peut
désavouer la reconnaissance du père, et détruire
l'effet qu'elle doit produire par rapport à lui.

M. Toullier, n° 956, dit que cette disposition est
singulière ; qu'elle fut adoptée contre l'avis du premier Consul, et qu'elle peut occasionner le spectacle scandaleux d'un enfant réclamé par plusieurs
pères. Il nous semble que ce spectacle scandaleux
n'est pas à craindre, en interprétant la loi dans son
vrai sens. En parlant du désaveu, il faut entendre
celui qui a pour objet la *maternité* et non la *paternité.* Ainsi un homme, en reconnaissant un enfant

(1) *Journal du Palais*, tom. 1er, de 1839, pag. 537 et 539.

naturel comme lui appartenant, indique une telle femme pour sa mère. Celle-ci peut fort bien désavouer cette indication ; elle peut soutenir qu'elle n'est point la mère désignée ; mais ce désaveu ne portera aucune atteinte à la reconnaissance du père, pour ce qui le concerne. D'ailleurs, l'enfant ne peut-il pas contester cette reconnaissance?

280. — La femme qui se marie doit être légalement assurée qu'elle n'aura d'autres héritiers que les enfants qui proviendront de son union. C'est sur la foi de cette certitude légale, que le mariage a dû être arrêté dans sa famille. La même garantie était due aux enfants légitimes eux-mêmes.

C'est pour cela que, d'une part, la reconnaissance que pourrait faire le mari d'un enfant qu'il aurait eu avant son mariage, d'une autre femme que de la sienne, ne peut nuire à celle-ci, et que, d'autre part, ses enfants légitimes ne peuvent non plus en souffrir (1).

Il en est de même à l'égard du mari et de leurs enfants de pareille reconnaissance qui serait faite par la femme.

Mais il faut bien remarquer que l'art. 337 qui le prononce ainsi, ne s'applique pas au cas de *ratifica-*

(1) Cette règle est applicable au cas de reconnaissance faite avant le Code civil, bien que la succession du père ne se soit ouverte que depuis ce Code. — Arrêt de la Cour de Cassation, du 24 novembre 1830. — Sirey, tom. 31, 1re part. pag. 131.

tion ou confirmation d'une reconnaissance préexistante de l'enfant naturel. C'est ce qu'a également jugé l'arrêt du 24 novembre 1830, rapporté à la note, et encore à la note mise au commencement du chapitre premier du présent titre.

281. — L'art. 337 ne parle que de la reconnaissance volontaire, faite pendant le mariage. Doit-on appliquer sa disposition à la reconnaissance *forcée* sur la réclamation de l'enfant ? Oui, sans doute, si cet enfant prétend être le fruit du mariage. Mais dans le cas contraire, la demande en reconnaissance ne saurait être admise à cause de son immoralité, et des dangers qu'il y aurait de troubler la paix d'un ménage, surtout si l'action de l'enfant avait pour objet de réclamer pour mère la femme qui serait mariée à un autre homme que son père ; à moins qu'il ne se trouve dans les cas exprimés par l'art. 342.

On conçoit qu'il en serait différemment si la reconnaissance portait sur les enfants que les époux auraient eus avant leur mariage. Cette reconnaissance serait bien valable. Seulement, les enfants n'auraient que la qualité et les droits d'enfants naturels, pour n'avoir pas été reconnus avant le mariage de leurs père et mère, et n'avoir pas été par eux légitimés. C'est pour cela que l'article restreint sa disposition aux enfants que l'un des époux aurait eus avant son mariage d'un autre que de son conjoint.

Mais la reconnaissance faite volontairement par

l'un des époux pendant le mariage, produira son effet après la dissolution, s'il n'en reste pas d'enfant,
parce que dans ce cas, il n'existe plus de tiers intéressés à la contester.

282. — De ce que l'article ne parle que de la reconnaissance ainsi faite pendant le mariage, s'ensuit-
il, que si elle est faite après la dissolution du mariage, elle puisse nuire aux enfants légitimes, issus
de cette union?

M. Toullier, n° 959, dit que, puisque la loi ne parle
que de la reconnaissance faite pendant le mariage,
on ne peut l'appliquer à la reconnaissance faite après
la dissolution du mariage. *Qui dicit de uno negat de
altero.* Il ajoute que, puisqu'un mariage intermédiaire, dont il reste des enfants, n'empêche pas que
les enfants naturels, antérieurement nés, ne puissent être légitimés par le mariage de leur père, devenu veuf, avec leur mère, cet homme peut, à
plus forte raison, leur donner, en les reconnaissant,
les droits beaucoup moins étendus que la loi accorde aux enfants naturels; que c'est par ce motif,
sans doute, qu'on a retranché de l'art. 337, la disposition proposée par la Commision dans l'art. 31 du
projet du Code, qui ne permettait à l'époux, devenu
veuf, de reconnaître les enfants naturels qu'il avait
eus avant son mariage, que dans le cas où il ne resterait pas d'enfants issus du mariage.

Cependant, on se demande pourquoi l'art. 337 dit

que la reconnaissance pendant le mariage, ne peut
nuire aux enfants de ce mariage, et pourquoi elle ne
peut produire d'effet, que lorsqu'il n'existe pas d'enfants légitimes, lors de la dissolution de cette union.

Bien certainement, c'est l'intérêt qu'inspirent les
enfants légitimes, qui a dicté ces dispositions. Or,
comment cesseraient-ils de mériter cet intérêt, parce
que leur père aura attendu la mort de son épouse
pour reconnaître des enfants naturels qu'il aura eus
avant son mariage? Si la loi n'avait parlé que de
l'épouse, on pourrait croire que c'est uniquement
par respect pour sa qualité, qu'elle n'a pas voulu que
la reconnaissance fût utilement faite pendant sa vie ;
mais elle a dit aussi que cette reconnaissance ne
pourrait nuire aux enfants légitimes. Elle a dit plus.
Elle a ajouté que la reconnaissance ne pourrait produire d'effet qu'autant que, après la dissolution
du mariage, il ne resterait pas d'enfants légitimes.
Et pourquoi? Indubitablement, pour que leurs droits
ne pussent être amoindris par les enfants naturels de
leur père. Tel a dû nécessairement être son objet
moral. Or, on ne peut penser qu'elle a cessé d'avoir
cet objet en vue, pour le cas où la reconnaissance
des enfants naturels serait faite après la dissolution
du mariage.

On ne peut faire aucun rapprochement, tant soit
peu concluant, entre les enfants naturels et les enfants légitimés par mariage subséquent. Ceux-ci ont
pour eux un principe de droit, une expectative qui

peut, d'un moment à l'autre, se développer, se réaliser par le mariage de leurs père et mère. La sanctification du lien de leurs auteurs efface toutes les traces du vice de leur naissance. Ils sont considérés comme légitimes ; ils ont les mêmes droits que s'ils étaient nés du mariage : au lieu que les enfants naturels ne reçoivent leur existence civile, que de la seule et unique volonté du père, qui les reconnaît, quelquefois de son caprice, et il peut arriver aussi qu'ils ne la doivent qu'à sa méchanceté, à sa haine pour ses enfants légitimes, et non au sentiment de la nature, absolument étranger à sa véritable qualité. Disons tout : un père qui croira avoir des sujets de mécontentement contre ses enfants légitimes, ne peut-il pas supposer un enfant naturel, et le reconnaître ?

M. Toullier cite pourtant, à l'appui de son opinion, un arrêt du 3ᵉ prairial an 13, rendu par la Cour de *Pau*. Nous devons ajouter que le pourvoi contre cet arrêt a été rejeté par la Cour de Cassation, le 6 janvier 1808 (1). Les motifs de la Cour de *Pau* ne nous avaient pas plus convaincu, *que l'arrêtiste qui le rapporte.* Mais nous convenons avec bonne foi, et c'est toujours ce sentiment qui nous guide, que nous avons été frappé par les raisons de *M. Pons*, Substitut du Procureur-Général près la Cour suprême. Ces raisons, du moins les plus puis-

(1) Sirey, tom. 8, 1ʳᵉ part. pag. 86.

santes à notre avis (1), ne sont pourtant pas celles
dont la Cour de Cassation s'est servie. Voici les motifs qui ont basé son arrêt :

« Considérant que toute discussion sur l'esprit
·d'une loi est inutile, lorsque son texte est clair ; qu'il
est évident que l'art. 337 du Code ne parle que des
reconnaissances d'enfants naturels, *faites pendant le
mariage* ; que c'est uniquement ces reconnaissances
faites pendant le mariage, qui, dans les cas prévus
par l'art. 337, ne peuvent opérer d'effet, en faveur
des enfants naturels ; que la reconnaissance dont il
s'agit, n'a pas été faite pendant le mariage de *Léon-
François Picot*, mais bien après la mort de son é-
pouse, et par conséquent *après* la dissolution du mariage ; d'où il suit que l'art. 337 n'est pas *textuellement* applicable à l'espèce. » L'arrêt fut rendu *après
un délibéré, en la Chambre du Conseil.* Une autorité
semblable doit, sans doute, prévaloir sur notre opinion personnelle, déjà si faible, à côté de celle de
M. Toullier.

Nous nous rendrions sans hésiter à cet arrêt et à
cette opinion, si l'enfant naturel avait été conçu et
était né après la dissolution du mariage, parce qu'on
ne peut pas forcer un mari à conserver éternellement
le souvenir de l'union conjugale. Mais si l'enfant était
né avant cette union, quelle différence raisonnable

---

(1) Il disait que le père pouvait, après la dissolution du mariage, légitimer son enfant naturel, par son union avec la mère de cet enfant. Bien,
pour ce cas, mais si cette mère était morte à cette époque !......

pourrait-on faire entre la reconnaissance faite pendant le mariage, et celle faite postérieurement? Et s'il n'y en a aucune, pourquoi accorder à la seconde un effet qui est refusé à la première? En lisant les dernières expressions de l'arrêt, on s'aperçoit aisément que la Cour suprème, embarrassée par les motifs que nous venons de donner, et qui l'avaient avant nous frappée, et par les termes de la loi, a cru devoir s'en tenir à sa disposition *textuelle*, pour ne pas sans doute s'écarter du but de son institution. Alors, nos observations porteront sur la loi même, et tendront à provoquer, si elles sont trouvées judicieuses, ou une explication, ou une ampliation législative.

La Cour de Cassation qui, par cet arrêt, a dit que l'art. 337 était trop clair pour laisser concevoir le moindre doute sur sa disposition, a pourtant décidé, le 27 août 1811, que la reconnaissance faite par un époux *pendant le mariage*, d'un enfant qu'il a eu auparavant d'un autre que de son époux, a conféré néanmoins à cet enfant le droit de demander des aliments, même pendant la durée de l'union légitime (1). Il nous aurait semblé que c'é-

___

(1) Sirey, tom. 12, 1re part. pag. 13. — Cet arrêt a également jugé..... qu'une reconnaissance d'enfant naturel est valable, quoique provoquée et obtenue par importunité, pourvu qu'elle ne soit point le résultat du dol ou de la violence. Le sieur *Carayon* avait traité *Marie* comme sa fille naturelle ; il lui avait écrit plusieurs lettres qui le prouvaient. Le 1er mai 1809, il lui consentit un acte notarié, portant que : « Après avoir » vu et examiné trois lettres qui lui étaient présentées pour en faire l'a-» veu, il déclare que Marie *Carayon* est sa fille naturelle à laquelle il a fait en deux fois différentes *deux baisers et deux embrassades, dont elle a requis acte.*

tait *nuire* au conjoint, que c'était *nuire* aux enfants du mariage, que d'accorder un pareil droit à l'enfant ; car le fournissement des aliments doit nécessairement diminuer les revenus de celui que l'on veut y assujettir, et ce retranchement est par suite nuisible aux membres de la famille légitime. Cependant l'art. 337 ne veut pas qu'on leur *nuise*, sa disposition est *évidente* et *claire*.

CHAPITRE VII.

—

Les Père et Mère de l'enfant naturel reconnu peuvent-ils ensuite l'adopter?

—

SOMMAIRE.

283. — L'enfant naturel que ses père et mère n'ont point reconnu leur est absolument étranger aux yeux de la loi. Ils peuvent donc l'adopter; cela dérive du principe consacré par l'art. 340 du Code que la recherche de la paternité est interdite.

284. — Mais la question est bien autrement difficile et se trouve fortement controversée, si l'enfant naturel a été reconnu par celui ou ceux qui veulent l'adopter.

A Rome et pendant toute la durée de la République, jusqu'aux règnes de Justin et de Justinien, c'est-à-dire pendant plus de douze cents ans, on admit l'adoption des enfants naturels. L'empereur Anastase l'approuva par la loi 6 au Code de *natur. Liber.* Justin valida les adoptions antérieures et les interdit pour l'avenir, suivant la loi 7 au même titre. Justinien confirma cette interdiction par sa Novelle 89 ; mais il fit douter par sa Novelle 117 s'il ne revenait pas lui-même à la première opinion. C'est l'avis de Godefroy. C'est ce qui a fait dire à Pothier dans ses Pandectes, n° 22 : *Etiam filius naturalis adoptari potest.*

Mais il faut en convenir, la première idée qui se présente contre l'adoption de l'enfant naturel reconnu est que l'adoption est une fiction au moyen de laquelle un homme consent à traiter comme sien l'enfant d'une autre personne. Or, il n'y a plus de fiction si l'adopté est le véritable fils de l'adoptant. *Adoptio naturam imitatur.* Inst. 5 *de Adopt.*

D'un autre côté, l'art. 348 du Code civil, en disant que l'adopté restera *dans sa famille naturelle*, et y conservera tous ses droits, suppose nécessairement que l'adopté ne peut pas être l'enfant de l'adoptant.

En troisième lieu, l'art. 908 du même Code déclare que les enfants naturels ne pourront, par donations entre vifs, ou par testaments, rien recevoir au-delà de ce qui leur est accordé au titre des *Successions.* L'art. 911 dit encore que toute disposition au profit d'un incapable sera nulle, soit qu'on la déguise sous la forme d'un contrat onéreux, soit qu'on la fasse sous le nom d'une personne interposée.

Or, l'adoption ne serait-elle pas un moyen indirect de donner à l'enfant naturel reconnu plus qu'il ne lui est accordé par la loi ?

En quatrième lieu, enfin, dans la séance du Con-

seil-d'Etat du 27 brumaire an 11 , les adversaires du
système général de l'adoption , ayant dit qu'il aurait
l'inconvénient de couvrir les avantages qu'un père
voudrait faire à ses enfants naturels, M. Treillhard leur
répondit que l'inconvénient n'était pas réel. En effet,
dit-il, *si les enfants naturels sont reconnus, ils ne peuvent être adoptés.*

Telles sont les principales raisons sur lesquelles se
fonde *M. Chabot de l'Allier* pour rejeter l'adoption
des enfants naturels reconnus.

285. — *M. Toullier*, tom. 2 , pag. 260 et 261 ,
est du même avis. Il convient cependant que la Jurisprudence a tellement varié sur ce point qu'elle paraissait se fixer même en faveur de cette adoption *sur la foi
de certains procès-verbaux obscurs cités par M. Locré*,
Secrétaire du Conseil-d'Etat, lorsque le Code civil y
fut discuté, tom. 5, pag. 418 et suiv., édit. in-8°.
Mais enfin, dit-il, l'adoption des enfants par leurs
pères ou mères naturels étant aussi contraires aux
principes de l'adoption qu'à la morale , et aux dispositions bien entendues du Code, a été rejetée et proscrite par l'arrêt de la Cour de Cassation du 14 novembre 1815, et surtout les conclusions que donna
M. Merlin à cette occasion.

Nous nous permettrons d'observer que *M. Toullier*
se trompe lorsqu'il dit que *M. Merlin* donna des conclusions lors de cet arrêt. Ce fut M. le Procureur-Gé-

néral *Mourre*, suivant la relation de *M. Sirey*, tom. 16, 1re part. , pag. 45 et suiv. (1).

Ensuite nous ne voyons pas que cet arrêt ait du tout jugé la question en droit.

En deux mots, voici l'espèce :

Le 9 mars 1806, *Louis-Bernard*, célibataire, âgé de cinquante-neuf ans, déclare, devant l'Officier de l'Etat civil, qu'il se reconnaît père de l'enfant naturel né le 5 août 1779, enregistré le 6 sous le nom de *Victor - Benjamin* comme fils naturel de demoiselle *Charlotte*.

1er septembre 1812, adoption par *Louis-Bernard* de cet enfant naturel , dressée par le Juge-de-Paix.

---

(1) M. Merlin dit lui-même, dans son Répertoire, 5e édit., tom 1, *verbo Adoption*, pag. 189 : « Je n'étais plus au Parquet de la Cour de Cassation, le 14 novembre 1815 ; et j'avoue que si j'avais eu à donner un avis sur le fond de l'affaire jugée ce jour-là, il aurait été contre l'adoption. » Cependant il convient que, dans la 3e édit. de son Ouvrage, il avait regardé comme constante la faculté d'adopter son enfant naturel reconnu. M. Toullier avait partagé cette opinion dans sa 1re édit. , liv. 1, tit. 8, n° 988. Mais il l'a abandonnée dans sa deuxième. D'un autre côté, M. Merlin, Loc. cit., reconnaît que M. Toullier a tort de dire que la question contre l'adoption a été jugée par l'arrêt de 1815, puisque cet arrêt déclare au contraire formellement *qu'il est inutile de s'occuper de la question élevée*. Enfin, répondant à M. Mourre, M. Merlin ajoute qu'il n'aurait pas dit comme lui, que la séance du Conseil-d'Etat du 14 frimaire an 10 n'était qu'une *petite séance*, en ce qu'il n'y figurait que quatre noms, MM. Marmont, Berlier, Emmery et Regnaud de Saint-Jean-d'Angely. En effet, dit-il, de ce que quatre membres du Conseil-d'Etat seulement ont parlé à cette séance sur la question, il ne s'ensuit pas que cette séance fût moins nombreuse que les autres ; mais il aurait dit que ce qui s'était passé à cette séance, n'ayant reçu aucune publicité, le Corps législatif n'avait pu voir le titre de l'adoption qui lui avait été présenté que tel qu'il était conçu. *Vid. infr.* ce que dit à ce sujet M. le Procureur-Général Dupin.

Le 8 du même mois, l'adoption est admise par le Tribunal civil de *Privas*.

30 octobre suivant, arrêt de la Cour de Nîmes qui rejette l'adoption.

Pourvoi en Cassation.

Arrêt du 14 novembre 1815 dont voici les motifs :

« Attendu que le demandeur ne propose aucun moyen tendant à prouver que *les formes* établies par la loi aient été violées dans l'espèce ;

» Attendu, au fond, qu'en matière d'adoption la loi défend aux Tribunaux et aux Cours de motiver leurs jugements et leurs arrêts ;

» Attendu que, lorsqu'une Cour déclare n'y avoir lieu à adoption, elle peut être déterminée par les circonstances particulières que l'art. 355 du Code civil autorise à abandonner à la conscience des Juges ; qu'ainsi des arrêts portant refus d'adoption, dont l'on ne peut connaître les motifs, ne peuvent, quant au fond, former l'objet d'un pourvoi en Cassation ; *d'où la conséquence qu'il est inutile de s'occuper de la question élevée par le demandeur.* »

Nous avions donc raison de dire que cette question n'avait pas été jugée, ni même examinée par la Cour suprême. On vient de s'en convaincre.

286. — Restent donc les conclusions de M. le Procureur-Général *Mourre*, lesquelles, nous en convenons, sont tout-à-fait prononcées contre l'adoption de l'enfant naturel reconnu. Parmi les autorités que rap-

porte ce savant Magistrat, on remarque celle-ci :
« Deux Conseillers-d'Etat, dit-il, *MM. Treillhard* et
Joubert m'ont souvent dit : *Soutenez, soutenez cette
opinion, elle finira par triompher dans tous les Tribunaux.*

287. — *M. Loiseau* avait pourtant dit, avant, que
la Jurisprudence était fixée en faveur de l'adoption de
l'enfant naturel reconnu. Il se fondait sur l'arrêt de
la Cour de Cassation, du 24 novembre 1806, rendu
dans la cause de Gaspard-Dubois, enfant naturel reconnu et adopté par le Notaire *Adrien-Dufay*, quoique
la reconnaissance et l'adoption eussent eu lieu avant
le Code civil. *M. Loiseau* ajoute, pag. 362, que,
« plusieurs Conseillers de la section des requêtes, no-
» tamment M. le rapporteur, l'ont assuré, que s'agis-
» sant d'une adoption antérieure au Code, la Cour
» n'avait pas cru devoir faire abstraction de la loi
» transitoire, pour apprécier cette adoption d'après
» les dispositions du Code ; que la grande majorité
» partageait l'opinion de *M. Locré*, et que la Cour
» aurait consacré cette opinion, si elle avait eu à pro-
» noncer sur une adoption postérieure au Code. »

288. — Jusque-là, le doute existe donc toujours
sur cette importante question ; car, encore une fois,
l'arrêt du 14 novembre 1815 ne l'a pas levé. On doit
être d'autant plus frappé de la réserve de la Cour de
Cassation à ce sujet, que, dans ses conclusions, M. le

Procureur-Général *Mourre* avait formellement sollicité
de sa part une déclaration au moins indirecte du principe qu'il avait proclamé. « Cette audience, dit-il, en
» finissant, serait à jamais mémorable, si la Cour pou-
» vait placer, du moins incidemment, ou hypothéti-
» quement, dans ses motifs, la déclaration des princi-
» pes dont elle est animée. Peut-être croira-t-elle ne
» devoir point s'expliquer sur la question dont il
» s'agit; son silence nous laisserait de grands regrets. »

289. — Cette question est encore à présent d'autant
plus controversée, que nous avons vu deux Cours royales la décider en faveur de l'enfant naturel reconnu ; la
première (c'est la Cour de *Douai*) par arrêt du 13 février
1824 ; la seconde (c'est la Cour d'*Angers*), par arrêt
du 29 juin de la même année (1). Le même jour, la
Cour de Douai rendit un arrêt semblable en admettant l'adoption faite par la dame *Chevalier* de son fils
naturel reconnu. On trouve, à l'endroit indiqué, une
foule d'autres arrêts rendus tant par cette Cour que
par diverses autres, telles que celles de *Bruxelles*, de
Caen et de *Grenoble*. Cette dernière Cour a rendu un
second arrêt semblable, le 10 mars 1825, en faveur
d'*Anne Cotte* veuve *Coquet*, en validant l'adoption que
cette femme avait faite de son enfant naturel, le 21
janvier précédent (2). La Cour de Bordeaux a rendu

(1) Sirey, tom. 24, 2e part. pag. 205 et 2:3.
(2) Sirey, tom. 26, 2e part. pag. 29.

un arrêt le 1er février 1826, par lequel elle a déclaré qu'il y avait lieu à l'adoption faite par le sieur Jean-Baptiste *Maraval*, Jurisconsulte à Sarlat, de Philopemène – Traséat-Valmir-Malaval , son enfant naturel qu'il avait eu de son commerce avec demoiselle Anne *Lamy*, aujourd'hui épouse *Jussière* (1). Plus récemment encore, la Cour de *Poitiers*, par arrêt du 17 mai 1828, en réformant un jugement du Tribunal de première instance rendu contre les conclusions du Ministère public, a déclaré qu'il y avait lieu à adoption de l'enfant naturel que le sieur N... avait précédemment reconnu (2).

290. — Le procès-verbal de la discussion qui eut lieu au Conseil-d'Etat en l'an 10, et sur lequel est basée l'opinion de *M. Locré*, ne fut pas inséré, il est vrai, dans le Recueil officiel ; mais *M. Locré* affirme que la discussion eut lieu telle qu'il la rapporte ; il faut l'en croire ; il était Secrétaire du Conseil-d'Etat, et personne ne peut savoir aussi bien que lui ce qui s'est passé. Voyons donc comment s'établit cette discussion. L'article suivant fut présenté :

« Si l'enfant n'a pas de parents connus, le Juge-
» de-Paix convoquera quatre voisins et amis, lesquels
» lui éliront un tuteur spécial, à l'effet de consentir à
» l'adoption. »

(1) Sirey, tom. 26, 2e part. pag. 244.
(2) Sirey, tom. 28, 2e part. pag. 214.

« M. Tronchet attaque cet article comme favorisant l'adoption des bâtards. »

« Le premier Consul répond aux observations de M. Tronchet ; et sur l'objection qu'il faut craindre de faciliter l'adoption des bâtards, il ajoute :

« Il serait au contraire heureux que l'injustice de l'homme qui, par ses déréglements, a fait naître un enfant dans la honte, pût être réparée, sans que les mœurs fussent blessées.

» Sur la réplique de *M. Tronchet*, le premier Consul dit encore, qu'il pense aussi que donner aux bâtards la capacité de succéder, ce serait offenser les mœurs, mais que les mœurs ne sont plus outragées, si cette capacité leur est rendue indirectement par l'adoption.

» *M. Réal* rappelle à l'appui de ce que vient de dire le premier Consul, que dans une discussion précédente, le Conseil a été plus sévère sur les reconnaissances d'enfants dans la supposition que le préjudice que les dispositions sur cette matière pourraient causer aux enfants naturels, *serait réparé par l'adoption*.

» Le Ministre de la Justice partage cet avis. *M. Cretet* le combat.

» *M. Tronchet* fait de nouvelles observations ; le premier Consul dit que *M. Cretet* va trop loin.

» *M. Béranger* dit que c'est dans l'intérêt de la morale qu'il approuve l'adoption des bâtards et des enfants dont l'origine est inconnue.

» *MM. Portalis* et *Cambacérès* font aussi des observations.

» L'article est adopté. »

Voilà, certes, dit-on, une discussion véritable, et qui ne ressemble pas à une simple conversation. On ne peut pas dire non plus que la séance à laquelle elle a eu lieu, ne soit qu'une *petite séance*, comme le prétendait M. le Procureur-Général Mourre. L'intention de permettre l'adoption des enfants naturels reconnus, perce et se montre clairement au milieu de cette discussion.

On sait, au surplus, ajoute-t-on, que si l'article proposé, et même adopté, ne s'est pas trouvé dans le Code, c'est parce qu'il a été décidé postérieurement que l'adoption ne pourrait avoir lieu qu'à la majorité de l'adopté, ce qui rendait l'article inutile et sans objet.

291. — Mais voyons ce qui s'est passé à la séance du 14 du même mois de floréal an 10 (finissent par dire les partisans de l'adoption des enfants naturels reconnus), sur la proposition formelle de prohiber l'adoption de ces enfants.

La discussion précédente avait eu lieu le 6, c'est-à-dire, huit jours auparavant. (C'est toujours *M. Locré* que nous transcrivons.)

Le 14 du même mois, la section de Législation, présente l'article suivant :

Celui qui a reconnu dans les formes prescrites par

la loi, un enfant né hors le mariage, ne peut l'adopter, ni lui faire conférer d'autres droits, que ceux
qui résultent de cette reconnaissance. Mais hors ce
cas, il ne serait admis aucune action tendante à prouver que l'enfant naturel adopté est l'enfant naturel
de l'adoptant.

Ce fut cet article même, ajoute *M. Locré*, qui donna
occasion d'examiner si les prohibitions de succéder
et de recevoir au-delà d'une certaine mesure, prononcées contre les enfants naturels, ne devaient pas cesser dans le cas de l'adoption.

Voici le procès-verbal du Conseil :

« L'article est soumis à la discussion. *M. Marmont*
dit que cette disposition peut compromettre l'état des
enfants naturels ; il pourrait arriver, en effet, que
pour se ménager la faculté de les adopter, leur père
différât de les reconnaître, et que cependant il mou-
rût sans les avoir adoptés ni reconnus.

» *M. Berlier* convient que l'article est trop sévère.
Le motif qui l'a fait adopter à la section, a été la crainte
de contredire le projet de la loi, qui ne donne aux
enfants naturels reconnus, qu'une créance sur les
biens de leur père.

» *M. Emmery* observe que la créance est le droit
commun, et l'adoption le cas particulier.

» Il demande la suppression de l'article.

» *M. Reynaud de Saint-Jean-d'Angely* dit que la
disposition rappelée par *M. Berlier* n'a pour objet
que de détruire la Législation antérieure qui donnait

aux enfants illégitimes, des droits beaucoup plus
étendus qu'une simple créance.

» L'article est supprimé. »

Une décision aussi positive, ajoute *M. Locré*, et
sur laquelle on n'est pas revenu, ne permet pas de
réplique.

292. — Et nous aussi, nous dirons que ces preuves
et ces raisonnements sont bien forts à côté surtout
du silence de la loi sur la question soulevée. Si nous
pouvions être admis à donner notre opinion personnelle, voici comment nous l'exprimerions :

La morale, l'intérêt bien entendu de la société,
veulent que l'on ne puisse pas adopter un enfant naturel reconnu. On n'acquiert pas ce que l'on possède
déjà. D'ailleurs une pareille adoption est le tombeau
du mariage ; car qui se souciera d'avoir des enfants
légitimes, si l'on peut légitimer, par l'adoption, les
enfants du libertinage ? Mais nous sommes retenu
par une vérité affligeante ; aucun texte de la loi
ne défend cette sorte d'adoption : pouvons-nous nous
ériger en Législateur ? Le remède serait pire que le
mal. Où pourrait, en effet, s'arrêter l'abus de créer
sous le prétexte d'interpréter ? Attendons, désirons,
provoquons même de tous nos vœux un complément
de Législation sur cette matière. Mais gardons-nous
de supposer ce qui n'existe pas. La confusion et
l'usurpation des pouvoirs sont peut-être la source
de tous les maux qu'a enfantés notre révolution.

293. — On n'a pas fait assez attention que l'adoption introduite par notre Code, n'a presque rien de
commun que le nom avec l'ancienne adoption des Romains, comme l'observe fort exactement *M. Toullier* (1).

En effet, le principal effet de l'adoption chez les
Romains, était de faire passer l'adopté dans la famille de l'adoptant, et de conférer à celui-ci tous
les droits de la puissance paternelle, sur la personne
et sur les biens de l'adopté. Tandis que, suivant l'art.
348 du Code, l'adopté reste dans sa famille naturelle. Il y conserve tous ses droits, il demeure sous
la puissance de ses père et mère naturels, sans passer sous la puissance, ni dans la famille de l'adoptant
aux parents duquel il ne peut jamais succéder.

La loi du 18 août 1792 décréta en principe l'a-
doption, mais sans en déterminer, ni la nature, ni
la forme, ni les effets ; ces points n'ont été réglés que
par le Code civil. Au moment de sa promulgation, la
loi transitoire du 25 germinal an 11 valida toutes
les adoptions antérieures, ou du moins défendit de

---

(1) L'adoption, dans sa pureté native, rappelle l'idée des plus généreux
sentiments. *Eudamidas,* de Corinthe, était au lit de la mort, et laissait
sa mère et sa fille dans l'indigence. Il se souvint qu'il avait deux amis,
Arethus et *Carixène ;* il fit son testament, dans lequel il légua à *Arethus*
le soin de nourrir sa mère, et à *Carixène* celui d'adopter sa fille, et de
la doter quand elle se marierait, et au cas que l'un d'eux vînt à mourir,
il chargeait le survivant de remplir les obligations de celui qui prédécé-
derait. Ces dispositions furent religieusement exécutées. La mère d'*Eudamidas* fut nourrie et entretenue par *Arethus,* et sa fille, adoptée par
Carixène, reçut de lui une dot égale à celle de sa propre fille... Qu'elles
étaient nobles et touchantes les mœurs de ce peuple et de ce temps !.....

les attaquer, sous prétexte de l'inobservation des formes. Quatre arrêts de cassation, des 24 novembre
1806, 24 juillet et 12 novembre 1811, et 9 février
1824, ont en conséquence validé autant d'adoptions
faites antérieurement à la promulgation du Code civil, en faveur d'enfants naturels reconnus.

Notre adoption ressemble entièrement à celle qui
fut admise par le Code *prussien*, en 1791, promul-
gué en 1794. Enfin, chez les Romains, l'adopté pre-
nait le nom de l'adoptant, en quittant le sien. Il
éprouvait un changement dans son état. Tandis que,
d'après l'art. 347 du Code, il conserve son nom, et
y ajoute celui de l'adoptant. Ces différences pourraient bien donner la raison pour laquelle notre Code
n'a pas voulu défendre l'adoption d'un enfant naturel reconnu ; il semblerait, en effet, que l'adoption,
telle que nous l'avons admise, n'est autre chose
qu'une espèce particulière de légitimation hors mariage. D'après cela, on concevrait qu'un enfant naturel reconnu pourrait fort bien être ainsi *légitimé*. Mais
cette innovation, s'il est vrai qu'elle ait été dans l'intention du Législateur, choque à la fois les règles de
notre Droit civil, qui n'a décrété que la légitimation
par mariage, et les principes de la morale. Nous ne
saurions trop signaler surtout ce dernier vice.

294. — Nous dirons, enfin, que la question que
nous venons d'agiter, a d'autant moins été
décidée dans le sens de *M. Toullier*, par l'arrêt

du 14 novembre 1815, que d'un côté nous avons prouvé que cet arrêt ne l'a pas examinée au fond, et que de l'autre la Cour suprême l'avait décidée en sens inverse, par le premier arrêt que nous rappelons plus bas, du 24 juillet 1811, dans l'affaire de *Camp*. Ajoutons que cet arrêt fut rendu sous la présidence de M. le baron *Mourre*.

Il est vrai que, revenant sur sa première Jurisprudence, la Cour de *Pau* a rendu un arrêt le 1er mai 1826 (1), par lequel elle a décidé que, sous le Code civil, on ne peut adopter son enfant naturel reconnu. M. Sirey a annoté cet arrêt d'observations, que beaucoup de Jurisconsultes trouveront sans doute très judicieuses. Pour nous, qui nous sommes suffisamment expliqué sur la moralité de la question, nous n'admettrons des observations critiques de M. Sirey que la dernière, par laquelle il dit que la prohibition de l'adoption de l'enfant naturel reconnu n'étant pas *écrite* dans le Code, les Tribunaux ne sont pas autorisés à la prononcer.

Une foule d'autres arrêts de Cours royales, sont depuis intervenus, qui ont consacré le principe de l'adoption des enfants naturels reconnus. Nous citerons entre autres, celui rendu par la Cour de Lyon, le 6 février 1833, à cause d'un autre principe également consacré par cette Cour. Marie Rosset, mère de deux enfants naturels qu'elle avait reconnus, avait

(1) Sirey, tom. 27, 2e part. pag. 116.

voulu les adopter de concert avec son mari. Mais un
premier jugement du 26 juin 1830 rejeta leur demande. Ce jugement ne fut pas soumis à la Cour
royale. En 1831, ils revinrent à la charge. Leur nouvelle tentative fut déclarée non-recevable par l'exception prise de la chose jugée. La Cour de Lyon a
réformé ce jugement, sur le motif que la première
procédure était restée imparfaite, et devait être répu-
tée comme non-avenue, pour n'avoir pas suivi le con-
trôle et la sanction des Juges supérieurs ; que, dès
lors il n'y avait point chose légalement jugée. Au
fond, elle a admis l'adoption des deux enfants naturels. Cet arrêt nous paraît bien rendu sur les deux
questions (1).

La question a été nettement posée, et a été jugée
in terminis par la Cour royale de Riom, le 14 mai
1838 (2), en faveur de l'enfant naturel reconnu de
la demoiselle Boirot, contre les héritiers légitimes de
l'adoptante. Il faut voir les nombreux et solides
motifs de cet arrêt. Un pourvoi fut formé par les
héritiers, et il fut admis par la chambre des requêtes
de la Cour de Cassation, le 25 juillet 1839, sur les
conclusions conformes de *M. Gillou*, alors Avocat-
Général, qui depuis a passé Conseiller. Mais la cause
portée devant la Chambre civile, la question a été
traitée par M. Dupin aîné, Procureur-Général, avec

(1) Sirey, tom. 33, 2e part. pag. 214.
(2) *Journal du Palais,* tom 1er, de 1838, pag. 584. — Sirey, tom. 38
2, 246.

cette profondeur de science, cette élévation d'idées dont il donne tant de preuves, toutes les fois qu'il est appelé à se prononcer sur des matières sociales et d'ordre public. Aussi la Cour suprême, en adoptant ses conclusions, après un délibéré à la Chambre du Conseil, a-t-elle rejeté le pourvoi formé contre l'arrêt de la Cour de Riom, par un autre arrêt du 28 avril 1841 (1). C'est la première fois qu'elle s'est prononcée sur cette question importante. Voici les motifs qui l'ont déterminée :

« Attendu que le Code civil contient un chapitre spécial, qui établit les conditions, les formes et les effets de l'adoption ; que, ni dans ce chapitre, ni dans aucune partie du Code civil, il n'existe de disposition textuelle et formelle, qui prohibe l'adoption, par leurs père et mère, des enfants naturels reconnus ; que, dans l'absence de disposition expresse, on ne peut prononcer l'incapacité des enfants naturels reconnus, qu'autant que leur incapacité résulterait virtuellement et par des conséquences rigoureuses et nécessaires, soit des conditions de l'adoption, soit des limites imposées par la loi aux effets de la reconnaissance des enfants naturels ;

» Attendu qu'en considérant l'adoption comme l'institution d'une paternité fictive, le bénéfice de cette institution semblerait ne pouvoir appartenir au père de l'enfant naturel ; mais que d'une part l'art.

(1) Sirey, tom. 41, 1, 273.

313 du Code civil, n'interdit la faculté de l'adoption qu'à ceux qui ont des enfants et des descendants *légitimes*, et que d'autre part, on ne peut méconnaître que sous le rapport de la filiation et de ses effets, il existe une différence immense entre l'état de l'enfant naturel reconnu, et l'état que confère l'adoption ;

» Que par la reconnaissance le père naturel n'obtient ni pour son enfant, ni pour lui-même, les avantages de la filiation légale que crée l'adoption ;

» Qu'ainsi le motif d'une paternité pré-existante, qui a fait exclure le père légitime de la faculté de l'adoption, ne peut recevoir une extension d'application au père naturel ;

» Attendu, en ce qui concerne les conditions établies par les art. 346, 347 et 348 du Code civil, relativement au consentement des père et mère de l'adopté, à son nom et à son maintien, dans sa famille naturelle, que ces diverses conditions sont établies par la loi d'une manière générale, et que du fait que les deux premiers existent déjà pour l'enfant naturel reconnu, et que le troisième est sans application à son égard, il est impossible d'induire la conclusion exorbitante, que la loi l'a frappé d'incapacité ;

» Attendu que la légitimation et l'adoption ont des règles et des effets essentiellement distincts ;

» Que, séparés dans leurs conditions et dans

leurs conséquences, ces deux institutions ne peuvent exercer, l'une à l'égard de l'autre, une influence qui ait dû exciter la sollicitude de la loi ;

» Qu'au surplus la forme de procéder pour l'admission de l'adoption, assure à la société et aux familles les garanties nécessaires, et qu'en investissant les Magistrats d'un pouvoir discrétionnaire, qui couvre l'indépendance de leurs motifs, d'un silence obligé, la loi a pleinement satisfait à tous les intérêts moraux et d'ordre public ;

» Attendu, en ce qui concerne la successibilité, que l'adoption constitue entre l'adoptant et l'adopté un état dont les effets relatifs à la transmission des biens sont spécialement réglés par le chapitre du Code civil, sur l'adoption ;

» Que c'est dans ce chapitre et non dans les dispositions générales sur les successions que devrait se trouver exprimée l'incapacité des enfants naturels reconnus, s'il eût été dans la volonté de la loi de la prononcer ;

» Que les art. 756, 757 et 758, qui refusent aux enfants naturels reconnus la qualité d'héritiers, l'art. 338, qui leur interdit de réclamer les droits des enfants légitimes, et l'art. 908, qui ne leur permet de rien recevoir au-delà du simple droit qui leur est attribué, ne disposent sur la transmission des biens respectivement à eux qu'en les considérant dans leur état d'enfants naturels reconnus ;

» Que ces dispositions générales deviennent inap-

plicables lorsque l'adoption, opérant un changement
d'état, fait entrer l'enfant naturel reconnu sous le
régime d'une Législation différente et spéciale ; que
ce changement d'état n'étant pas textuellement
prohibé par la loi, on ne peut induire cette prohibition,
de ce que, dans l'état antérieur à l'adoption, l'enfant
naturel était frappé, sous le rapport successif, d'une
incapacité que ne comporte plus le changement de
son état ;

» Attendu que, de l'ensemble des motifs qui viennent d'être développés, il résulte que l'incapacité
qu'on oppose aux enfants naturels reconnus, n'existe
ni dans la lettre de la loi, ni dans le sens virtuel de
ses prescriptions ; que la généralité des dispositions
du Code civil sur l'admissibilité au bénéfice de l'a-
doption, l'absence de toute exception à l'égard des
enfants naturels reconnus, l'impossibilité de fonder
juridiquement l'incapacité sur des inductions assez
rigoureuses et assez formelles, pour équipoller nécessairement à une prohibition expresse, ne permettent pas de placer les enfants naturels reconnus hors
du Droit commun relativement à l'adoption ; qu'en
le jugeant ainsi, la Cour royale de Riom n'a point
violé les articles du Code civil, invoqués par le demandeur en Cassation, et qu'au contraire elle en a fait
une juste application (1). »

(1) Dans ses conclusions, M. le Procureur-Général a dit :
« Je puis, Messieurs, rassurer pleinement vos esprits sur cette inva-
sion présumée de l'adoption aux dépens du mariage. Je n'ai pas eu le

Un fait intéressant à noter ici, c'est celui que nous apprend M. Dupin. Napoléon, alors premier Consul, défendit chaudement l'adoption des enfants naturels. Il avait dans cette prédilection pour l'adoption une arrière-pensée politique, et c'est dans la crainte que cette pensée ne perçât avant le temps, que tous les procès-verbaux relatifs à cette partie du Code ne furent pas d'abord imprimés. C'est même pour dissimuler le motif de cette réserve que les procès-verbaux de plusieurs autres séances, au nombre de 21, ne furent pas non plus imprimés dans le temps, mais l'ont été depuis. Leur authenticité ne saurait être douteuse, ajoute M. Dupin ; les Avocats des parties

temps de rassembler les éléments d'une statistique générale pour toute la France ; mais voici le résultat pour Paris. D'après le rapport fait le 8 octobre 1838, sur les enfants trouvés, au conseil-général des hospices de Paris (dont j'ai l'honneur d'être membre), il y a eu à Paris, depuis 1816 jusqu'en 1837, c'est-à-dire, dans une période de vingt ans, 49.232 enfants naturels reconnus, et 164.737 non reconnus ; — total, 213.969.

» Le relevé officiel des adoptions admises par la Cour royale de Paris, depuis l'année 1837 jusqu'en 1841, offre le résultat suivant :

1837,	15 adoptions, dont	6	enfants naturels reconnus :
1838,	16 adoptions, dont	8	id.
1839,	16 adoptions, dont	14	id.
1840,	23 adoptions, dont	9	id.
Total,	70 adoptions, dont	37	d'enfants naturels reconnus, pour 4 ans.

» Or, en multipliant ces 37 adoptions par 5, on obtient le chiffre total 185 pour vingt ans ; c'est donc 185 adoptions sur 49.232 enfants naturels reconnus.

» Maintenant, si l'on veut comparer le nombre des adoptions d'enfants naturels reconnus, avec le nombre des légitimations opérées par mariage subséquent, nous voyons, par le tableau ci-dessus, qu'en 1840, le nombre de ces adoptions s'est réduit à neuf, et l'*Annuaire des Longitudes* nous atteste que, dans cette même année, le nombre des légitimations opérées par mariage subséquent a été de 1.142. Vous voyez donc que le mal n'est pas contagieux. »

ont été aux archives vérifier contradictoirement l'exactitude du texte qu'a publié M. Locré. Voilà qui répond victorieusement à ce que dit M. Toullier de *certains procès-verbaux obscurs*, dont il repousse l'existence authentique.

Il est vrai que la Cour royale d'Angers a jugé, le 21 août 1839 (1), qu'un père ne peut adopter son enfant naturel reconnu. Mais les motifs de cette décision ne présentent rien de neuf. Ils sont victorieusement repoussés par les raisons que l'on trouvait déjà dans M. Locré. Ce qu'il y a de particulier dans cet arrêt, c'est qu'il a été rendu par la même Cour, qui avait admis l'adoption qu'elle s'est déterminée à annuler plus tard sur la demande des héritiers de l'adoptant. Le premier arrêt qui avait admis l'adoption faite de Pierre *Thoreau* par son père, avait été rendu le 29 juin 1824, contre les conclusions de M. l'Avocat-Général, *prévost de la chevaullière*, et le second a été rendu conformément aux conclusions de *M. Piou*, Avocat-Général. Ainsi l'on peut bien dire que la Cour d'Angers s'est trompée une fois sur cette question.

Les motifs donnés par la Cour de Cassation, dans l'arrêt ci-dessus cité, ramèneront vraisemblablement les Cours royales qui jusqu'à présent avaient repoussé la théorie de l'adoption des enfants naturels reconnus. Déjà la Cour royale de Bourges a donné

(1) *Journal du Palais*, tom. 2, de 1839.

l'exemple par son arrêt du 2 mars 1842 (1), en in-
firmant un jugement du Tribunal de première instance qui avait déclaré n'y avoir lieu à l'adoption de
la dame *Marie B*..... fille naturelle de la demoiselle
A. L........ et par elle précédemment reconnue., Entre autres motifs donnés à la Cour et par elle accueillis, on est frappé de celui-ci : que l'art. 343 du
Code civil ne défend l'adoption qu'à ceux qui ont
des enfants légitimes ; d'où il suit qu'elle est permise
à ceux qui ont des enfants naturels.

« C'est au nom de la morale, a-t-on dit, que la
Cour de Cassation a proposé l'adoption, et que Napoléon, au Conseil-d'Etat, a soutenu qu'elle devait
s'étendre aux enfants naturels. Sans doute, la légitimation est plus désirable que l'adoption. Mais il y a
des cas où la légitimation est impossible, par exemple,
lorsque le père est mort. L'adoption devient alors le
seul moyen par lequel la mère puisse réparer le vice
de la naissance de son enfant, vice qu'elle doit s'imputer à elle seule, puisqu'elle seule est coupable. Les
familles étant le fondement de la société, il est de
l'intérêt social et moral que tous les individus, autant que possible, se rattachent à une famille. Or,
l'adoption est le seul moyen qui puisse donner une
famille à l'enfant naturel, lorsqu'il a perdu son père
ou sa mère (2). »

(1) *Bulletin judiciaire du journal* LA PRESSE, du 9 mars 1842.
(2) Mémoire remis à la Chambre du Conseil de la Cour royale de
Bourges, par *M. Guillot*, Avocat de la dame Marie B......

295. — Mais l'arrêt de la Cour d'Angers, du 21 août 1839, a jugé affirmativement une question fort délicate, selon nous, sur laquelle au surplus aucune discussion ne s'est établie, à savoir si les héritiers de l'adoptant sont recevables à attaquer comme nulle, au fond, l'adoption déjà admise par un jugement et un arrêt confirmatif.

Suivant l'opinion de M. le Procureur-Général Dupin, émise lors de l'arrêt de la Cour de Cassation, du 28 avril 1841, que nous avons rapporté plus haut, il faudrait dire que les héritiers collatéraux de l'adoptant sont non-recevables à attaquer l'adoption au fond, qu'ils ne le peuvent que pour vices extrinsèques ; que du moins, s'ils sont recevables, ils doivent, sous peine de déchéance, former leur réclamations dans les trois mois qui suivent l'arrêt d'admission, dans lequel délai l'adoption doit être inscrite sur les registres de l'Etat civil, aux termes des art. 358 et 359 du Code civil. M. Dupin fonde la première partie de son opinion sur ce grave motif, que l'adoption est autre chose qu'un contrat, autre chose qu'un jugement ; c'est un acte de l'autorité souveraine. L'intervention de la Cour royale n'est point facultative comme dans les causes ordinaires, elle est forcée. La Cour prononce à huis-clos sans être obligée de motiver son arrêt. L'adoption par sa nature ne saurait être un droit éphémère et réformable. C'est un acte solennel, c'est un acte perpétuel dont on peut dire aussi parmi nous, comme chez les Romains, qu'il n'admet ni terme, ni condition. Conçoit-on, en effet, une adoption qui ne serait faite que pour un temps donné ou qui serait contractée sous une condition suspensive ou résolutoire? « Qu'est-ce que l'adoption, si elle peut être révoquée? » s'écriait Napoléon au sein du Conseil-d'Etat (1) : Ainsi, elle ne peut être révoquée ni par survenance d'enfants, même légitimes, ni pour cause d'ingratitude, ni par consentement mutuel. Comment donc, ajoute M. Dupin, pourrait-elle l'être sur l'action des tiers, à toute époque, indéfiniment? Dans la discussion du projet, M. De Malleville s'en effraya. Il dit que le mode de procéder en secret ne permettait pas aux parents de l'adoptant de faire valoir leurs réclamations. M. Berlier répondit que ce n'était pas ici un droit de collatéraux, et que la question ne pouvait s'élever par rapport aux enfants, puisque l'adoption n'est permise qu'à ceux qui n'en ont pas. Ne suit-il pas de là qu'on n'entendait pas admettre de recours en nullité de la part des collatéraux?

M. Dupin incline donc à penser que tout au plus ces parents ne doivent être admis à quereller l'adoption que dans les cas suivants : 1° s'il était articulé et prouvé que l'adoptant était en démence au jour de l'adoption, ou bien que l'on a usé de violence envers lui ; 2° s'il était prouvé que l'adoption n'a été admise qu'à l'aide de pièces fausses ; 3° si la Cour qui a rendu l'arrêt d'admission n'était pas celle du domicile

_____
(1) Séance du 4 nivôse an 10.

de l'adoptant ; 4° si elle n'était pas composée du nombre de Juges exigé par la loi; 5° si l'arrêt n'avait pas été prononcé en audience publique, ni suivi d'affiches, etc., etc.

Il est à regretter que la Cour de Cassation n'ait pas cru devoir examiner le mérite de cette fin de non-recevoir ; elle ne l'a pas même visée, bien qu'elle eût été opposée par la fille adoptée et sérieusement discutée par M. le Procureur-Général. Elle avait hâte sans doute de rendre son arrêt sur le fond de la question pour faire cesser la diversité de Jurisprudence des Cours royales.

Quant à nous, nous adopterions la seconde partie de cette fin de non-recevoir relative aux moyens que nous appelons *extérieurs*, les seuls que nous reconnaissions opposables, pour le cas où ces moyens n'auraient pas été employés dans les trois mois de l'arrêt d'admission. Nous nous fondons sur ce que les héritiers de l'adoptant sont suffisamment avertis de l'existence de cet arrêt par la publicité qui lui est donnée.

296. — Quant à l'adoption des enfants adultérins ou incestueux reconnus tels dans le sens de la loi, il est consolant pour nous d'assurer que non-seulement elle est prohibée par le Code, mais qu'encore elle n'a jamais été permise par la loi transitoire de l'an 11. Comment pourrait-on adopter des individus qui ne peuvent être valablement reconnus ? C'est ce qu'a formellement jugé la Cour de Cassation par

arrêt du 23 décembre 1816 (1). Cet arrêt a de plus décidé qu'une pareille adoption était impossible , même sous la loi du 12 brumaire an 2, si favorable pourtant aux enfants naturels. Nous n'avons pas besoin de rappeler tous les motifs de cette prohibition. La Cour de Grenoble l'a décidé dans le même sens, par arrêt du 27 juillet 1825 (2). La Cour suprême a également jugé, le 13 juillet 1826, que la loi du 25 germinal an 11 qui confirme les adoptions antérieures au Code civil, ne doit pas être étendue aux adoptions d'enfants adultérins (3). La Chambre civile de cette Cour avait jugé le contraire par deux arrêts de rejet, des 12 novembre 1811 et 9 février 1824. Mais celui que nous venons de rapporter, rendu par la section des requêtes, nous paraît sous tous les rapports mériter la préférence. Ce même arrêt a jugé encore qu'il n'y a pas recherche de la paternité, dans le sens de la loi prohibitive, lorsque les Juges ne font que déclarer que la paternité adultérine est constatée par actes publics, tels que l'acte de naissance et un acte public d'adoption. Il faut tout dire. L'arrêt du 9 février 1824 n'avait fait que déclarer non-recevable un collatéral à attaquer une adoption faite par un individu qui n'avait point d'enfants légitimes. Quant à la question de savoir si l'adopté peut, par une dénégation, se débarrasser du vice d'adultériuité, pour con-

---

(1) Sirey, tom. 17, 1re part. pag. 164.
(2) Sirey, tom. 26, 2e part. pag. 1.
(3) Sirey, tom. 27, 1re part. pag. 201.

server le bénéfice de l'adoption, la Cour de Cassation l'a résolue par l'arrêt du 23 décembre 1816, en considérant « que cette incapacité (l'adultérinité) annule l'adoption *dans son essence*, et s'oppose par conséquent à ce qu'une pareille adoption produise aucun effet, quant aux droits de filiation et de successibilité. » Il n'en est point de ce cas comme de celui de la reconnaissance d'un enfant naturel. *Vid. tamen* ce que nous disons *infr.* chap. 8, *in fine*, et l'arrêt qu y est rapporté.

Un autre arrêt de la Cour de Cassation, du 2 juin 1832, en cassant un arrêt de la Cour de Dijon du 1er mars 1828, a formellement jugé encore que l'adoption des enfants adultérins était prohibée avant la loi du 25 germinal an 11, et que cette loi, en validant les adoptions antérieures, n'avait statué que *sur la forme*, et nullement en ce qui touche la capacité (1).

(1) Sirey, tom. 32, 1re part. pag. 555.

CHAPITRE VIII.

—

Contestation. — Recherche de Paternité.

—

SOMMAIRE.

297. — *La reconnaissance de l'enfant naturel peut être contestée. — Pourquoi?*

298. — *Par quels moyens et par qui cette reconnaissance peut-elle être contestée? — Discours de M. Duveyrier.*

299. — *Peut-on contester la reconnaissance d'un enfant naturel, sans avoir un commencement de preuve par écrit?*

300. — *L'enfant lui-même peut contester sa reconnaissance.*

301. — *La recherche de la paternité est interdite. — Elle ne l'était pas dans l'ancienne Législation. — Maxime sur laquelle elle était permise. — Réfutation de cette maxime par M. Servan.*

302. — *L'enlèvement est le seul cas pour lequel la recherche de la paternité est permise.*

303. — *Examen de l'art. 340. — Réduction de cet article communiquée au Tribunat. — Discussion au Conseil-d'Etat.*

304. — *Faut-il qu'il y ait absolument enlèvement, ou seulement rapt ou viol? — Dissertation suivant l'ancien Droit.*

297. — Puisqu'en matière de filiation légitime, la loi (art. 325) permet de contester les preuves de cette filiation prétendue, il était bien juste, en parlant de la filiation naturelle, que la même loi permît de contester la reconnaissance invoquée par l'enfant, ainsi que toute réclamation qu'il voudrait former sur cette base. Tel est le principe consacré par l'art. 339.

298. — Ainsi la reconnaissance de l'enfant natu-

rel pourra être contestée si elle n'est pas authentique ; elle pourra l'être encore s'il résulte de son acte de naissance *en forme* ou de tout autre acte probant, même de l'acte de reconnaissance, qu'il est né de personnes non libres, c'est-à-dire, si sa naissance le place au rang des enfants adultérins ou incestueux.

Mais si aucune preuve légale n'établit l'inceste ou l'adultérinité, on ne pourra en faire la preuve par témoins, ainsi que l'a jugé la Cour de Cassation, dans l'affaire *Lemur.*

En un mot, la reconnaissance pourra être attaquée par tous les moyens dont nous avons déjà fait connaître l'origine et la nature. Elle pourra l'être par les héritiers de celui à qui la paternité est attribuée, elle pourra l'être par lui-même, elle pourra l'être par celui qui voudrait s'arroger cette paternité jusqu'alors ignorée ou inconnue.

Ne nous lassons pas d'écouter et de redire ce qu'exprimait si bien, à ce sujet, *M. Duveyrier*, à la Tribune nationale ; car c'est un des orateurs qui ont le mieux exprimé toute l'intention et toute la moralité de la loi.

« La reconnaissance d'un enfant naturel peut nuire à tout autre qui aurait plus de tendresse et plus de raisons pour se dire père de l'enfant ; elle peut nuire à l'enfant qui a déjà trouvé ou qui réclame un autre père ; la reconnaissance faite par le père, ou la réclamation élevée par l'enfant, peuvent, l'une aussi bien que l'autre, nuire à des héritiers légitimes. Ces divers intérêts, et tous autres qu'il est impossible de prévoir et de désigner, ont indiqué la justice et la nécessité d'une disposition générale qui donne à tous ceux qui y ont intérêt le droit de contester, soit la reconnaissance faite par le père ou la mère, soit la réclamation élevée par l'enfant.

» Et nous ne craindrons pas que cette disposition généralement exprimée, puisse étendre la faculté de contester jusqu'à l'abus, toujours trop facile en cette matière, et surtout jusqu'à l'usage indirect de ces exceptions odieuses, de ces inquisitions flétrissantes, dont l'acte lui-même ne contiendrait aucune preuve, aucun indice, et dont le projet de la loi, dans son esprit, dans ses principes, dans ses préceptes, signale sans cesse la proscription absolue.

» L'objet est simple et le sens est clair. C'est l'acte lui-même qu'il s'agira d'attaquer ; sa forme, si elle n'est point authentique, ou si elle est irrégulière ; son texte, si le mensonge ou la fraude l'a dicté.

» Mais qu'on veuille affaiblir le crédit de cet acte, ou changer ses résultats par l'enquête scandaleuse d'un fait qui serait étranger à l'acte contesté, que des collatéraux, par exemple, pour diminuer la portion que la loi donnera à l'enfant naturel dans la succession de son père, et le réduire aux aliments charitables réservés à l'enfant du crime, prétendent que cet enfant reconnu par un père libre, est entaché d'adultère du côté de sa mère inconnue et non désignée dans l'acte ; nous devons penser qu'ils ne seront point écoutés. »

Il n'y a pas de commentaire à faire après un si beau développement.

299. — L'art. 339 a donné lieu à la question de savoir, si, pour être recevable à contester la reconnaissance d'un enfant naturel faite dans l'acte de naissance de cet enfant, et être admis à la preuve des faits contraires à la filiation qui y est énoncée, il n'est pas nécessaire d'avoir un commencement de preuve par écrit, conformément à l'art. 323, ou bien, si cet article, fait pour l'établissement de la filiation des enfants légitimes, n'est pas inapplicable à la filiation naturelle ?

En 1838, le sieur *D'Arjuzon* présenta à l'Officier de l'Etat civil un enfant qu'il déclara né de ses œuvres et de la fille *Desjardins*. Au bout de cinq mois, la fille *Denus* réclama ce même enfant comme le sien. Elle allégua certains faits desquels il résultait que l'enfant dont elle serait accouchée, aurait été livré par la sage-femme, chargée de le porter à l'hospice des enfants trouvés, au sieur D'Arjuzon et à la fille Desjardins, et que c'était ce même enfant qu'ils avaient présenté à l'Officier de l'Etat civil, comme né de leurs relations. Jugement du Tribunal civil de la Seine, qui déclare constant que l'enfant inscrit sur les registres de l'Etat civil, comme enfant naturel du sieur D'Arjuzon et de la fille Desjardins, est celui

de la fille Denus ; en conséquence, ordonne la rectification de la déclaration consignée sur les registres.
Appel par la fille Desjardins. Elle soutient que la
preuve des faits avancés par la fille Denus à l'appui
de la maternité qu'elle réclamait, n'était pas recevable, attendu qu'aux termes de l'art. 323 du Code civil, lorsque l'enfant a été inscrit à l'Etat civil sous de
faux noms, sa filiation ne peut être prouvée par témoins qu'autant qu'il existe un commencement de
preuve par écrit. Or, la fille Denus n'en produisait
aucun.

Celle-ci répond que la disposition de l'art. 323 du
Code civil invoqué par l'appelante n'est relative qu'a
la filiation légitime, et que la preuve de la filiation
naturelle est régie par des règles toutes particulières ;
qu'au nombre de ces règles se trouve la disposition
de l'art. 339, spécialement applicable à l'espèce actuelle, et suivant laquelle la reconnaissance d'un enfant naturel peut être contestée par tous ceux qui y
ont intérêt ; que, dans ce cas, et pour des raisons
faciles à comprendre, le Législateur n'a pas rappelé
la nécessité d'un commencement de preuve par écrit
pour appuyer la preuve testimoniale.

C'est ce dernier système qu'a adopté la Cour
royale de Paris, par arrêt du 21 déc. 1839 (1). Mais
avant de confirmer le Jugement du Tribunal de la

(1) Sirey, tom. 40, 2, 448.

Seine, elle a permis à la fille Denus la preuve des faits par elle aticulés pour établir sa maternité.

Cette décision nous paraît conforme aux principes de la matière. Point d'assimilation à établir, en effet, entre la filiation légitime et la filiation naturelle. Si, pour prouver la première, le Législateur a exigé la sage condition d'un commencement de preuve par écrit, c'est parce qu'il s'agit d'un intérêt majeur d'or- dre social; tandis que le second genre de filiation ne présente qu'un intérêt individuel, purement secon- daire qui ne se rattache sous aucun rapport à l'état de la famille. Aussi voit-on que l'art. 339 est beau- coup moins exigeant que l'art. 323, puisqu'il accorde la faculté de contester la reconnaissance d'un enfant naturel *à tous ceux qui y ont intérêt.* Cette contesta- tion peut être faite par tous les moyens et à l'aide de toutes les preuves dont la pertinence est livrée à l'appréciation des Tribunaux.

300. — Nous avons dit que l'enfant lui-même peut contester la reconnaissance dont il est l'objet. Il faut bien, en effet, que le droit soit égal. Il peut se faire que cette reconnaissance, si elle est surtout postérieure à la naissance de l'enfant, n'ait eu lieu de la part du prétendu père, que pour se faire at- tribuer avec la tutelle l'administration de la fortune qui pourrait être survenue à cet enfant. C'est ce qui était arrivé dans l'espèce d'un arrêt rendu par la Cour royale de Rouen, le 15 mars 1826. Cet arrêt

a fort bien jugé, selon nous, en déclarant qu'une pareille reconnaissance contestée n'établit sur la paternité qu'une simple présomption qui peut être détruite
par des présomptions contraires et qui ne rend pas
nécessaire la preuve testimoniale (1).

301. — On sait qu'autrefois la déclaration d'une fille
était suffisante pour mettre l'enfant dont elle était enceinte sur le compte du premier venu. Ce n'était point la
loi qui le permettait ainsi, c'était l'usage. Cet usage,
sur lequel était fondé la Jurisprudence de presque
tous les Tribunaux, dérivait de la maxime du Président *Faber : Creditur virgini se prægnantem asse-
renti, ne pereant fame :* « Il faut croire la déclaration
d'une fille sur l'auteur de sa grossesse, de peur que
la mère et l'enfant ne périssent de faim. »

C'est cette maxime contre laquelle s'éleva avec tant
de force et d'éloquence M. l'Avocat-Général *Servan,*
dans la cause d'un maître à danser contre une jeune
fille, son élève, qu'il était accusé d'avoir séduite.

« Je ne vois pas, disait-il, au Parlement de *Grenoble,* comment on peut concilier la maxime du Président *Faber* avec cette protection que la Justice doit
à tous les citoyens. A l'abri des lois, chacun doit être
tranquille comme sa conscience ; et où sera cette sécurité, cette confiance dans le commerce des deux
sexes, que nos mœurs autorisent? Une fille sera

(1) Sirey, tom. 28, 2ᵉ part. pag. 43.

donc un piége public! On ordonnait à Sparte de s'arrêter devant une femme enceinte, et nos citoyens seraient obligés de fuir devant une fille qui a le malheur de l'être! Chacun tremblera qu'en tournant sur lui ses regards, elle ne l'infecte de la paternité (1). »

Le Code civil, par l'art. 340, a laissé la paternité telle qu'elle est aux yeux de la loi comme aux yeux de l'homme : un mystère impénétrable. « C'est ainsi, disait *M. Duveyrier*, qu'en remontant à une vérité fondamentale, nous arrivons naturellement et sans efforts à cette règle première, à l'impossibilité de ces déclarations de paternité conjecturales et arbitraires, à la répression irrévocable de ces inquisitions scandaleuses qui, peu secourables pour l'enfant abandonné, portaient toujours la discorde dans les familles et le trouble dans le corps social. »

Ainsi, lorsqu'un enfant naturel n'a pas été légalement reconnu par son père, quelle que soit la déclaration de sa mère, il n'est plus admissible aujourd'hui à rechercher la paternité. C'est un malheur

(1) OEuvres choisies de M. Servan, tom. 1er, pag. 164, édit. de 1818. Le Président *Faber* avait excepté, à la vérité, les hommes mariés, de la confiance qu'il accordait à la déclaration d'une fille en tout autre cas. Mais, comme le dit *M. Servan*, ce n'était là que retrancher la moitié du danger de sa maxime. — La cause du maître à danser F....., contre la C..... ne fut point jugée; il y eut partage. F..... était un homme presque sexagénaire, privé d'un œil et estropié d'une jambe. La C..... était une fille de quinze ans, elle disait être entrée vierge chez son maître à danser, et en être sortie enceinte le troisième jour. « Ce qu'on peut dire » de plus honorable pour cette fille, s'écriait l'Avocat-Général, c'est » qu'elle ment. » Pag. 175.

pour lui, sans doute, mais le système contraire en serait un bien plus grand.

302. — Il n'est qu'un cas où la loi permet cette recherche : c'est le cas d'enlèvement. Alors, lorsque l'époque de cet enlèvement se rapportera à celle de la conception, le ravisseur pourra être, sur la demande des parties intéressées, déclaré père de l'enfant. Telle est la seconde disposition de l'art. 340.

303. — Cette seconde disposition nécessite un examen sérieux, et fournit matière à des observations importantes.

La rédaction de l'article, communiqué au Tribunat, portait :

« La recherche de la paternité est interdite.

» Lors même que l'époque de la conception d'un enfant concourra avec des circonstances de rapt ou viol, il n'y aura lieu qu'à des dommages-intérêts envers la mère. »

On observa au Tribunat, sur le second paragraphe, qu'il ne s'agissait point de déterminer ici en quel cas il y a lieu à des dommages-intérêts envers la mère ; mais bien de dire que, dans le même cas où les dommages-intérêts pourraient être accordés, la recherche de la paternité n'en est pas moins interdite. On proposa, en conséquence, de réunir ces deux paragraphes, et de rédiger la disposition en ces termes :

« La recherche de la paternité est interdite, quand bien même l'époque de la conception d'un enfant concourrait avec des circonstances de viol ou de rapt qui donneraient lieu à des dommages-intérêts au profit de la mère. »

.La rédaction définitive fut ainsi conçue :

« La recherche de la paternité est interdite, mais, dans le cas d'enlèvement, lorsque l'époque de cet enlèvement se rapportera à celle de *l'accouchement*, le ravisseur, sera, sur la demande des parties, déclaré père de l'enfant. »

Au Conseil-d'Etat, M. Cambacérès rappela que, dans la conférence avec le Tribunat, on était convenu de ne rendre la déclaration de paternité que facultative et non forcée. Il proposa, en conséquence, de substituer le mot *pourra* au mot *sera*.

M. Treillhard dit que le concours de l'époque de l'enlèvement avec celle de la conception, et la prolongation de la Charte privée ne laissant aucun doute sur la paternité, toute recherche, tout examen devenait inutile, et qu'il n'était plus possible de laisser au Juge le pouvoir de décider le contraire ; que la loi ne devait pas autoriser une contestation qui porterait sur un fait évident ; que le ravisseur n'avait pas à se plaindre ; que la déclaration de paternité était ici la suite nécessaire de la peine de l'enlèvement ; qu'au surplus, c'était à l'époque de la conception, et non à celle de l'accouchement qu'il convenait de s'arrêter.

Mais *MM. Tronchet, Portalis, Eymeri, Berlier* et

Regnaud de Saint-Jean-d'Angely furent d'avis que l'exception devait être purement facultative, parce que, si on la laissait subsister comme absolue, le Tribunal se trouverait quelquefois obligé de prononcer contre sa conscience, en déclarant la paternité du ravisseur, même lorsqu'il serait d'ailleurs démontré que l'enfant a un autre père.

L'article fut donc rédigé tel qu'on le voit aujourd'hui (1).

304. — Il semblerait résulter de cette discussion que la recherche de la paternité n'est permise que lorsqu'il y a eu véritablement enlèvement et non simplement rapt ou viol, comme l'avait d'abord voulu le Tribunat. Il y a une grande différence entre l'un et l'autre.

Autrefois, le rapt était traité avec la plus grande rigueur. L'Empereur *Constantin*, après avoir puni du dernier supplice les principaux auteurs de ce crime, ajouta que les ministres infidèles de la subornation, les domestiques, qui souvent sont les instruments de ce crime, finiraient leurs jours par un nouveau genre de tourment, qu'on leur verserait du plomb fondu dans la bouche et dans la gorge, pour expier ainsi le crime d'une longue séduction qui a versé le poison dangereux d'une passion ardente dans le cœur d'une jeune fille ; l'Empereur *Justinien*, par la loi

(1) Conférences du Code civil.

unica, Cod. *de Rap.* § 2 et 3, voulait que l'on brû-
lât les esclaves qui auraient été les complices ou les
ministres du rapt. Les Rois s'étaient interdits le droit
de faire grâce aux coupables.

Le rapt de séduction était puni encore plus sévèrement que le rapt de violence, c'est ce qu'on voit
dans la même loi romaine, § 2. La raison en était
que le rapt de violence pouvait souvent ne renfermer qu'un crime ; que celui de la séduction en renferme toujours deux ; que celui de la personne ravie
ne peut servir d'excuse au ravisseur qui en est l'auteur. C'est ce qui est exprimé par ces paroles élé-
gantes de *Constantin* : *Nihil ei prosit puellæ respon-
sio, ipsa puella potiùs criminis societate obligetur.*

Les Capitulaires, *lib.* 7, *cap.* 395, disaient aussi :
*Placuit ut hi qui rapiunt fœminas, vel furantur, vel
seducunt, eas nullatenùs uxores habeant.* Les mêmes
dispositions étaient contenues dans l'ordonnance de
Blois et dans celle de 1639 (1).

Mais, suivant la dernière Jurisprudence des Cours
souveraines, lorsqu'il n'y avait pas une grande iné-
galité de condition entre le ravisseur et la personne
ravie, et qu'il n'existait point de cas et de circonstances graves, on leur permettait de se marier ensemble ; ainsi, le ravisseur échappait à la peine capitale. Les arrêts portaient toujours l'alternative (2).

Le Code a voulu faire disparaître les différences

(1) OEuvres de *D'Aguesseau*, tom. 5, pag. 319 et suiv.
(2) *Ferrière*, Dict. de Droit, au mot Rapt.

qu'il y avait entre le rapt de violence et le rapt de séduction ; il s'est servi génériquement du mot *enlèvement*. Ainsi, soit que le rapt ait été fait avec violence, soit qu'il ait eu lieu du consentement de la personne ravie, il y aura toujours enlèvement ; ce fait donnera lieu à la recherche de la paternité, lorsque l'époque de l'enlèvement se rapportera à celle de la conception.

305. — Mais le seul fait d'enlèvement et sa coïncidence avec l'époque de la conception, ne rendront pas *de droit* le ravisseur père de l'enfant. Il *pourra* seulement être déclaré tel selon les circonstances. Cela est de toute justice. Il serait possible, en effet, que la fille eût consenti à son enlèvement, pour déverser sur son ravisseur une paternité qui ne lui appartiendrait point. Il faut donc alors laisser aux Juges la faculté de rechercher et de découvrir la vérité.

306. — D'après ce que disait *M. Treillhard*, on devrait croire que la loi a entendu par enlèvement la soustraction et le déplacement de la fille du lieu de sa demeure ordinaire, et sa détention *en charte privée* dans un autre lieu.

Mais si au lieu de cet enlèvement, il y a eu viol, et que l'époque du viol coïncide avec celle de l'accouchement, la fille ne pourra-t-elle pas également former son action en déclaration de paternité contre l'auteur de ce crime commis sur sa personne ?

Nous pensons qu'il y a même raison de décider que dans le cas de l'enlèvement.

Inutile d'objecter qu'une fille violée ne peut concevoir ; que la violence et la crainte tarissent les sources de la fécondité ; qu'ainsi, cette seconde exception est sans fondement. Nous répondrons, avec M. Loiseau, pag. 419, que les médecins les plus célèbres sont tous d'accord sur ce principe : Qu'un enfant peut être conçu même au milieu des craintes, des douleurs et des tourments qu'éprouve une femme violée. La coïncidence des deux époques, jointe au fait matériellement établi du viol, ne peut guère laisser de doutes sur la paternité du ravisseur. Il n'a pas d'ailleurs à se plaindre de ce qu'on le soumet ainsi à toutes les conséquences de sa brutalité. La similitude des deux cas nous fait donc croire que, dans l'intention de la loi, l'expression *enlèvement* est générique, ainsi que nous l'avons déjà observé, et qu'elle s'applique aux deux hypothèses où une fille est rendue mère par un fait punissable de l'homme.

C'est ainsi que l'a entendu la Cour royale de Paris. Elle a jugé, le 28 juillet 1821 (1), que l'enlèvement qui autorise, dans le cas prévu par l'art. 340 du Code civil, la recherche de la paternité, n'est pas seulement l'enlèvement avec *violence* ; qu'il suf-

(1) Sirey, tom. 21, 2, 235.

fît qu'il y ait eu *séduction* de la part du ravisseur, à l'insu des parents de la fille séduite. Elle a même décidé que, dans ce cas, il n'est pas nécessaire, pour que la paternité puisse être déclarée, que l'époque de l'enlèvement coïncide avec celle de la conception ; qu'il suffit qu'à l'époque présumée de la conception, la fille séduite et son ravisseur n'aient pas cessé d'être dans les mêmes rapports où ils se trouvaient au moment de l'enlèvement.

Au mois de juillet 1812, lorsque les armées françaises occupaient le territoire de l'Espagne, M. *De Montelegier*, colonel d'un régiment de dragons, fit la connaissance à Cordoue de la demoiselle *Raphaéla Camacho*, fille du sieur Camacho, Notaire public en cette ville. Une correspondance secrète s'établit entre eux à l'insu des parents de Raphaéla. Celle-ci, alors âgée de moins de 16 ans, et sur les instances réitérées du colonel, ne tarda pas à abandonner le domicile de ses père et mère. Elle quitta leur maison le 22 août 1812, et vint demeurer pendant plusieurs jours dans l'habitation même que M. De Montelegier occupait à Cordoue. Là, les sieur et dame Camacho père et mère tentèrent vainement de revoir leur fille, en s'adressant au commandant militaire de la ville, dont ils ne purent obtenir aucune assistance. Bientôt après, la demoiselle Camacho suivit en France M. De Montelegier, et le 14 nov. 1813, elle accoucha à Paris d'un enfant mâle nommé *Adolphe-Auguste*.

M. De Montelegier, absent alors et à l'armée d'Allemagne où il avait été obligé de se rendre, n'avait pas cessé d'entretenir la demoiselle Camacho de sa passion, dans une correspondance très suivie. Plusieurs de ses lettres sont relatives à la nouvelle qui lui était parvenue de la naissance d'Adolphe-Auguste et attestent qu'il s'en reconnaissait le père et qu'il pourvoyait lui-même aux besoins de la mère et de l'enfant.

Cependant, les soins de M. De Montelegier se ralentirent ; il tenta d'abord de persuader à la demoiselle Camacho qu'un mariage que sa famille lui avait fait contracter ne lui laissait plus aucun espoir de devenir son époux. Plus tard, M. De Montelegier parut lui-même consentir à contracter une union légitime avec la demoiselle Camacho. Enfin, en 1820, une nouvelle rupture survint, et la demoiselle Camacho forma contre M. De Montelegier une demande de pension alimentaire, qui fût bientôt suivie d'une action en reconnaissance du mineur Adolphe-Auguste, et en dommages-intérêts au profit de sa mère. Elle fondait cette action sur l'art. 340 du Code civil.

12 août 1820, jugement du Tribunal de la Seine qui déclare Adolphe-Auguste fils naturel de M. De Montelegier. Sur l'appel, arrêt de la Cour royale qui confirme en adoptant les motifs des premiers Juges, contre les conclusions de *M. Quequet*, Avocat-Général. Or, ces motifs, les voici :

« Attendu que la demoiselle Raphaëla Camacho,

mère d'Adolphe-Auguste, mineure de 16 ans, a été détournée de la maison paternelle par les instigations du sieur Montelegier, le 22 août 1812 ; qu'elle a été conduite en France par lui et qu'elle y est demeurée en sa puissance jusqu'en décembre 1813 ; que dans cet intervalle elle est devenue enceinte et a mis au monde Adolphe-Auguste ;

» Attendu que l'art. 340 du Code civil, en se servant du terme générique d'enlèvement, comprend tous les cas où une fille serait soustraite à l'autorité paternelle, sans le consentement des parents, et ne peut être restreint au rapt de violence ;

» Attendu que l'enlèvement prévu par cet article dure jusqu'au jour où la personne enlevée est rendue à la société, et que la demoiselle Camacho n'a point cessé d'être sous la dépendance et soumise à l'influence de la passion du sieur De Montelegier avant le mois de décembre 1813 ; qu'en conséquence la conception d'Adolphe-Auguste se rapporte à l'enlèvement de sa mère ; qu'il résulte des faits de la cause que le sieur De Montelegier a connu la grossesse de la demoiselle Raphaëla Camacho, et qu'il lui a fait donner tous les soins qui lui étaient nécessaires pendant cette grossesse, que même depuis, il a, en diverses circonstances, reconnu qu'Adolphe-Auguste était son fils, et qu'il lui a donné des soins en cette qualité. »

Nous partageons entièrement les principes de cet arrêt.

C'est vainement que les partisans de l'opinion contraire disent que l'enlèvement n'étant point défini par l'art. 340 du Code civil, il faut adopter la définition de l'académie ; que, d'après elle, l'enlèvement est l'action par laquelle une personne est enlevée *malgré elle ;* que par enlever, suivant la même autorité, l'on entend *emmener par force ;* que tel est aussi le sens du mot latin *rapere*, dont nous avons fait *rapt* et *ravisseur. Raptus in personas cadit quæ per vim abducuntur, aut quibus per vim stuprum infertur.* — *Pothier, Pandect. tit. de verb. signif.* n° 187.

Il faut répondre que, si l'art. 340 du Code civil ne donne point la définition de l'enlèvement, on la trouve dans l'art. 354 du Code pénal qui punit de la peine de la réclusion quiconque aura, par *fraude* ou *violence*, enlevé ou fait enlever des mineurs, ou les aura *entraînés, détournés* ou *déplacés*, ou les aura fait entraîner, détourner ou déplacer des lieux où ils étaient mis par ceux à l'autorité ou à la direction desquels ils étaient soumis ou confiés. Ainsi, la loi reconnaît deux sortes de rapt ou d'enlèvement, celui commis par *violence*, c'est le produit de la force ; celui commis par *fraude*, c'est le résultat de manœuvres morales, de machinations intellectuelles ; c'est ce que l'ancienne Jurisprudence appelait *rapt de séduction.* La fraude se manifeste et s'exerce de plusieurs manières. N'est-ce pas un moyen frauduleux que celui par lequel un homme majeur, abusant

de la passion qu'il a fait naître dans le cœur d'une
fille mineure, la subjugue, la séduit, et la porte à
n'avoir plus qu'un désir, celui de le suivre partout
où il ira? On peut lutter avec espoir de succès contre la force physique ; mais on ne peut combattre que
bien faiblement la contrainte morale ; toujours ou
presque toujours, on succombe sous sa puissance ir-
résistible.

On est étonné de lire dans M. Locré (1), cette
observation qui, du reste, lui est toute personnelle, que l'art. 340 du Code civil interdit indéfiniment la recherche de la paternité, même sous prétexte d'enlèvement ; et que prévoyant ensuite le cas
où l'enlèvement serait prouvé *par une condamnation,*
il permet alors de poursuivre *secondairement* la déclaration de paternité. M. Locré n'appuie cette observation sur l'opinion d'aucun des membres du Conseil-d'Etat. Nous pensons qu'il a fait confusion.

En effet, au Conseil-d'Etat, le Consul *Cambacérès*
avait proposé de rédiger ainsi l'art. 340 :

« La loi n'admet pas la recherche de paternité
pour le fait de grossesse. »

Ou :

« La loi n'admet la recherche de la paternité que
lorsqu'il y a des faits graves, tels que *le rapt et le
viol.* »

M. Boulay objecta « qu'il était à craindre qu'une

---

(1) Tom. 4, pag. 211.

fille ne se procurât trop facilement des témoins pour constater *le viol ;* qu'il vaudrait donc mieux que l'action en déclaration de paternité ne pût être fondée que sur un jugement qui aurait déclaré coupable de *viol* ou de *rapt* celui contre lequel elle serait dirigée. »

On voit donc que ce n'était que pour le viol et pour le rapt avec violence que M. Boulay voulait une condamnation préalable à l'action en déclaration de paternité. Mais il ne faisait point porter son exigence sur *le rapt de séduction.*

Au surplus, l'art. 340, tel qu'il existe aujourd'hui, en faisant disparaître toutes les distinctions de l'ancienne Jurisprudence, et en comprenant tous les genres de rapt sous la dénomination générique *d'enlèvement,* n'a nullement dit qu'il fallait que l'enlèvement fût constaté par un jugement de condamnation contre le ravisseur, avant de pouvoir former l'action en déclaration de paternité. La preuve de l'enlèvement, quel qu'il soit, étant la base de l'action en déclaration de paternité, doit donc être fait devant le même Tribunal où cette action est portée, c'est-à-dire devant les Tribunaux civils seuls compétents pour juger les questions d'état, sans préjudice à l'action criminelle pour la répression de l'acte coupable qui a donné lieu à la réclamation de l'enfant.

L'on sent de reste que si cela eût pu faire le moindre doute, le colonel De Montelegier n'aurait pas manqué d'en faire l'objet d'une exception devant le

Tribunal de la Seine, ou devant la Cour royale de Paris, et cependant ses habiles conseils n'y ont seulement pas songé (1).

307. — On conçoit, au surplus, que l'action en déclaration de paternité ne peut être formée avant l'accouchement. Il faut bien savoir, en effet, s'il y a coïncidence entre cette époque et celle de l'enlèvement ou du viol.

308. — Mais y aura-t-il enlèvement dans le sens de la loi, si la fille était majeure?

Nous ne le pensons pas. L'art. 354 du Code pénal ne punit que l'enlèvement des mineurs, effectué par fraude ou par violence, et l'art. 357 ajoute que, dans le cas où le ravisseur aurait épousé la fille qu'il a enlevée, il ne pourra être poursuivi que sur la plainte des personnes qui, d'après le Code civil, ont le droit de demander la nullité du mariage, ni condamné qu'après que la nullité du mariage aura été prononcée. Le Code civil a parlé de l'enlèvement sans le définir. Le Code pénal est venu ensuite, et a dit ce que c'était que l'enlèvement; il ne l'a puni que lorsqu'il avait pour objet un mineur. Il n'a point parlé de l'enlèvement des majeurs; et en raisonnant pour le cas où le ravisseur aurait épousé la fille qu'il

(1) Une consultation très savante avait été délibérée pour le colonel, par *MM. Grappe, Delacroix-Frainville et Bonnet*. On peut la voir dans Sirey, Loc. cit.

a enlevée, c'est encore la fille mineure qu'il a en vue. Il faut de plus que la fille soit au-dessous de seize ans accomplis pour que l'enlèvement soit punissable des travaux forcés à temps, car l'enlèvement des autres mineurs n'est puni que de la réclusion.

Cependant, s'il était prouvé que l'enlèvement d'une fille majeure a eu lieu par *violence* et non de son consentement, et que l'époque de la conception coïncidât avec cet enlèvement, nous pensons qu'il rendrait nécessaire l'application de l'art. 340 du Code civil ; à la différence de l'enlèvement de la fille mineure qui peut avoir lieu par *fraude*, suivant l'art. 354 du Code pénal, c'est-à-dire par artifice ou par séduction, indépendamment de la violence.

309. — La paternité est indivisible sous le Code comme elle l'était sous la loi du 12 brumaire an 2 ; hors le cas dont nous venons de parler, la recherche de la paternité est interdite, non-seulement par rapport aux droits successifs, mais encore relativement aux aliments pour l'enfant et aux dommages-intérêts pour la mère. Un homme, en effet, ne peut pas être père pour un cas, et ne l'être pas pour un autre. C'est ce que jugea la Cour de Cassation par arrêt du 26 mars 1806, en faveur de Jacques *Morthes* contre Marie-Anne *L'Instruiseur* (1).

Aussi la même Cour, conséquemment à ce prin-

(1) Sirey, tom. 6, 2ᵉ part. pag. 570.

cipe, a-t-elle également décidé, le 10 mars 1808, que les femmes et les filles n'ont aucune action en dommages-intérêts, sous prétexte qu'elles ont été séduites (1); elles n'ont droit de demander des aliments pour leurs enfants que lorsqu'ils ont été promis ; « Attendu, a dit la Cour suprême, que les Juges de première instance et d'appel, en repoussant l'action exercée par la demoiselle *Monty*, tant en son nom, pour cause de prétendue séduction, qu'au nom et comme tutrice d'une fille dont elle supposait le sieur *Mayre* père, se sont conformés aux dispositions de la loi ; que d'autre part, la condamnation au paiement d'une somme capitale en faveur de cette fille, n'étant aucunement fondée sur des présomptions de paternité, mais sur des faits et des circonstances, même des offres réelles, et sur le sens des défenses fournies par le demandeur, dont les Juges ont fait résulter un engagement, il n'appartient pas à la Cour d'entrer dans un examen du bien ou mal jugé de cette partie de l'arrêt. »

310. — Si la recherche de la paternité est interdite à l'enfant dans son intérêt, elle est également interdite contre lui, soit par action, soit par exception, pour lui disputer une donation ou un legs qui lui aurait été fait par celui qu'on prétendrait être son père adultérin. C'est ce que nous avons déjà dit et

---

(1) Sirey, tom. 8, 1re part. pag. 23.

prouvé en rapportant l'arrêt rendu dans la cause des enfants *Lemur*. Dans l'un ni dans l'autre cas, on ne peut invoquer la possession d'état, car pour l'enfant naturel il lui faut une reconnaissance authentique, et contre lui, cette reconnaissance serait repoussée par une possession contraire, ou par un acte de naissance qui lui donnerait une autre filiation. Cette reconnaissance serait même nulle, comme on l'a vu, si elle lui donnait la qualité d'enfant adultérin ou incestueux, suivant l'art. 335. C'est encore ce qu'a jugé la Cour de Cassation par arrêt du 23 mars 1820 (1).

M. Delvincourt, tom. 1er, pag. 385 et suiv. et pag. 398, ne veut point adopter cette Jurisprudence. Il persiste à penser que, suivant l'art. 340, la recherche de la paternité n'est interdite qu'à l'enfant, mais qu'elle n'est point interdite contre lui; autrement, dit-il, il n'y aura rien de plus facile dorénavant, que d'éluder toutes les précautions que la loi a prises pour empêcher que les héritiers légitimes ne soient dépouillés entièrement pour enrichir les enfants du crime; il suffira de ne pas reconnaître ces derniers.

(1) Sirey, tom. 20, 1re part. pag. 222. — Cet arrêt a décidé encore que la recherche de la maternité est interdite, dans ce cas, comme celle de la paternité; parce que l'art. 335 n'a pas distingué, lorsqu'il a dit que la reconnaissance ne pourra avoir lieu au profit des enfants nés d'un commerce incestueux ou adultérin; et que d'un autre côté, l'art. 342 ajoute qu'un enfant ne sera jamais admis à la recherche, soit de la paternité, soit de la maternité, dans le cas où, suivant l'art. 335, la reconnaissance n'est pas admise. Aussi l'arrêt n'admit pas contre l'enfant l'adultérinité dont on voulait l'entacher. Il jugea que *la recherche de la paternité ne peut pas plus avoir lieu contre ces enfants qu'à leur profit.*

Assurément, il n'y a rien de plus louable que tout ce que dit M. Delvincourt sur les dangers d'interpréter ainsi cette disposition législative. Mais on sait avec quel soin, quelle sagesse, tous les inconvénients et tous les avantages de ce système ont été balancés. Si d'un côté on a été frappé par la crainte de favoriser les enfants du crime, de l'autre on a dû se déterminer par la crainte plus grande encore d'attribuer la paternité à ceux qui seraient entièrement étrangers à l'enfant. Entre deux maux, il faut choisir le moindre, et certainement le plus grand serait de réputer père un homme qui ne le serait pas; *M. Delvincourt* a beau dire que la recherche de la paternité est une sauve-garde pour les mœurs, cela peut être. Mais elle serait aussi un sujet d'alarme pour toutes les familles, un brandon de discorde entre des époux jusqu'alors unis. Les mœurs ne sont-elles pas aussi intéressées à prévenir de pareils désordres?

Ce que nous venons de dire de la recherche de la paternité, soit en faveur, soit contre l'enfant, est si vrai, que la Cour de Rouen a décidé, avec bien de la raison, selon nous, que l'enfant qui est réputé le fruit du mariage, aux termes de son acte de naissance, qui d'ailleurs n'a pas été troublé dans la possession de son état de légitimité, ne peut être autorisé à changer d'état par le seul fait d'un père adultérin qui l'aurait reconnu comme son enfant; que vainement il allèguerait que le mari de sa mère était ab-

sent et très éloigné à l'époque de la conception ; que
s'il pouvait y avoir lieu à une action en désaveu de
la paternité, cette action appartiendrait à la famille
du mari, et non à l'enfant qui voudrait renoncer à
sa légitimité pour se faire déclarer adultérin, et obtenir des aliments comme tel. C'était en la cause de
Cécile *Bérencie-Legras* et de la dame *Belot* (1) (2).

311. — De même que les parents d'un enfant naturel qui ont volontairement reconnu un enfant pour
légitime, ne sont plus recevables ensuite à lui contester cette qualité ; de même nous pensons qu'ils seraient non-recevables à contester la qualité d'un enfant *naturel*, qu'ils auraient volontairement reconnu (3). Dans l'un et l'autre cas, il y aurait, de leur
part, renonciation à leurs droits, qui ne pourrait
être utilement attaquée pour cause d'erreur de droit,
surtout s'ils avaient exécuté cette reconnaissance, soit
par un partage fait avec l'enfant, soit par d'autres
actes contenant le règlement des intérêts de la famille. Il en serait de même, quoiqu'ils n'eussent pas
traité spécialement sur la cause de leur erreur : telle
est la disposition de l'art. 2052 du Code civil. Il
existe, en faveur de l'enfant naturel, les mêmes mo-

(1) Sirey, tom. 20, 2e part. pag. 261.
(2) Aussi jugé par la Cour de Cassation, le 13 avril 1820.—Sirey, t. 21,
1re part. pag. 8.
(3) Ainsi jugé par la Cour de Montpellier, le 4 février 1824. — Sirey,
tom. 25, 2e part. pag. 118. — *Vid.* aussi tom. 22, 1re part. pag. 224.

'tifs qui ont été accueillis par la Cour de Cassation pour l'enfant légitime (1).

La Cour de Montpellier a aussi jugé, le 4 février 1824 (2), que celui qui a concouru aux actes de famille faits au profit d'un enfant considéré comme légitime, peut être déclaré non-recevable à lui contester sa légitimité. Dans l'espèce de cet arrêt, on remarque : 1° qu'Anne *Calmel*, mère de Joseph-Pierre *Picon*, l'avait reconnu devant le Maire, après la mort de Pierre *Picon*, son prétendu mari, en déclarant que son mariage n'avait pu être célébré, attendu que Picon était réquisitionnaire ; qu'elle n'avait passé avec lui qu'un contrat de mariage le 24 thermidor an 8 ; 2° qu'après la mort d'Anne Calmel, Pierre *Calmel*, son père, agissant comme tuteur légal de Joseph-Pierre *Picon*, son petit-fils, avait convoqué un Conseil de famille pour demander une fixation régulière de l'avoir du mineur ; il avait pris part à la délibération ; 3° que l'acte de naissance de cet enfant contenait qu'il était né de Pierre *Picon* et d'Anne *Calmel*, mariés ; l'aïeul soutint ensuite que cet enfant

---

(1) Nous disons que telle est la disposition de l'art. 2052 ; car l'art. 2054 ne parle que d'un titre nul. Or, la reconnaissance de l'enfant naturel faite par les parents n'est pas un titre nul. Il en serait différemment si l'enfant était adultérin, et par eux reconnu comme tel. Alors, et parce que l'art. 335 rejette cette reconnaissance, il est certain que les parents de qui elle émanerait pourraient la faire annuler, à moins qu'ils n'eussent expressément traité sur la nullité, auquel cas ils seraient non-recevables à la relever.

(2) Sirey, tom. 25, 2, 118.

·était seulement naturel : il fut débouté, il devait l'ê-
tre. Joseph-Pierre *Picon* avait pour lui son acte de
naissance, *nomen*. Il avait été reconnu comme légitime par la famille assemblée, *tractatus ;* de plus, son
aïeul l'avait personnellement reconnu pour tel. Il
était donc non-recevable à revenir contre cette reconnaissance formelle. Enfin, l'enfant réclamait
après la mort de ses père et mère. Peu importait la
déclaration de la mère qu'il n'y avait point eu mariage entre elle et Pierre *Picon ;* parce que nous
avons déjà vu qu'une mère ne peut rien faire pour
porter atteinte à l'état de son enfant, surtout en matière de filiation légitime.

La sécurité des familles exige, en effet, que la
Justice jette un voile sur les vices de la naissance
des hommes, lorsque la possession de leur état a été
connue et approuvée par ceux qui étaient intéressés
à la contester.

En 1795, une fille nommée *Marie-Hélène-Malo-
Emma,* naît du commerce du contr'amiral *Magon-
Medine* avec la demoiselle *Mandave.* Cet enfant est
régulièrement reconnu par ses père et mère, et inscrit comme leur enfant naturel sur les registres de
l'Etat civil. La demoiselle *De Mandave* se marie avec
le sieur *De Lamartellière.* Depuis ce mariage, la demoiselle *Marie-Hélène-Emma* est néanmoins traitée
comme fille légitime du sieur *De Lamartellière.* Le
sieur *Magon-Medine* décède. Il paraît que, dans l'intention de laisser toute sa fortune à sa fille *Emma,*

il avait souscrit des effets pour des sommes considé-
rables en faveur de la dame *De Lamartellière*. D'ailleurs, par son testament du 1ᵉʳ floréal an 7, il se reconnaissait débiteur, envers la demoiselle *Emma*,
d'une somme de 60.000 fr. Le sieur De Lamartellière décède. Contestation entre le sieur *Magon-de-
Saint-Ellier*, frère du sieur *Magon-Medine* et son
héritier naturel, et la demoiselle *Mandave*, veuve *De
Lamartellière*, relativement aux billets et à la reconnaissance. Transaction qui annule les billets et valide
la reconnaissance testamentaire de 60.000 fr. Dans
cet acte, la demoiselle *Emma* est qualifiée de fille légitime du sieur *De Lamartellière*. Le conseil de famille où figure le sieur *Magon-de-Saint-Ellier*, comme aîné, lui nomme un tuteur. Ce dernier accepte
même les fonctions de subrogé-tuteur. Longtemps
après, il assigne la demoiselle *Emma* en restitution
des 60.000 fr., se fondant sur ce que la reconnaissance de cette somme était une donation déguisée,
faite à la demoiselle *Emma*, fille naturelle, par son
frère. Jugement de première instance et arrêt de la
Cour de *Rennes* qui la déclarent non-recevable.
Pourvoi en Cassation.

Arrêt du 18 avril 1820, ainsi conçu :

« Attendu que, par son arrêt du 24 mai 1819, la
Cour de Rennes, en déclarant le sieur Magon-de-Saint-
Ellier non-recevable à attaquer l'état de la demoiselle De Lamartellière, s'est fondée, soit sur le fait
que cet état n'avait point été attaqué pardevant les

premiers Juges, soit sur ce que, dans une série d'actes qu'il était dans son domaine d'apprécier, le sieur Magon-de-Saint-Ellier avait formellement reconnu cet état, et qu'en prononçant ainsi, la Cour royale de Rennes n'a pu violer les articles cités. — Rejette (1).

Il est vrai que la Cour suprême a considéré encore sur ce moyen, que le sieur *Magon-de-Saint-Ellier* n'avait point produit, soit devant les premiers Juges, soit devant la Cour royale, l'acte de naissance dont il se prévalait ; que dès lors la Cour de *Rennes* n'avait point eu à s'en occuper. Mais nous pensons que l'eût-il produit, le premier motif eût été suffisant pour le faire déclarer non-recevable. Le sieur *Magon-de-Saint-Ellier* était étranger à la famille *De Lamartellière*.

La prohibition de la recherche de la paternité a été de nouveau consacrée par arrêt de la Cour de Cassation, du 6 février 1833, dans une espèce pour laquelle elle ne paraîtrait pas avoir été créée, si le principe n'était pas aussi absolu qu'il l'est (2).

En 1777, naissance de *Marie Peyot*, désignée par l'acte de baptême comme fille naturelle de *Marguerite Peyot* et de *M. Bouvier-de-Fontenille*. Il importe de remarquer dès à présent que M. De Fontenille

(1) Sirey, tom. 22, 1, 224.
(2) Sirey, tom. 33, 2e part. pag. 220.

était depuis longtemps engagé dans les liens du ma-
riage.

En 1825, adoption de Marie Peyot par sa mère.

En 1829, décès de Marguerite Peyot.

Ses héritiers collatéraux demandent alors la nullité de l'adoption, sur le motif que Marie Peyot était
fille adultérine, comme née d'un père marié, et dès
lors incapable d'être adoptée. Pour établir la paternité par eux alléguée, les demandeurs se prévalent
de l'acte de naissance de Marie, d'une déclaration de
grossesse faite contre M. De Fontenille, quelques jours
avant, par Marguerite Peyot, et de divers autres
actes, ainsi que de différentes circonstances qu'ils
énumèrent.

14 janvier 1831, jugement du Tribunal de Saint-
Marcellin qui rejette la demande sur le seul motif
qu'en admettant les collatéraux à contester l'adoption de Marie et en soumettant l'examen de la filiation paternelle aux principes existants à l'époque du
décès du sieur De Fontenille, il n'y aurait pas, dans les
actes et dans les faits de la cause, *preuve suffisante*
que le sieur De Fontenille fût son père et qu'elle fût
fille adultérine de Marguerite Peyot.

12 juin 1831, arrêt confirmatif de la Cour royale
de Grenoble, fondé sur ce motif principal, que la recherche de la paternité étant interdite, aux termes
des art. 340 et 342 du Code civil, la qualité de fille
adultérine ne saurait être donnée à Marie Peyot;

qu'ainsi l'acte d'adoption est régulièrement intervenu.

Pourvoi en Cassation fondé sur l'effet rétroactif donné au Code dans une espèce qui avait pris naissance avant sa publication. Rejet. « Vu l'art. 10 de la loi du 12 brumaire an 2, ainsi conçu, etc. ; considérant qu'il résulte de l'arrêt attaqué que la mère de Marie Peyot existait lors de la promulgation du Code civil ; qu'en faisant application à la cause des dispositions portées aux art. 340 et 342 de ce Code, par lesquels la recherche de la paternité est interdite, et en déclarant les demandeurs non-recevables à critiquer l'état de fille adoptive dont Marie Peyot était en possession au moment de son décès, l'arrêt s'est conformé à la loi. »

Ainsi, cet arrêt juge de plus fort en thèse absolue que la recherche de la paternité est interdite, et que les art. 340 et 342, qui contiennent cette prohibition, sont applicables même à l'enfant né avant le Code civil et sous l'ancienne Législation, si la mère de l'enfant existait encore lors de la promulgation de ce Code. Cette dernière décision est conforme à l'art. 10 de la loi du 12 brumaire an 2, qui porte : « qu'à l'égard des enfants nés hors mariage, dont » le père et la mère seront encore existants lors » de la promulgation du Code civil, leur état et leurs » droits seront en tout point réglés par les disposi» tions du Code. »

Mais la première décision n'est pas sans quelques

difficultés à cause de l'adoption de l'enfant, s'il était vrai *qu'il fût constant* que son état était celui *d'enfant adultérin*. Y aurait-il eu alors, de la part des collatéraux, dans la critique qu'ils faisaient de cette adoption, une véritable recherche de paternité, et l'adoption pouvait-elle être maintenue, nonobstant un vice semblable ? Voyez ce que nous avons dit plus haut, chap. 7, *in fine*, et les arrêts qui y sont rappelés.

Nous pensons d'autant moins que la Cour de Cassation ait voulu se prononcer pour l'affirmative de cette question, que, par un autre arrêt du 4 janvier 1832 (1), elle avait jugé que, lorsqu'un enfant est prouvé incestueux par le testament même qui lui fait un legs, de telle sorte qu'il est inutile, pour établir sa filiation, de se livrer à aucune recherche de la paternité ou de la maternité, l'enfant ne peut, scindant l'acte, écarter, comme prohibée, la reconnaissance ou déclaration de naissance incestueuse, et réclamer le legs ; qu'en un tel cas, la reconnaissance et le legs sont indivisibles ; que, par suite, le legs est nul, *comme ayant une cause illicite ou contraire aux bonnes mœurs*. On dira peut-être que la loi prohibe formellement la reconnaissance des enfants adultérins et incestueux, tandis que la même prohibition n'est point écrite au titre de l'adoption. Mais l'honnêteté publique établit une parfaite analogie en-

---

(1) Sirey, tom. 32, 1re part. pag. 145.

tre les deux cas. C'est bien assez que la loi permette, puisqu'elle ne la .défend pas, l'adoption des enfants naturels simples, bien que reconnus par les adoptants.

La Cour de Cassation a de même jugé, par deux autres arrêts des 8 février 1836 et 3 février 1841 (1), que la reconnaissance faite dans l'acte même de libéralité ne peut être scindée par l'enfant qualifié adultérin ou reconnu tel par la force des choses ou d'un jugement. *Vid. infr.*

( ) Sirey, tom. 36, 1, 241, et tom. 41, 1, 117.

CHAPITRE IX.

—

Reconnaissance d'Enfant adultérin.

—

SOMMAIRE.

312. — *Les enfants adultérins ou incestueux ne peuvent être reconnus. — Pourquoi?*

313. — *Quels sont les enfants incestueux?*

314. — *Les enfants des Prêtres sont-ils incestueux? Peuvent-ils être reconnus? — Discours de M. Duveyrier. — Arrêts.*

315. — *Les Prêtres sont-ils capables d'adoption? Arrêt de la Cour royale de Paris. — Historique du célibat des Prêtres. — Réflexions.*

316. — *La reconnaissance des enfants incestueux ou adultérins est non-seulement prohibée, mais si elle avait lieu, elle ne pourrait produire aucun effet à l'enfant. — Discours de M. Duveyrier.*

317. — *Elle ne peut pas non plus être opposée à l'enfant. — Arrêt.*

318. — *Cependant cette reconnaissance est bonne et valable pour donner à l'enfant le droit de réclamer des aliments.*

319. — *Mais la reconnaissance pour cet objet peut-elle être volontaire, ou ne doit-elle pas résulter d'un jugement? — Opinion de M. Toullier. — Arrêt. — Est-elle valable sous seing-privé? — Opinion de M. Merlin.*

320. — *Examen et réfutation de l'opinion de M. Chabot de l'Allier, sur la première branche de cette question.*

321. — *Nouvel examen de la question de savoir si la reconnaissance d'un enfant adultérin ou incestueux ne peut pas lui être opposée. — Erreur. — Fausse cause. — Arrêt.*

322. — *La donation faite par le père à l'enfant de son enfant naturel, au-delà de la quotité permise par l'art. 757 et suivants, est-elle valable, si cette donation est postérieure au décès de l'enfant? — Arrêt. — Observations critiques sur cet arrêt.*

323. — *La reconnaissance adultérine peut-elle nuire à la mère? — Arrêt. — Observations critiques sur cet arrêt.*

324. — *Résumption.*

312. — On a vu que les enfants incestueux ou adultérins ne peuvent pas être légitimés par le ma-

riage subséquent de leurs père et mère. La loi ne
veut pas non plus qu'ils puissent être reconnus. La
morale et la justice les repoussent. L'humanité seule
leur donne les moyens de soutenir leur honteuse
existence, en leur accordant des aliments. Art.
762.

. 313. — On sait ce que c'est que les enfants adultérins, mais quels sont les enfants qu'on doit réputer incestueux ? Dans notre nouvelle Législation, on
ne peut qualifier ainsi, comme nous l'avons dit précédemment, que ceux qui sont nés des personnes
auxquelles le mariage est défendu par les art. 161,
162 et 163 du Code civil ; encore même lorsque les
individus mentionnés dans le dernier article, ont obtenu des dispenses, le mariage qu'ils contractent est
valable, et leurs enfants sont légitimes (1).

314. — Il suit de là que l'on ne peut réputer adultérins ou incestueux les enfants naturels des Prêtres. Ils

_____

(1) Il faut observer que l'art. 163 ne défend le mariage qu'entre l'oncle
et la nièce légitimes ou naturels, et non entre l'oncle et sa nièce *par alliance*. Dans cette union, en effet, on n'a pas à craindre la confusion ou
le mélange du sang. Aussi l'art. 163 n'est-il pas conçu dans les termes des
deux articles précédents. Telle est l'opinion de tous les auteurs. On peut
voir M. Vazeille, Traité du Mariage, tom. 1er, pag. 145, M. *Toullier*,
tom. 1er, pag. 452, le Répertoire de la nouvelle Législation de M. Favard-de-Langlade, tom. 3, pag. 456, M. Malleville, tom. 1er, pag. 179,
M. Merlin, Répertoire, v° *Empêchement*, tom. 16, pag. 292, § 4, art.
1er, n° 3. Comme aussi dans le terme générique d'*oncle* se trouve compris le *grand'oncle*. — Avis du Conseil-d'Etat, du 7 mai 1808.

peuvent être reconnus par leurs père et mère, encore
que, au temps de leur naissance ou de leur conception, le père fût incapable de mariage.

« Nous n'avons jamais connu, disait M. Duveyrier au Corps législatif, que deux classes d'enfants
naturels. Dans la première, les enfants naturels simples, nés de personnes libres, *ex soluto et solutâ* ; dans la
seconde les adultérins et les incestueux ; et l'inceste
religieux étant désormais étranger à la loi civile,
ce dernier genre devient presque insensible, si l'on
observe surtout qu'il n'y aura pas *inceste civil* même
dans les degrés prohibés auxquels le Gouvernement
peut appliquer la dispense. »

Nous nous sommes expliqué sur ce point important et délicat en parlant de la légitimation, et nous
répétons que, puisque le Code civil n'a point mis,
par les articles précités, les Prêtres dans la catégorie
des personnes incapables du mariage civil, leurs enfants ne peuvent être qualifiés adultérins ou incestueux et sont susceptibles d'être reconnus. Appelons
de tous nos vœux une loi expresse sur cette matière.
Continuons de dire, pour la provoquer, qu'elle est
demandée, sollicitée par la morale, peut-être même
par l'intérêt des familles, par celui de la religion
que professe la majorité des Français, et, par suite,
par l'intérêt de l'État ; mais n'ayons pas la présomptueuse audace de nous ériger en Législateur.

C'est ainsi que pensa la Cour de *Grenoble*, lorsqu'elle eut à examiner la question de savoir *si l'en-*

fant d'un Chanoine pouvait être reconnu. « Considérant, dit-elle, que les nouvelles lois civiles ne s'oc-
cupant point des vœux religieux, les actes qu'a pu
faire le Chanoine *Brunel*, depuis la promulgation de
ces lois, sont régis par les mêmes principes que ceux
passés entre les autres citoyens ; que l'art. 335 du
Code civil, en repoussant de la légitimation les enfants incestueux, n'a eu en vue que ceux *nommément* désignés par elle ; d'où il suit que toute autre
exception qu'elle n'a pas prévue n'est pas du domaine
des Tribunaux (1) (2). »

315. — Bien que la matière de l'adoption ne
rentre pas essentiellement dans le plan de notre ouvrage, elle se rattache intimement sous quelque rap-

---

(1) Arrêt du 14 ventôse an 12. — Sirey, tom. 4, 2e part. pag. 125. —
Même décision pour la légitimation, par la Cour de Bourges, du 14
mars 1809, même Recueil, tom. 9, 2e part. pag. 206.

(2) La troisième Chambre du Tribunal de la Seine, déterminée à peu
près par les mêmes motifs, a jugé, le 12 juin 1841, qu'un Prêtre catholique a capacité pour adopter, comme tout autre citoyen. Ce Jugement
reconnaît par cela même que les Prêtres sont habiles à contracter mariage, puisque l'adoption n'est que la fiction légale de la paternité légitime.

Cependant nous avons lu dans les Journaux (*) que *M. Bodin*, maire
de *Pouillé*, qui avait été suspendu de ses fonctions, par arrêté de
M. Gauja, Préfet de la Vendée, pour avoir affiché les publications de mariage de sa fille *avec un Prêtre*, a été définitivement révoqué, par ordonnance royale du 18 décembre 1841. La tendance du Gouvernement pour
empêcher le mariage des Prêtres est sensible, comme on le voit par cet
acte ; mais nous aurions préféré une loi.

(*) Journal *la Presse*, feuille du 1er janvier 1842.

port et dans certains cas analogues, à la reconnaissance des enfants naturels que nous examinons ; car la reconnaissance est une espèce d'adoption, et souvent l'adoption porte sur un enfant naturel reconnu par l'adoptant, ce qui forme entre lui et l'adopté un double lien qui imite parfaitement la nature. Il n'est donc pas déplacé que nous examinions un peu plus sérieusement la question jugée par le Tribunal de la Seine, le 12 juin 1841, et dont nous venons de parler dans la note précédente.

Ce fut en 1829 que le Prêtre *Charles Houël* fit consacrer, par un arrêt de la Cour royale de Paris, l'adoption par lui faite, en 1828, du jeune *Daguier*, son neveu, fils de sa sœur. Il mourut en 1840. Ce n'a été qu'après son décès, que ses parents collatéraux ont attaqué l'adoption qui avait été précédée et suivie en son temps de toutes les formalités voulues par la loi. Cette demande en nullité était fondée sur ce que le mariage étant interdit aux Prêtres, ils ne peuvent pas plus valablement se livrer à l'adoption qui est une fiction de la paternité, et par conséquent du mariage.

Mais le Tribunal de la Seine, en rejetant la fin de non-recevoir, prise de ce que des collatéraux sont sans qualité pour attaquer une adoption consommée, l'a validée au fond par les motifs suivants :

« Attendu, en fait, qu'il est constant au procès, que le sieur Charles Houël, dit Duhamel, a été ordonné Prêtre en 1789, et a exercé les fonctions du Sacerdoce pendant plusieurs années ; qu'il est également constant qu'à partir de 1794, il a renoncé à l'état ecclésiastique pour se livrer à l'exploitation d'une imprimerie à Paris, qu'ensuite, et après avoir été chargé par le Gouvernement de la direction d'une imprimerie à Constantinople, il est entré dans les bureaux du Ministère de la Guerre en 1798, qu'il est resté attaché à cette administration jusqu'à la fin de 1830, époque à laquelle il a pris sa retraite ;

» Attendu qu'on ne produit aucuns documents établissant que le sieur Charles Houël ait, depuis 1794 jusqu'à son décès arrivé en 1840, exercé aucun des actes du Sacerdoce ;

» Attendu qu'à la date de 1828, il a adopté Gabriel Daguier, fils de sa sœur, après avoir rempli toutes les formalités voulues par la loi ;

» Statuant sur la fin de non-recevoir opposée par Gabriel Daguier, résultant de ce que les collatéraux ne peuvent être admis à critiquer une adoption consommée ;

» Attendu que, sauf les cas où il y a restriction expresse de la loi, toute personne a la faculté pendant un temps plus ou moins long, suivant la nature de l'action, de poursuivre l'exercice du droit ouvert à son profit ; qu'il n'existe dans la loi aucune disposition qui prive d'une manière absolue les parties intéressées, collatéraux ou autres, du droit d'attaquer une adoption même *consommée* (1), et après le décès de l'adoptant, pourvu toutefois que les dites parties se fondent sur des motifs de rescision péremptoires ;

» Au fond ; attendu qu'on ne trouve dans le Code civil ni dans les lois organiques des concordats et les canons de l'Eglise et reconnus lois de l'Etat, aucun texte formel qui défende au Prêtre catholique l'adoption et le prive ainsi du droit que tout citoyen tient de la loi, lorsque d'ailleurs il réunit toutes les conditions voulues en pareil cas ;

» Attendu que les Tribunaux ne pourraient prononcer cette incapacité, ou annuler une adoption faite par un Prêtre, qu'en tant que l'incapacité alléguée résulterait d'une disposition formelle, ou serait la conséquence rigoureuse ou nécessaire des conditions de l'adoption, ce qui ne se rencontre pas dans la cause ; qu'on ne peut, en effet, en s'appuyant sur des considérations plus ou moins puissantes, sur des inductions et des analogies plus ou moins exactes entre le mariage et l'adoption, annuler un acte consacré en vertu de la loi, après l'observation des formalités qu'elle impose, et priver l'adopté des droits qui lui ont été conférés. »

Sur l'appel de ce jugement, la Cour royale de Paris a évité de se prononcer sur la question qui

---

(1) Voyez plus haut, sur cette fin de non-recevoir, les conclusions de M. le Procureur-Général Dupin, lors de l'arrêt du 28 avril 1841, rendu au sujet de l'adoption des enfants naturels reconnus.

lui était soumise, et par arrêt du 19 février 1842, sous la présidence de M. le premier Président Séguier, elle a confirmé la décision des premiers Juges par les motifs suivants :

« Attendu qu'il résulte des documents de la cause que Charles Houël, ordonné Prêtre avant 1789, était *retiré* depuis longtemps des Ordres sacrés ; qu'il avait *résigné* les fonctions de la Prêtrise en 1794, par suite des événements politiques, et que depuis cette époque jusqu'à sa mort il n'a cessé de remplir des emplois civils ;

» Que telle était la position de Houël en 1820, à l'époque de l'adoption ; que jamais la qualité de Prêtre ne lui a été donnée dans les actes qui ont eu lieu soit à cette époque, soit depuis ; qu'au contraire il a toujours pris dans les actes la qualité d'ancien chef de bureau au Ministère de la Guerre, etc. » (1).

M. l'Avocat-Général *Glandaz* avait le premier soulevé la fin de non-recevoir que la Cour s'est empressée d'adopter. Mais au fond, il avait pensé que l'adoption n'était point une fiction du mariage, et qu'aucun texte de loi ne la prohibant, elle était permise aux Prêtres catholiques.

Ce qui nous paraît avoir empêché la Cour de se prononcer *in terminis* sur la question d'adoption, c'est ce qui s'est passé aux débats.

(1) Bulletin judiciaire et administratif de la *Presse* du 20 février 1842.

On a produit une lettre du 2 juin 1841, écrite à l'un des Avocats par *M. Ravinet*, Secrétaire de Mgr l'Archevêque de Paris, ainsi conçue :

« Monseigneur l'Archevêque a en effet donné verbalement un avis analogue à celui dont vous parlez dans votre lettre du 29 mai, et même une lettre a été écrite à ce sujet en son nom.

» Si, après de nouvelles réflexions, cet avis lui paraissait contraire à la vérité, il le rétracterait volontiers ; mais, au contraire, il est persuadé *qu'aucune décision du Droit canon ne peut faire déclarer invalide un acte d'adoption contracté par un Prêtre*, bien qu'un pareil acte soit certainement opposé à l'esprit de l'Eglise. »

On a produit par contre une lettre écrite le 7 janvier 1841, au même Avocat, par Mgr *Guillon*, Évêque de Maroc et Aumônier de Sa Majesté la Reine, conçue dans les termes suivants :

« Je regrette de n'avoir pas eu le temps nécessaire aux recherches qu'exigeait l'importance de la question sur laquelle vous me faites l'honneur de me demander mon opinion. Je crois néanmoins qu'elle peut se résoudre aisément par un principe dont l'évidence ne saurait être contestée. L'adoption étant *une imitation de la nature*, inventée, disent les Jurisconsultes, pour la consolation de ceux qui n'ont pas d'enfants, les personnes à qui leurs engagements d'un ordre supérieur à la nature ne permettent pas d'en avoir, ne sauraient légalement en adopter. Elles sont réputées appartenir à la classe des eunuques, à qui toutes les Législations en ont interdit le droit, parce qu'ils sont dans l'impuissance actuelle d'en avoir. Je ne me rappelle pas un seul exemple qui contredise cette Jurisprudence dans la longue suite de nos annales ecclésiastiques. »

On ne s'étonnera pas, à la vue de ces deux documents, que la Cour royale de Paris n'ait pas voulu placer le sceptre de la Justice entre les deux maîtres en conflit.

Mais il nous semble que la Cour a méconnu le caractère de Prêtre en se fondant uniquement sur ce que, *depuis 1789, Charles Houël était retiré des Ordres sacrés, qu'il avait résigné les fonctions de la Prêtrise en 1794 par suite des événements politiques, et que depuis cette époque jusqu'à sa mort, il n'avait cessé de remplir des emplois civils.*

S'il est en effet un principe incontestable, en matière ecclésiastique, c'est celui qui décide que le caractère de Prêtre est *indélébile, ineffaçable,* qui suit partout l'homme qui en est revêtu. Il n'est qu'un cas où le Sacerdoce quitte le Prêtre pour le rendre à la société : c'est lorsqu'il s'est fait relever de ses vœux par le souverain Pontife.

Mais il ne peut pas, de sa propre autorité, se *retirer* des Ordres sacrés, ni *résigner* les fonctions de la Prêtrise, pour se livrer, selon son caprice ou son bon plaisir, aux actes de la vie civile (1).

(1) Il faut pourtant convenir que la position du Prêtre Charles Houël

Le Prêtre *Dumonteil* disait bien aussi en 1832 qu'il s'était retiré et entendait s'abstenir désormais [d]es fonctions sacerdotales, et cependant la même [C]our lui refusa l'autorisation de se marier. Il disait [b]ien également qu'aucun texte de la loi ne prohi[b]ait le mariage des Prêtres, et pourtant le mariage [l]ui fut interdit.

Il est vrai que, suivant M. l'Avocat-Général *Glan[d]az*, le Prêtre auquel il est interdit de se marier peut

---

[ét]ait toute exceptionnelle et pouvait se trouver protégée par le concordat [co]nclu entre le Gouvernement français et le Pape Pie VII, le 18 septem[b]re 1801. Voici comment est conçue la disposition qui le concernait :
« Nous ne voulons pas qu'on regarde comme étrangers à notre sollici[tu]de et à notre amour paternel, les Ecclésiastiques qui, après la réception [d]es Ordres sacrés, ont *contracté mariage* ou *abandonné publiquement [le]ur état*. Nous prendrons à leur égard, conformément aux désirs du [G]ouvernement, les mêmes mesures que prit, en pareil cas, *Jules III*, [n]otre prédécesseur d'heureuse mémoire, comme nous le leur annonçons, [p]ar notre sollicitude pour leur salut, dans un bref donné par nous, le [m]ême jour que les présentes. »
Mais quelles étaient ces mesures, et le souverain Pontife les a-t-il ja[m]ais prises? C'est ce que nous ignorons. Il faut bien croire que si le Prê[tr]e Houël s'y était conformé, le Tribunal de la Seine et la Cour royale [n']auraient pas manqué d'en parler. Si les mesures prises devaient avoir [p]our effet d'affranchir pour l'avenir le Prêtre Houël de tous devoirs sa[ce]rdotaux, de le relever de ses vœux, et de le faire rentrer dans la so[cié]té, alors la question soumise était tranchée et ne présentait plus le [m]oindre doute. Si, au contraire, les mesures prises par le Pape obli[ge]aient le sieur Charles Houël, non marié, à rentrer dans le giron de [l']Église, il était toujours demeuré Prêtre, et il n'avait pu valablement se [re]tirer des Ordres sacrés, ni *résigner* les fonctions de la Prêtrise, par [l']effet de sa seule volonté.
N. B. Nous ajoutons que la disposition que nous venons de transcrire [e]st la seule que l'on trouve dans le concordat, relativement au mariage [d]es Prêtres. De bonne foi, peut-on dire qu'elle leur a défendu à l'avenir [d]e se marier? Et quand même on pourrait soutenir que cette défense se [tr]ouve implicitement comprise dans le concordat, n'aurait-elle pas été [ab]rogée par le Code civil publié en 1803, qui ne contient aucune prohibi[ti]on pour le mariage des Prêtres?

adopter, parce que l'adoption n'est point *une fic* *tion du mariage*. L'adoption, a-t-il dit, *c'est la fictio* *de la paternité légitime, et pas autre chose*. Mais l fiction ne doit pas être menteuse. La fiction, a dit l Chancelier D'Aguesseau, est l'imitation de la vérit qu'elle peut bien orner et embellir, mais qu'elle n doit jamais défigurer. Or, puisque l'on convient qu l'adoption est une fiction de la paternité légitime, i faut en conclure qu'elle est aussi une fiction du ma riage ; car, sans le mariage, il ne peut y avoir de pa ternité légitime.

Nous pensons donc, avec le Tribunal de la Seine que l'adoption est permise aux Prêtres, mais seule ment parce que, d'après la loi civile, ils sont capable de mariage, ainsi que nous l'avons précédemmen établi (1).

Comme aussi nous pensons que s'il est vrai qu

---

(1) A ce que nous avons dit en son lieu sur ce sujet, nous ajouteron l'observation suivante :

L'histoire nous apprend que la règle du célibat ne touche ni au dogm ni à la morale, et ne s'appuie que sur la discipline de l'Eglise. Tous le Apôtres étaient mariés, sauf Paul et Jean. Le Concile de Trente qu proscrivait le mariage des Prêtres, malgré les protestations de l'ambas sadeur de France *Lauzac*, et du Cardinal de Lorraine, était flétri d nom de conciliabule, par l'Avocat-Général *Servan*. Jamais les Canons d ce Concile n'ont été admis en France par ordonnance royale, mais seu lement par arrêts des Parlements. Dans ces derniers temps, on a rencon tré pour défenseurs du mariage des Prêtres, deux Procureurs-Généraux MM. Dupin et Persil, et c'est après un arrêt de partage que la Cou royale de Paris, dans l'affaire Dumonteil, a déclaré que les Prêtres n pouvaient contracter mariage ; voilà l'abrégé historique de cette impor tante question.

dans notre Législation le mariage est prohibé aux Prêtres, il doit leur être interdit d'adopter (1).

Mais si les Prêtres sont capables d'adoption, il doit s'ensuivre qu'ils peuvent adopter leurs enfants naturels reconnus, puisque cette sorte de reconnaissance a été déclarée valable par l'arrêt de la Cour de Cassation, du 28 avril 1841, que nous avons fait connaître plus haut. Cet arrêt n'ayant point distingué, et d'ailleurs les enfants naturels des Prêtres n'étant point réputés, par notre Code, adultérins ou incestueux, rien ne s'oppose à ce qu'ils puissent jouir du bénéfice de l'adoption.

316. — Non-seulement la reconnaissance d'un enfant adultérin ou incestueux proprement dit, est défendue, mais si elle avait lieu, elle serait nulle et ne pourrait produire aucun effet à l'enfant.

« Cette reconnaissance sera impossible, disait M. *Duveyrier* au Corps législatif, s'il faut l'appuyer sur l'inceste ou sur l'adultère. L'Officier public ne la

(1) Dans les pays où le mariage des Prêtres est formellement interdit, l'adoption leur est prohibée. Ainsi, dans le Code *Sarde*, l'adoption est interdite aux Ecclésiastiques; dans le Code *Bavarois*, il faut que l'adoptant puisse se marier ; dans le Code *Autrichien*, l'adoption n'est permise qu'aux personnes âgées de plus de cinquante ans, sans enfants légitimes, qui n'ont pas fait vœu solennel du célibat ; dans le Code *Prussien*, pour pouvoir adopter, il faut n'être pas obligé au célibat. Partout, comme on le voit, l'adoption n'est considérée que comme une fiction du mariage. Notre Code lui-même la considère sous ce rapport, puisque, d'après l'art. 343, l'adoption n'est permise qu'aux personnes de l'un ou de l'autre sexe, âgées de plus de cinquante ans, qui n'auront, à l'époque de l'adoption, *ni enfants ni descendants légitimes*, et qui auront au moins *quinze ans de plus* que les individus qu'elles se proposent d'adopter.

recevra pas ; et si, malgré lui, l'acte contient le vice qui l'infecte, cette reconnaissance *nulle* ne pourra *profiter* à l'enfant adultérin ou incestueux pour qui elle aura été faite.

» Rendons grâce, continue-t-il, à cette innovation morale, qui écarte d'une loi si pure dans sa source et dans son objet, ces chances pernicieuses d'infamie, ces révélations mortelles à la pudeur sociale. On ne déchirera plus pour des passions individuelles, ou des intérêts particuliers, le voile épais dont l'intérêt public couvre ces écarts scandaleux ; et les expressions mêmes qui servent à les désigner, ne seront plus prononcées que dans les Jugements destinés à flétrir ceux qui oseront s'en montrer coupables (1). »

317. — Ces dernières expressions nous font voir que, quoiqu'il soit prouvé que l'enfant est le fruit de l'adultère ou de l'inceste, on n'est pas admis à se servir contre lui de cette preuve pour faire annuler des libéralités faites en sa faveur. C'est ce qu'on trouve décidé notamment par deux arrêts de la Cour

---

(1) La morale noble et majestueuse répandue dans les paroles éloquentes de cet orateur, ressort particulièrement de cet autre passage du même discours, à l'occasion de la loi du 12 brumaire an 2 :

« La société fut ébranlée dans ses fondements, le mariage n'était plus » qu'un inutile fardeau et la légitimité un honneur futile. Des enfants nom- » breux n'appelaient plus sur les auteurs de leurs jours que le dédain et » la raillerie, et le délire, en jetant le ridicule et le sarcasme sur les » choses les plus saintes comme sur les objets les plus atroces, allait jus- » qu'à nommer les membres les plus vénérables, les chefs de la société, » *la faction* des pères de famille. »

de Cassation, le premier, du 14 mai 1810, dans la cause des enfants *Lemur*; le second, du 9 mars 1824, dans la cause des enfants d'Elisabeth *Gengout* (1). Ces arrêts sont fondés sur ce que la recherche de la paternité est interdite par l'art. 340 : sur ce qu'encore, aux termes de cet article et de l'art. 342, la recherche de la paternité ne peut pas plus avoir lieu contre les enfants qu'à leur profit, même par voie d'exception.

Dans l'espèce du dernier arrêt, l'enfant d'Elisabeth Gengout avait été reconnu dans son acte de naissance par Christophe *Bataille*, homme marié, qui s'en était déclaré le père. On disait : mais si la reconnaissance d'un enfant adultérin ou incestueux est nulle d'après l'art. 335, comment concilier cet article avec l'art. 762, qui leur accorde des aliments, et comment l'enfant qui aura intérêt à les obtenir pourra-t-il se dire au moins incestueux ou adultérin ?

La Cour de Cassation a d'abord répondu que l'art. 335 prohibait, en termes généraux et absolus, la reconnaissance des enfants adultérins et incestueux, afin de prévenir les révélations scandaleuses d'inceste et d'adultère. *La nullité de ces reconnaissances n'en laisse subsister aucun effet.*

Venant directement à l'objection, elle a dit que l'art. 762 s'applique aux espèces où, *par la force*

(1) Sirey, tom. 10, 1re part. pag. 272, et tom. 24, 1re part. pag. 114.

des choses et des jugements, la preuve de la filiation adultérine ou incestueuse est acquise en Justice, que cet article est évidemment sans application dans le cas d'une simple reconnaissance que la loi proscrit *d'une manière absolue, et dont*, comme dans l'espèce, l'enfant *repousse de toutes ses forces les effets.*

Le Tribunal civil de Melun a aussi décidé, le 16 février 1842, que la reconnaissance volontaire d'un enfant adultérin est radicalement nulle aux termes de l'art. 335 du Code civil; qu'elle ne peut produire aucun effet, soit au profit, soit au préjudice de l'enfant reconnu. Il a jugé de plus que le droit de porter un nom ne peut s'acquérir par prescription (1).

318. — Toujours est-il que la reconnaissance des enfants adultérins ou incestueux leur donne droit à des aliments. Car l'art. 762 les leur accorde. Or, pour pouvoir les obtenir, il faut bien qu'ils soient reconnus en cette qualité, sans cela ils n'auraient aucune apparence de droit, puisque la recherche de la paternité leur est interdite.

319. — Mais cette reconnaissance peut-elle être volontaire, ou doit-elle résulter d'un jugement?

D'après les derniers termes de l'arrêt de la Cour de Cassation que nous venons de citer, il semblerait que les enfants adultérins ou incestueux n'ont droit

(1) Bulletin judiciaire du journal *la Presse* du 12 mars 1842.

à des aliments que lorsqu'ils sont reconnus en jugement. Mais nous pensons, avec *M. Toullier*, n° 968,
que la Cour suprême, à l'instar de la loi, n'a entendu
parler que des enfants qui, n'étant pas déjà reconnus, voudraient se faire reconnaître en Justice : ce
serait là, en effet, une véritable recherche de paternité prohibée. Mais celui qui a déjà une reconnaissance n'a plus à la demander. Voilà son titre pour
réclamer des aliments. Mais là aussi se borne tout
son droit, autrement on aurait raison de dire, comme
nous venons de l'observer, que jamais les enfants
adultérins ou incestueux ne pourraient contraindre
ceux qui leur ont donné le jour à être justes en remplissant envers eux l'obligation que la nature leur
impose.

Cela est si vrai que la même Cour de Cassation a
décidé, le 28 prairial an 13, qu'un enfant adultérin
peut réclamer des aliments, *en vertu d'un testament
olographe*, par lequel le testateur l'a reconnu, et lui
a donné la quotité disponible. Elle a dit que s'il est
vrai que l'enfant adultérin ne puisse exciper de la
reconnaissance portée au testament, il est également vrai qu'en lui refusant le legs, attendu le vice
de bâtard adultérin, on constate sa filiation *assez*
pour qu'il y ait lieu à leur accorder des aliments (1).

---

(1) Sirey, tom. 5, 1re part. pag. 357. *Vid.* aussi un arrêt de la Cour de
Bruxelles, du 29 juillet 1811, et un autre arrêt de la Cour de Nancy, du
20 mai 1816. — Tom. 11, 2e part. pag. 484, et tom. 17, 2e part. pag.
149. Ces trois arrêts ont jugé que l'art. 762 accorde aux enfants adulté-

M. Merlin, tom. 6, du Répertoire au mot *Filiation*, pense que la reconnaissance sous seing-privé ne peut pas autoriser l'enfant adultérin à réclamer des aliments. Il raisonne par analogie et conséquence avec la reconnaissance des enfants naturels nés de personnes libres. Il se fonde sur un arrêt de la Cour de Cassation, du 6 mai 1820, rendu contre *Thérèse Diozi*, réclamant une pension alimentaire pour *Henri-Alexandre-Justin*, qu'elle prétendait être le fils adultérin du Général *Ramel*. Elle faisait résulter la reconnaissance de plusieurs lettres qu'elle attribuait à ce général, et dont elle demandait vérification. Elle fut déboutée en première instance de sa demande. Elle succomba aussi sur l'appel. S'étant pourvue en Cassation, son pourvoi fut rejeté.

M. Merlin pense, par suite, que le droit à des aliments ne peut résulter que d'une reconnaissance authentique, dont l'effet s'arrête là, et ne peut conférer aucun droit de successibilité. Cette dernière opinion est aussi celle de M. Toullier, n° 967. Nous croyons que cette opinion est la plus saine, parce qu'elle fait disparaître la contradiction qui paraît exister entre l'art. 335 et l'art. 762 du Code civil, et qu'elle rend ainsi ces deux dispositions exécutables dans leur sens respectif.

rins le droit de demander des aliments à leur père, et l'art. 335, ne permettant pas qu'ils soient reconnus *en forme authentique*, il faut en conclure que la loi, pour leur accorder des aliments, se contente d'une reconnaissance sous seing-privé, et que la prohibition de l'art. 335 a pour unique objet l'exclusion des droits successifs.

320. — M. Chabot de l'Allier, dans son Commentaire sur l'art. 762, pense que cet article ne peut
s'appliquer au bâtard adultérin ou incestueux reconnu
par acte *authentique*, mais seulement à celui dont la
filiation est constatée, *indépendamment de toute reconnaissance* VOLONTAIRE *de la part des père et
mère.*

Cependant il nous paraît bien difficile d'adopter
cette opinion, après avoir lu le discours de M. Siméon
au Corps législatif, séance du 29 germinal an 11.
Voici comment il s'exprimait :

« Un homme aura signé comme père un acte de
naissance, sans faire connaître qu'il est marié à une
autre femme que la mère du nouveau né, ou que la
mère est sa sœur ; il aura voulu faire fraude à la loi.
L'enfant ignorant le vice de sa naissance, se
présentera dans sa succession pour y exercer les
droits d'un enfant naturel ; on le repoussera par la
preuve qu'il est né d'un père qui ne pouvait légalement l'avouer ; *mais l'aveu de fait écrit dans son
acte de naissance, lui restera et lui procurera des aliments.* »

M. Vazeille, Traité du Mariage, tom. 2, pag. 323
et suiv., après avoir rappelé ces paroles de M. Siméon, et le rapport conforme de M. Jaubert au Tribunat, s'exprime également ainsi : Ces explications
nous paraissent très justes. La loi (art. 762) n'a
pas pu proclamer un droit illusoire, et ce qu'elle n'a
pas déterminé doit être réglé par la raison.

Depuis notre premier ouvrage, nous avons examiné de nouveau l'opinion de *M. Chabot*. Comme ce profond Jurisconsulte s'est fortement attaché à soutenir que la reconnaissance *volontaire* d'un enfant adultérin ou incestueux est nulle et ne peut lui donner droit aux aliments, nous croyons devoir rappeler ses principales raisons, pour mettre le lecteur à portée de mieux apprécier celles qui nous déterminent à persister dans notre opinion contraire.

M. Chabot invoque les observations de la Cour de Lyon, puis, les paroles de M. Treilhard au Conseil-d'Etat, et enfin l'arrêt rendu par la Cour de Cassation, le 22 juin 1815, en la cause des enfants *Lanchère*.

« Dans le premier projet du Code, dit-il, il n'y avait aucune disposition qui prohibât la reconnaissance des enfants adultérins ou incestueux, et l'on pourrait même conclure d'une disposition générale qui formait l'art. 28 du titre de la paternité et de la filiation, que cette reconnaissance se trouvait autorisée. La Cour de Lyon réclama fortement sur ce point. Elle proposa un article qui tendait à prohiber formellement la reconnaissance des enfants adultérins ou incestueux. La section de Législation du Conseil-d'Etat s'empara de cette proposition, elle comprit dans son nouveau projet du Code l'article demandé par la Cour de Lyon, et il fut spontanément adopté par le Conseil-d'Etat : c'est l'art. 335. »

Mais il résulte de cela même, que ce ne fut que

le principe de la prohibition générale de toute reconnaissance d'enfants adultérins ou incestueux, que
la Cour de Lyon proposa et fit adopter par l'art. 335.
Cet article, non plus que le titre dont il fait partie,
n'avait aucun trait *aux droits* à accorder aux enfants
adultérins ou incestueux. La Cour de Lyon ne par-
lait donc pas et ne pouvait pas parler de ces droits
dont il ne devait être question qu'au titre des successions qui n'était pas encore fait. Or, dans ce dernier titre, il était bien permis aux Législateurs de
modifier, de *restreindre* la rigueur qu'ils avaient
montrée dans l'art. 335 ; d'expliquer cet article, de
dire en un mot qu'il n'avait eu pour objet et pour intention que de refuser aux enfants adultérins ou incestueux tout droit *à la propriété* des biens de leurs
père et mère. C'est ce que les Législateurs ont fait
en décrétant l'art. 762. Oui, ils l'ont fait, car en accordant aux enfants dont nous parlons, des aliments,
ils n'on pas ajouté que c'était seulement à ceux dont
la filiation serait constatée *indépendamment de toute
reconnaissance* VOLONTAIRE *de la part des père et
mère*, ainsi que le suppose M. Chabot. Encore une
fois, l'art. 762 porte tout simplement, et sans distinction, que les dispositions des art. 757 et 758 ne
sont pas applicables aux enfants adultérins ou incestueux, *la loi ne leur accorde que des aliments.*

Et il est si vrai que ces enfants peuvent être volontairement reconnus, que l'art. 764 leur refuse
des aliments, lorsque leurs père et mère leur en ont

assuré de leur vivant. N'est-ce pas permettre ainsi de les reconnaître ?

Le second argument de *M. Chabot* est plus puissant ; il se fonde sur ces paroles de M. Treilhard au Corps législatif. « Cependant, comme la recherche de la maternité admise par la loi, pourrait entraîner la preuve d'un commerce adultérin ou incestueux, il a bien fallu assurer des aliments aux fruits malheureux de ces désordres révoltants; mais on n'a pas dû pousser plus loin l'indulgence; » d'où *M. Chabot* conclut, avec raison, que M. Treilhard pensait que ce n'était que dans le cas de la recherche de la maternité que l'enfant pourrait découvrir la preuve de sa filiation adultérine ou incestueuse, et réclamer contre son père, ainsi découvert en jugement, les aliments que lui accorde l'art. 762.

Nous en convenons. Tel est le sens bien apparent du discours de M. Treilhard. Nous en sommes étonné ; il est en opposition avec celui de *M. Siméon*, dans la séance du Corps législatif du 29 germinal an 11 ; nous l'avons déjà rapporté.

Mais l'opinion de M. Treilhard sape évidemment dans sa base le principe qui prohibe, même aux enfants naturels simples, la recherche de la paternité.

Mais surtout cette opinion de M. Treilhard, qui a pour objet *d'empêcher les déclarations honteuses d'adultère et d'inceste qui outrageraient les bonnes mœurs,* tend au contraire à introduire le scandale le

plus révoltant. Car on ne peut pas se dissimuler que,
pour procurer à son fils la découverte de son père
adultérin ou incestueux, une mère se gardera bien
alors de le reconnaître. Elle s'entendra avec lui; elle
se fera par lui judiciairement rechercher, et ce sera
au milieu des indécents débats qu'on l'aura forcée à
provoquer, qu'elle signalera à un public nombreux,
comme complice de son crime, un père de famille
entouré de son épouse et de ses enfants légitimes,
devenus les déplorables objets des sarcasmes de la
malignité!..... Tandis qu'une reconnaissance volontaire du père, quoique authentique, ne mettrait que
quelques individus dans la confidence de son immoralité, et serait presque aussi secrète, que si elle était
contenue dans un acte sous seing-privé, alors surtout que la loi lui permet de régler lui-même les aliments qu'il doit à son fils, ce qui enlève toute crainte
d'une révélation publique et judiciaire.

Quant à l'arrêt *Lanchère*, il n'a point été rendu
sur une question d'aliments; il s'agissait seulement
de savoir si une donation, faite par Jean *Lanchère*
à ses trois enfants adultérins, par lui reconnus, était
valable. La reconnaissance fut déclarée nulle, parce
qu'elle tendait à attribuer à ces enfants adultérins
une portion *en propriété* des biens de leur père. Dès
lors leur état demeura *incertain*, et dans cette position la donation fut validée par le principe qui défendait de rechercher le vice de leur naissance.

Revenant à l'opinion de M. Treilhard, nous ajouterons qu'elle est en contradiction manifeste avec l'art. 342. En effet, M. Treilhard accorde des aliments à l'enfant lorsque, dans la recherche de la maternité, il découvre son père adultérin ; mais l'art. 342 dit positivement qu'un enfant ne sera jamais admis à la recherche soit de la paternité, soit de la maternité, dans le cas où suivant l'art. 335, la reconnaissance n'est pas admise. Il doit bien évidemment s'ensuivre que si, en recherchant sa mère, l'enfant découvre un père adultérin, la Justice doit arrêter sa poursuite, le déclarer non-recevable, même dans son action en recherche de maternité ; car, sans cela, elle autoriserait en même temps la recherche de la paternité, si impérativement prohibée pour tous les enfants naturels en général. Or, si la Justice doit empêcher l'enfant de continuer sa poursuite, dès l'instant qu'elle s'aperçoit que, lors de sa conception, son père était légitimement marié avec une autre femme que sa mère, par quel singulier privilége accueillerait-elle la réclamation de cet enfant en lui accordant des aliments ? Cette contradiction ne choque-t-elle pas toutes les règles, n'est-elle pas infiniment plus immorale que la reconnaissance volontaire ?

Nous appuyons cette discussion de l'opinion de M. Toullier sur la question soulevée.

« L'art. 335, dit ce grand Jurisconsulte, porte que la reconnaissance ne pourra avoir lieu au profit des enfants nés d'un commerce adultérin ou incestueux.

» L'art. 342 ajoute que ces enfants ne seront jamais admis à la recherche, soit de la paternité, soit de la maternité.

» Et cependant les art. 762 et 763 accordent à ces enfants des aliments qui doivent être réglés, eu égard aux facultés du père ou de la mère, au nombre et à la qualité des héritiers légitimes.

» Cette contrariété apparente a paru d'abord difficile à concilier, et cependant rien de plus facile au moyen d'une distinction très simple.

» En disant qu'un enfant naturel ou incestueux ne peut pas être reconnu par acte authentique, l'art. 335 a pour objet d'empêcher que cette reconnaissance ne lui confère les droits de succession irrégulière que les art. 757 et 758 assurent aux enfants naturels légalement reconnus.

» Mais il n'entend point par là dispenser ceux qui ont reconnu un enfant de l'obligation naturelle de le nourrir ; ainsi la reconnaissance d'un enfant naturel ou incestueux ne peut lui conférer les droits de succession irrégulière, mais elle peut fonder une action en aliments.

» Il est nécessaire de conserver cette distinction conforme à l'ancien Droit ; car, enfin, les enfants adultérins ou incestueux n'en sont pas moins des hommes, et tout homme a droit de recevoir au moins des aliments de ceux qui lui ont donné la vie.

» On ne peut pas objecter que l'art. 342 défend à l'enfant adultérin ou incestueux de rechercher quel

est son père ou sa mère, cette défense n'a plus d'objet lorsqu'il a été reconnu par l'un ou l'autre. Il n'a
point à les rechercher, mais à les contraindre d'être
justes en remplissant l'obligation que la nature leur
impose.

» C'est en conformité de ces principes, que la
Cour de Cassation a confirmé, par son arrêt du 28
prairial an 13, un arrêt de la Cour de *Montpellier*
qui avait jugé qu'il était dû des aliments à une fille
adultérine, reconnue par son père dans un testament
olographe, par lequel il lui faisait don de telle portion de ses biens dont il pourrait disposer à l'époque
de sa mort. »

Cependant, objecte-t-on, la Cour royale de Limoges, a décidé, le 9 juin 1838, que l'art. 762 du Code
civil, qui accorde des aliments à l'enfant adultérin, n'est
applicable qu'au cas où la preuve de la paternité
adultérine est indépendante de toute reconnaissance
volontaire, et résulte de décisions judiciaires. La
Cour de Cassation a elle-même jugé, le 4 décembre
1837, que la reconnaissance volontaire d'un enfant
adultérin, faite par acte authentique ou sous seing-
privé, est radicalement nulle, et ne peut produire
aucun effet, soit contre l'enfant pour faire réduire à
de simples aliments les donations faites en sa faveur,
soit à son profit pour faire condamner l'auteur de
cette reconnaissance à lui fournir des aliments (1).

(1) *Journal du Palais*, tom. 2, de 1837, pag. 564, et tom. 2, de 1838,
pag. 466.

La simple lecture de ces arrêts prouve une seule
chose, c'est qu'ils ont mis en fait ce qui est précisément en question ; car dire, comme ils se sont bornés à le faire, que la prohibition de reconnaître volontairement les enfants adultérins, emporte contre
ceux-ci la prohibition de réclamer des aliments,
n'est-ce pas, on le répète, donner la thèse pour raison ? N'en est-il pas de même lorsque ces arrêts
ajoutent, sans essayer le moins du monde de justifier
une pareille doctrine, que l'art. 762 n'est applicable
qu'au cas où la reconnaissance des enfants adultérins est forcée, et résulte de débats judiciaires, encore que cet article ne dise mot d'une pareille distinction, et accorde d'une manière générale et absolue des aliments aux enfants adultérins, tout en leur
refusant les droits de famille et de successibilité ? Ce
n'est pas ainsi qu'a raisonné la Cour royale de Paris,
dans son arrêt du 22 juin 1839 (1). Elle s'est montrée, à notre avis, parfaitement conséquente avec les
diverses dispositions du Code, concernant les enfants
adultérins. Elle a considéré : 1° que l'art. 335 n'a
d'autre effet que de priver ces enfants des avantages
de filiation que la reconnaissance légale peut procurer
aux enfants naturels. Elle a considéré : 2° qu'ainsi
ces enfants ne peuvent, à la vérité, entrer dans
la famille, acquérir la possession d'état, être légitimés par mariage subséquent, ni avoir part dans

(1) *Journal du Palais*, tom. 2, de 1839, pag. 94.

la succession, mais qu'il résulte des art. 762, 763
et 764, que ces enfants ne demeurent pas absolument étrangers à leurs parents, puisque ces articles,
en les excluant de la succession, obligent néanmoins
ceux-ci à leur donner des aliments. Elle a considéré :
3° qu'il importe peu que le fait de l'existence d'un
enfant adultérin résulte d'une reconnaissance volontaire ou d'une reconnaissance forcée ; que la loi ne
fait pas cette distinction, et que c'est d'une manière
générale, et par conséquent pour tous les cas, qu'elle
leur accorde des aliments. Elle a considéré : 4° enfin,
que l'art. 762, loin d'être en contradiction avec l'art.
335, en est au contraire une conséquence, et que la
loi qui venait de priver ces enfants de tous les droits
de famille accordés aux autres enfants naturels, a voulu
pourvoir au moins à leur subsistance. — *Vid.* néanmoins, contre cette opinion, *Locré*, Esprit du Code civil, édit. in-4°, t. 4, p. 181 et suiv. Chabot, sur l'art.
762, Grenier n° 130, Favard, Duranton, tom. 6, n°
330, Répertoire de la Jurisprudence du Notariat par
Rolland-de-Villargues, tom. 3, pag. 444 et suiv. Ces
autorités n'admettent la reconnaissance d'un enfant
adultérin ou incestueux pour lui donner droit à des
aliments, que dans deux cas : 1° celui où elle résulte forcément de l'instruction d'une procédure criminelle ; 2° celui où elle résulte de la preuve de
l'enlèvement de la mère dont parle l'art. 340. Mais
nous avons dit précédemment qu'une preuve que la
reconnaissance volontaire produisait le droit aux ali-

ments, c'est que l'art. 764 l'interdit à l'enfant adultérin ou incestueux, lorsque son père. ou sa mère lui
aura assuré des aliments de son vivant. Eh! bien,
supposons qu'un père passe un acte authentique contenant cette fixation. L'enfant n'aura plus rien à réclamer. Cela est évident. Croit-on que les héritiers
légitimes de cet homme pourront attaquer un pareil
acte, parce qu'en déterminant les aliments à fournir,
il aura indiqué qu'ils étaient destinés à Pierre ou à
Paul, *son enfant naturel?* Non sans doute ; car cette
fixation était dans les droits du père. Cependant l'acte
contiendra bien une véritable reconnaissance ; mais
elle devra être respectée, parce qu'elle remplira le
vœu de la loi qui est d'éviter tout scandale judiciaire,
tout en faisant la part de la justice et de l'humanité.
Nous dirons, enfin, qu'il ne faut jamais perdre de vue
que les art. 762 et suiv. appartiennent au titre des
successions, publié postérieurement au titre de la paternité et de la filiation, d'où dépend l'article prohibitif
335, et que les premiers, en accordant des aliments
aux enfants adultérins ou incestueux, ne distinguent
pas entre ceux qui ont été reconnus judiciairement,
et ceux dont la reconnaissance a été spontanée et volontaire, et que *ubi lex non distinguit, non debemus
distinguere.*

Nous ajouterons qu'il ne faut pas toujours s'en rapporter aux arrêts, et qu'il faut consulter les espèces
dans lesquelles ils sont intervenus. Par exemple, dans
celle de l'arrêt de la Cour de Cassation, du 4 déc.

1837, le sieur *Milliardet*, alors marié, et qui avait eu un enfant de ses liaisons avec Françoise *Grosset*, n'avait pas reconnu cet enfant adultérin par acte authentique, mais par simples lettres missives. C'est uniquement sur cette correspondance que la mère fondait sa réclamation d'aliments pour son enfant. On conçoit très bien, dès lors, que la Cour suprême ait cassé l'arrêt de la Cour royale de Rennes qui avait accueilli une telle réclamation. La reconnaissance était nulle comme ayant été faite sous seing-privé. Nous pensons que c'est là le principal, nous allions dire le seul motif qui a déterminé cette décision. De plus, ces lettres n'étaient ni avouées, ni contestées par le sieur Milliardet, et leur vérification en Justice était légalement impossible.

321. — Nous avons de nouveau réfléchi sur la question traitée dans un des numéros précédents. Nous avons examiné avec une sérieuse attention l'arrêt *Gengout*, et nous nous sommes convaincu que cet arrêt doit fournir matière à de graves réflexions. Il a décidé, comme l'on sait, que la reconnaissance authentique d'un enfant adultérin ne peut être opposée à cet enfant pour l'empêcher de recueillir des libéralités qui lui seraient faites. Cette décision semble d'abord répugner à la morale.

En effet, que dans le cas comme celui dont il s'agissait dans la cause des enfants *Lemur*, la Cour de Cassation ait déclaré que la preuve testimoniale est inadmissible pour établir que des enfants inscrits, sous le nom d'un père inconnu, sont cependant les enfants naturels de l'individu qui a exercé envers eux des actes de libéralités, cela se conçoit très bien ; cette preuve tend à la recherche de la paternité formellement prohibée par l'art. 340. Elle ne peut donc être reçue.

Mais quelle différence dans l'espèce de l'arrêt Gengout! *Christophe Butaille*, marié avec Anne *Touvignon*, reconnaît lui-même l'enfant dont Elisabeth *Gengout*, sa servante, était accouchée, et s'en déclare le père *dans son acte de naissance*. Il fait ensuite une vente simulée en faveur d'un tiers, personne interposée, qui transmet ses biens à son enfant. Cette vente, reconnue avantage indirect, est attaquée par les héritiers naturels de *Christophe Butaille*, sur le fondement des art. 762, 908 et 911 du Code civil. On repousse leur action sous prétexte qu'elle a pour objet la recherche de la paternité proscrite par l'art. 340, et encore parce que l'art. 335 interdit la reconnaissance des enfants nés d'un commerce incestueux ou adultérin.

Mais d'abord, y avait-il simplement recherche de paternité dans l'action des héritiers naturels de *Cristophe Butaille?* Il y avait évidemment bien plus que cela, ou plutôt ces héritiers n'avaient pas besoin de rechercher la paternité. Elle était prouvée par écrit, par la déclaration, par la reconnaissance formelle du père. On ne recherche pas ce qui est déjà découvert. L'art. 340 était donc visiblement inapplicable.

Ensuite, ne peut-on pas dire que, si la reconnaissance d'un enfant adultérin ne peut lui être opposée, qu'il puisse se dégager de la honteuse qualification qu'elle lui donne, pour recueillir les avantages qui lui ont été faits, son sort que l'on a voulu d'abord frapper d'anathême, est infiniment plus favorisé que celui de l'enfant naturel simple, né *ex soluto et solutá*, qui, par la reconnaissance se trouve réduit à une portion beaucoup plus faible que celle qu'il aurait recueillie, s'il eût été adultérin? Ne peut-on pas dire que l'on viole ainsi ouvertement l'art. 762 qui n'accorde que de simples aliments aux enfants adultérins ou incestueux?

Cependant, il faut en convenir, la question a été mûrement examinée en délibéré par la Cour suprême. Son arrêt est remarquable en ce qu'il a *cassé* celui de la Cour de *Nancy*, qui avait admis l'action des héritiers *Butaille* (1).

L'arrêt rendu par la même Cour contre les héritiers *Lanchère*, le 28 juin 1815, n'est pas aussi topi-

(1) Cette décision ne saurait être affaiblie par un autre arrêt, rendu par la même Cour, section des requêtes, le 13 juillet 1826 (Sirey, tom. 27, 1re part. pag. 201). Dans l'espèce de cet arrêt, il s'agissait de *l'adoption* de deux enfants adultérins reconnus tels, soit par leurs actes de naissance, soit par l'acte même de la donation. On ne pouvait point diviser ce dernier acte qui, d'ailleurs, n'est jamais que de pure obligeance, tandis que la reconnaissance est l'accomplissement d'un devoir naturel que l'enfant a le droit de purger du vice qui l'infecte, en désavouant la filiation adultérine qu'on veut lui attribuer.

que. C'est un arrêt de rejet, et d'ailleurs la Cour de Cassation s'est abstenue de prononcer sur deux moyens employés devant elle, par cela seul qu'ils n'avaient point été présentés devant la Cour royale, chose qui a lieu d'étonner ; car les moyens ne sont point comme les faits. Ils se suppléent. Ils sont compris dans l'action même. Ces deux moyens étaient pris l'un de la cause illicite, l'autre de la fausse cause ou de l'erreur. Il y avait, en effet, cause illicite dans la donation de Jean *Lanchère*, à ses trois enfants adultérins, puisque la loi leur défendait de la recevoir, ou bien, il y avait fausse cause ou erreur ; car la cause déterminante de la donation se trouvait dans l'affection que *Lanchère* portait à ses enfants qu'il qualifiait siens. Or, dès l'instant que l'on veut effacer cette qualification donnée dans l'acte, les donataires ne sont plus réputés enfants du donateur. La cause cessant, les effets doivent également cesser. Nous ajouterons enfin que la reconnaissance faite par Jean *Lanchère* n'était point contenue dans l'acte de naissance de ses trois enfants, mais bien dans l'acte de donation qu'il avait consenti en leur faveur.

Tandis que l'arrêt *Gengout* a jugé la question *in terminis*. Indépendamment des motifs que nous venons de faire connaître, la Cour suprême a ajouté que si la reconnaissance des enfants adultérins est prohibée tant contre eux qu'en leur faveur, c'est, d'après les orateurs du Gouvernement et du Tribunat, pour prévenir les débats scandaleux auxquels pourraient donner lieu ces révélations honteuses. Il semble poutant que le scandale gît tout entier dans l'acte même de reconnaissance. Et dès l'instant que cet acte de reconnaissance établit le vice d'adultérinité, il n'y a plus à craindre de révélation honteuse ; car il n'y a pas plus à discuter qu'à rechercher.

Cependant la Cour de Cassation a confirmé de plus fort sa Jurisprudence par arrêt du 1er août 1827, dont voici l'espèce (1) :

Le sieur *Cloquemain*, alors marié, se déclara lui-même, à l'Officier de l'Etat civil, père d'un enfant né hors mariage et qu'il nomma *Thérèse-Madeleine-Juliette.* Six ou sept ans après, il présenta à l'Etat civil avec les mêmes qualifications, un autre enfant auquel il donna les noms de *Pierre-André-Napoléon* Enfin *Marie Pélerin* vient à son tour et devant les mêmes Magistrats se déclarer mère de ces deux enfants. Devenu veuf, Pierre *Cloquemain* épousa, en 1810, Marie *Pélerin*. Le contrat de mariage qui a donné lieu au litige, rappelle la naissance adultérine de *Juliette* et de *Napoléon*, âgé alors l'une de douze ans et l'autre de cinq. Les futurs époux se font donation mutuelle de leurs biens au survivant d'entr' eux ; ils ajoutent que leurs enfants étant adultérin ne peuvent hériter ; et que, pour se conformer à la loi, l'époux survivant demeurera chargé de leur fournir une pension alimentaire de 800 fr. Tant qu'

---

(1) *Courrier des Tribunaux* du 3 août 1827. — Sirey, tom. 2 1re part. pag. 49.

vécut Pierre *Cloquemain*, *Juliette* et *Napoléon* joui-
rent, sans nulle opposition, des droits de famille. *Juliette* se maria ; des actes authentiques auxquels con-
coururent les principaux parents, confirmèrent *Juliette* et *Napoléon* dans le titre d'enfants *Cloquemain*.
Le père ne survécut que dix ans à son mariage avec
Thérèse *Pèlerin*.

Des collatéraux disputèrent à cette veuve la donation de 1810. Le Tribunal de Saint *Jean-d'Angely*
déclara, par un jugement du 27 avril 1822, la donation nulle, et la veuve Cloquemain, personne interposée dans l'intérêt des deux incapables.

Juliette et *Napoléon* se rendirent tiers-opposants à
ce jugement en ce qu'il les qualifiait d'enfants adultérins. Leur tierce-opposition fut rejetée. Divers ac-
cidents prolongèrent les débats devant les premiers
Juges et en appel.

La Cour de Poitiers, en audience solennelle, toutes les Chambres réunies, et après huit jours de débats, infirma, par arrêt du 7 avril 1824, le jugement du 27 avril 1822. Cet arrêt jugea que *Juliette*
et *Napoléon* avaient pu valablement se pourvoir,
par tierce-opposition, contre ce jugement qui les avait
déclarés adultérins ; que la reconnaissance de *Cloquemain* à cet égard était nulle, et ne pouvait leur
être opposée ; que par conséquent les intimés étaient
non-recevables à se prévaloir de cette reconnaissance pour attaquer la donation du 20 mai 1810 ;
que cette donation avait une cause légitime dans la

qualité des contractants, stipulant en vue de leur mariage et pour se donner une preuve réciproque de leur attachement.

Les héritiers collatéraux se sont pourvus contre cet arrêt, pour violation : 1º des art. 908 et 911 du Code civil ; 2º de l'art. 474 du Code de procédure civile ; 3º des art. 1108 et 1133.

M. l'Avocat-Général *Jaubert* a conclu au rejet du pourvoi, en rappelant les principes par lui émis dans l'affaire *Lanchère*. Il a pensé que l'esprit de l'art. 335 du Code civil était de proscrire et d'empêcher de la manière la plus absolue toute déclaration de paternité adultérine. La Cour, après délibéré :

« Attendu, sur le premier moyen, que l'état des enfants dont il s'agit ayant été mis en question, ils avaient intérêt et qualité pour intervenir, et pour former tierce-opposition ;

» Attendu, sur le second moyen, qu'en déclarant nulle et de nul effet, conformément à l'art. 335 du Code civil, les reconnaissances faites par Pierre Cloquemain et Marie Pélerin, sur les registres de l'État civil, soit par l'acte authentique du 20 mai 1810, et en ordonnant qu'en conséquence Marie Pélerin sera maintenue dans tous les avantages résultant de son contrat de mariage, la Cour royale de Poitiers a fait une juste application dudit art. 335, et n'a pas violé l'art. 911 du même Code, qui n'était pas applicable à la cause ;

» Attendu, sur le troisième moyen, qu'en déclarant

en outre que la donation contenue au second acte du 20 mai 1810 a été faite en faveur de mariage et à titre de don mutuel, elle a jugé que cette donation avait une cause licite. — Rejette. »

Vid. les observations de M. Sirey à la suite de cet arrêt.

Nous avons vu précédemment que la Cour de Cassation s'était abstenue de prononcer sur le moyen de nullité de la donation, pris de la fausse cause ou de l'erreur. La Cour *d'Angers* a eu à examiner cette question, et elle l'a résolue en faveur de la nullité par arrêt du 8 décembre 1824 que nous rapportons plus bas, en la cause des héritiers *Cordelet* et de *Réné.* Le pourvoi contre cet arrêt a été rejeté le 18 mars 1828 (1). La Cour de Cassation s'est encore prononcée dans le même sens par arrêt du 13 juin 1826, en la cause *d'Authieulle* et de *Limoges* (2), et par autre arrêt du 3 février 1841, en la cause de *Carbonety* (3).

La Cour d'Angers a dit que, par la force du principe que la reconnaissance volontaire d'un enfant adultérin est nulle, et ne peut lui être opposée, Réné n'avait pu être considéré comme le fils adultérin de *Cordelet;* que néanmoins c'était cette croyance intime qui avait déterminé celui-ci dans son acte de fixation d'aliments pour son fils naturel, conformé-.

(1) Sirey, tom. 28, 1re part. pag. 313.
(2) Sirey, tom. 26, 1re part. pag. 400.
(3) Sirey, tom. 41, 1, 117.

ment à l'art. 762, en sorte qu'il y avait eu erreur et par conséquent absence de consentement, suivant la maxime, *qui errat non videtur consentire* ; qu'il y avait eu aussi fausse cause, aux termes de l'art. 1131, la donation étant soumise, comme tout contrat, à la disposition générale de l'art. 1109.

La Cour *d'Angers* a raisonné très conséquemment en décidant aussi, par le même arrêt, que la reconnaissance d'un enfant adultérin et même sa légitimation par mariage subséquent étant radicalement nulle, et ne pouvant produire aucun effet, le legs universel fait par le père ou la mère, ne doit pas être considéré comme une libéralité exercée au profit de l'enfant, par personne interposée, et doit être maintenu en faveur de la mère de l'enfant adultérin (1).

Un autre arrêt de la Cour suprême, du 4 janvier 1832 (2) l'a décidé dans le même sens. Mais les motifs de ce dernier arrêt ont une bien plus haute portée ; car ils tendent à détruire la Jurisprudence antérieure sur la faculté qu'elle accordait à l'enfant de repousser le vice d'adultérinité pour profiter des avantages à lui faits par le même acte. Il y a plus de moralité dans cet arrêt que dans les précédents. Il a de plus jugé que des aliments étaient dus à l'enfant adultérin ou incestueux en vertu d'une reconnaissance *volontaire*.

(1) Sirey, tom. 26, 2e part. pag. 47.
(2) Sirey, tom. 32, 1re part. pag. 146.

De tout ce que nous venons de dire, on doit conclure que, dans l'état actuel de la Jurisprudence, l'enfant ne saurait se débarrasser du vice d'adultérinité ou d'inceste qui s'attache à sa personne, toutes les fois que cette qualification honteuse lui est donnée *dans l'acte même* qui contient en sa faveur une libéralité dont il voudrait profiter. C'est ce qu'a très formellement jugé l'arrêt de la Cour de Cassation, de 1832, que nous venons de rappeler.

Un enfant, François *Ilpid*, était né du commerce qui avait existé entre François *Pendariés* et Jeanne-Marie *Dubourg*, sa belle-sœur. Celle-ci décéda en 1821, laissant, à la date du 6 juillet de la même année, un testament authentique ainsi conçu :

« Je donne et lègue à François Ilpid, MON FILS, toute la part et portion de mes biens et hérédité dont la loi me permet de disposer en sa faveur, eu égard à la position dans laquelle je me trouve, et ce, outre la réserve légale qui lui est attribuée par la loi, ou qui lui sera attribuée à l'époque de mon décès, pour, par lui, jouir, faire et disposer du tout, à son âge de majorité, comme il avisera. Et à ces fins, je fais, nomme et institue, par le présent, *François-Ilpid* PENDARIÈS, *mon fils*, pour mon héritier universel et général, quant à la portion de mes dits biens et hérédité dont je puis disposer à son égard et en sa faveur ; et dans le cas où *François-Ilpid Pendariés* ne pourrait point recueillir toute mon hérédité, sous quelque prétexte que ce puisse être, alors, et dans

ce cas seulement, je donne et lègue, en toute propriété et usufruit, au sieur *François Pendariés*, mon
beau-frère, PÈRE *dudit François-Ilpid Pendariés*,
ainsi que la reconnaissance en a par lui été faite sur
le registre de l'Etat civil, tout ce qui restera disponible à mon décès, et dont *mon fils* ne pourra hériter. »

Sur la demande des héritiers de Jeanne-Marie Dubourg, ce legs fut annulé par jugement du Tribunal
de Gaillac, du 18 juillet 1824, et par arrêt de la Cour
royale de Toulouse, du 5 mars 1827. Seulement cet
arrêt accorda des aliments à l'enfant François-
Ilpid.

Pourvoi en Cassation. Mais par l'arrêt sus-rappelé,
le pourvoi a été rejeté par les motifs suivants :

« Attendu qu'aux termes de l'art. 1131 du Code
civil, toute obligation sur une cause illicite ne peut
avoir aucun effet ; que, selon l'art. 1133, la cause est
illicite, quand elle est contraire aux bonnes mœurs
et à l'ordre public ;

» Attendu qu'une libéralité faite au profit d'un enfant adultérin ou incestueux, lorsqu'elle a évidemment pour cause cette qualité d'enfant adultérin ou
incestueux du donateur, est incontestablement contraire aux bonnes mœurs, puisque l'art. 335, qui
défend de reconnaître les enfants adultérins ou incestueux, a pour but évident le maintien des bonnes
mœurs et le respect de l'ordre public que blessent
essentiellement de semblables reconnaissances ;

» Attendu que faire résulter de la prohibition portée dans l'art. 335 du Code la capacité pour l'enfant
adultérin ou incestueux, reconnu par acte testamentaire, de recevoir au-delà des aliments que l'art. 762
lui accorde, ce serait établir une contradiction manifeste dans l'objet et l'esprit de ces deux articles,
et introduire dans la loi une anomalie choquante que
la sagesse désavoue ;

» Attendu, dans l'espèce, que des considérations
de l'arrêt attaqué, sur la première question posée
par cet arrêt, il résulte clairement que la Cour de
Toulouse a reconnu, en fait, que la libéralité portée
au testament de Jeanne-Marie Dubourg, au profit de
François-Ilpid, a eu pour cause la qualité de fils
d'elle et de François Pendariés, qualité que la testa-
trice a formellement donnée audit François-Ilpid dans
la disposition même qui contient cette libéralité ;
qu'il est reconnu d'ailleurs dans le même acte que
François Pendariés est le beau-frère de Jeanne-
Marie Dubourg, que dès lors l'enfant né de leur union
ne pouvait être, aux termes de l'art. 762 du Code,
qu'un enfant incestueux, sans qu'il fût besoin de se
livrer à aucune recherche de la paternité ; qu'il suit
delà que l'arrêt attaqué a reconnu dans la disposition
dont il s'agit une cause contraire aux bonnes mœurs,
et qu'en l'annulant à ce titre, et *en réduisant son effet à de simples aliments au profit dudit Ilpid*, cet arrêt, loin de violer l'art. 335 du Code civil, n'a fait
qu'établir l'harmonie entre cet article et l'art. 762,

et se conformer aux dispositions formelles des art. 1131 et 1133 du même Code. »

Honneur à la Cour de Cassation pour avoir proclamé des principes d'une si haute moralité ! Espérons qu'elle achèvera son œuvre en rejetant sans distinction toute réclamation des enfants adultérins sur les biens de leurs père et mère, quand bien même leur reconnaissance se produirait en dehors des actes de libéralité dont ils sont l'objet ; car, en toute matière, ce que la loi défend de faire directement, il n'est pas permis de le faire d'une manière indirecte.

322. — Mais nous ne pouvons donner la même approbation à un arrêt rendu par la Cour royale de Colmar, le 31 mai 1825, qui a décidé que la donation faite par un père ou une mère à l'enfant de son enfant naturel, au-delà de ce qui lui est permis par les art. 757 et suivant du Code civil, est valable, si cette donation est postérieure au décès de l'enfant naturel, que dans ce cas l'enfant de l'enfant naturel ne peut plus être réputé personne interposée (1). Cette décision nous paraît évidemment erronée.

En effet, les enfants de l'enfant naturel le représentent et lui succèdent, art. 765 du Code civil.

___

(1) Sirey, tom. 26, 2e part. pag. 50. Ce cas, pouvant se produire à l'égard des descendants de l'enfant adultérin, voilà pourquoi nous rappelons ici cet arrêt qui n'intéresse qu'un enfant naturel simple.

Tout ce qui leur est donné par leur aïeul ou aïeule est donc censé avoir été donné à leur père, ils sont donc bien plus que personnes interposées, puisque la donation est directe, attendu qu'elle ne leur est consentie que parce qu'ils sont les descendants de l'enfant naturel. N'importe que celui-ci soit mort à l'époque de la libéralité, en sera-t-elle moins apparente? Que veut la loi? que les enfants naturels ne puissent rien recueillir, ou recevoir au-delà de ce qu'elle leur accorde, art. 908. En parlant des enfants naturels eux-mêmes, n'est-il pas évident que la loi a entendu également parler de leurs descendants, de leurs successeurs directs? S'il en était autrement, quelle facilité n'aurait-on pas d'éluder la prohibition! Le père d'un enfant naturel reconnu prendrait d'abord la précaution de le marier; il donnerait ensuite aux enfants qui proviendraient de ce mariage, la portion préciputaire, et puis ces mêmes enfants viendraient réclamer du chef de leur père l'une des parts que leur attribue l'art. 757, en vertu du droit de représentation que leur accorde l'art. 759. Quel serait alors le sort des enfants légitimes? Dira-t-on que l'art. 760 assujettit l'enfant naturel *ou ses descendants* à imputer sur ce qu'ils ont droit de prétendre, tout ce qu'ils ont reçu du père ou de la mère dont la succession est ouverte, et qui serait sujet au rapport d'après les règles établies à la section 2 du chap. 6, du tit. 1er. Mais suivant l'art. 844, rangé sous ce chapitre, le rapport n'est pas dû, lorsque le

don a été fait par préciput. D'un autre côté encore, e
vertu de l'art. 845, les petits enfants donataires pour
ront renoncer à la succession de leur aïeul donateur
et retenir le don jusqu'à concurrence du préciput
quoiqu'il ne leur ait pas été fait à ce titre. Ce préci
put sera au moins d'un quart, tandis que, d'aprè
l'art. 757, leur père, enfant naturel, n'aurait pu ré
clamer que le tiers de la portion d'un enfant légi
time, s'il avait été en concours avec des enfants lé
gitimes. Aussi, sous l'un et l'autre rapport, il est sen
sible que l'on trouverait un moyen facile d'augmen
ter la portion de l'enfant naturel dans les personne
de ses descendants. Ce système est d'autant plus vi
cieux qu'il aurait pour résultat de diminuer la ré
serve légale des enfants légitimes, fixée par l'art
757, et de renverser l'ordre des successions irrégu
lières.

Aussi, *M. Chabot de l'Allier*, sur l'art. 760 (1)
n'hésite pas à décider que les descendants de l'enfan
naturel sont tenus d'imputer, non-seulement ce qu
avait été donné à cet enfant, mais encore ce qui leur
été donné à eux-mêmes par l'auteur de la succession
dans laquelle ils viennent exercer leurs droits
Voici comment ce profond Jurisconsulte développe
son opinion :

« Comme les père et mère de l'enfant naturel n
peuvent, dit-il, rien lui donner, avec dispense d'im-

(1) Tom. 2, pag. 249 et 250, 5ᵉ édit.

putation, de même ils ne peuvent faire à ses descendants aucune libéralité qui soit affranchie de l'obligation d'imputer. Dans cette matière, les descendants des enfants naturels sont réputés *des personnes interposées*, auxquelles l'art. 911 du Code prohibe de donner ce qui ne pourrait être donné à l'enfant naturel lui-même, ou de donner, sans que la libéralité soit assujettie aux mêmes charges dont aurait été grevée la libéralité faite à l'enfant naturel; s'il en était autrement, rien ne serait plus facile que d'éluder la disposition si morale de l'art. 908.

» D'ailleurs, il est de règle que les descesdants des enfants légitimes, soit qu'ils viennent de leur chef, soit qu'ils viennent par *représentation*, sont toujours tenus de rapporter ce qui leur a été donné personnellement par l'auteur de la succession, et certes les descendants des enfants naturels ne doivent pas être traités avec plus de faveur. » Tel est aussi le sentiment de M. Toullier, tom. 4, n° 260. C'est également ce qu'a décidé la Cour royale de Paris par arrêt du 26 décembre 1828, dans la cause *d'Autreau* et *consorts* contre *Maréchal* (1).

Il faut bien remarquer que *M. Chabot* raisonne ainsi pour le cas où par le prédécès de l'enfant naturel reconnu, ses descendants réclament, en vertu de l'art. 759, les droits qui lui auraient été déférés, s'il avait survécu, ainsi qu'on peut le voir à la

(1) Sirey, tom. 29, 2ᵉ part. pag. 124.

pag. 249, n° 2. Ils ne peuvent avoir, dit-il, puisqu'ils le représentent, plus de droit qu'il n'en aurait eu lui-même, et conséquemment ils sont soumis à toutes les charges dont il aurait été tenu.

Remarquons encore qu'en rappelant l'art. 908, M. Chabot indique fort bien sa pensée. Il considère comme faite à l'enfant naturel lui-même la donation qui serait faite en faveur de ses descendants, quelle que soit l'époque à laquelle cette donation intervienne, soit pendant la vie, soit après la mort de leur père. Il ne fait à cet égard aucune distinction.

M. Duranton (1) pense également que les enfants légitimes de l'enfant naturel reconnu ne peuvent rien recevoir de leur aïeul ou aïeule, *après la mort de leur père*, au-delà de la portion que la loi accorde à ce dernier par les art. 757 et suiv. du Code civil. Ce n'est pas, dit M. Duranton, que ces enfants puissent, en vertu de l'art. 911, être considérés comme personnes interposées par rapport à leur père, puisqu'il est mort ; mais *c'est parce qu'ils le représentent*. C'est ce qu'a jugé l'arrêt de la Cour de Paris que nous avont déjà cité. C'est ce qu'a jugé également la Cour de Colmar, le 31 mai 1825.

Cependant cette question si grave, si importante par ses conséquences, a reçu de la Cour de Cassation une solution diamétralement opposée, suivant

---

(1) Tom. 8, n° 247.

un arrêt du 13 avril 1840, en la cause de *Normand* et *Brismontier* contre *Gosselier* (1).

La dame *Lépinay* avait eu une fille naturelle qui épousa le sieur *Maury*. De ce mariage naquit une fille, qui devint la femme du sieur *Gosselier*. La dame Maury est décédée le 17 mars 1813. Le 1er juin suivant, la dame Lépinay fit un testament authentique par lequel elle donnait à la dame Gosselier, *sa petite-fille*, tout ce dont la loi lui permettait de disposer en sa faveur, et ce, par préciput et hors part. La dame Lépinay décéda en 1814. La dame Gosselier fut mise en possession de tout ce qui lui avait été légué. Vingt ans après, les héritiers naturels de la dame Lépinay l'attaquèrent et voulurent faire réduire à moitié la part de la dame Gosselier sur les biens de son aïeule. 9 mai 1836, arrêt de la Cour royale de Douai qui repousse leur prétention. Pourvoi en Cassation qui est rejeté par la Chambre civile, par les motifs suivants :

1° Que le chap. 2, tit. 2, liv. 3 du Code civil, qui traite de la capacité de disposer ou de recevoir par donation entre vifs, ou par un testament, pose, quant aux incapacités, des règles, qui, loin de pouvoir être étendues, doivent être renfermées dans leurs plus rigoureuses limites, puisque l'art. 902, placé sous ce chapitre, en accordant à toute personne la

(1) *Journal du Palais*, tom. 1er, de 1840, pag. 630.

faculté de recevoir, n'excepte que celles qui sont déclarées incapables par la loi ;

2° Que d'après ce principe, l'art. 908, qui prive les enfants naturels de la faculté de rien recevoir au-delà de ce qui leur est accordé au titre des successions, doit être considéré comme limitatif, et s'appliquer aux seuls enfants naturels à qui le père fait directement une libéralité, sans pouvoir d'une manière générale être étendu aux descendants de ceux-ci pour les frapper de la même incapacité ;

3° Qu'à la vérité l'art. 914 comprend, sous le nom d'enfants, les descendants à quelque degré que ce soit, mais qu'il n'admet cette extension qu'en faveur de ceux qui sont appelés à recevoir les libéralités dont il est question à l'art. 913, et pour déterminer leur appel par représentation ;

4° Qu'il ne peut y avoir interposition de personnes que lorsque la libéralité est faite à la personne interposée du vivant de l'incapable ;

5° Que les art. 757 à 760 relatifs seulement aux droits des enfants naturels sur les biens de leurs père et mère, indépendamment de toute libéralité de leur part, sont, par cela même, sans influence sur la solution de la question.

Nous avons de la peine à comprendre pourquoi la Cour de Cassation a réduit le terrain de la discussion à celui tracé par l'art. 908, lorsqu'il était naturellement fixé dans les dispositions de l'art. 760. Que porte en effet cet article ? Que l'enfant naturel *ou ses descendants* sont tenus d'imputer sur ce qu'ils ont droit de prétendre, tout ce qu'ils ont reçu du père ou de la mère dont la succession est ouverte, et qui serait sujet à rapport, etc., etc. L'article, comme on le voit, ne distingue pas entre la libéralité faite à l'enfant naturel directement, et celle faite à ses descendants. Il ne distingue pas non plus entre la libéralité faite aux descendants *du vivant de leur père*, et celle à eux faite après sa mort. Son esprit est clair, comme sa lettre est formelle. Il veut que tous les dons, quels qu'ils soient, faits à l'enfant naturel lui-même ou à ses descendants, n'importe leur date, ne puissent jamais excéder les quotités fixées par l'art. 757. Maintenant, lorsque l'art. 908 est venu dire que les enfants naturels ne pourront, par donation entre vifs ou par testament, rien recevoir au-delà de ce qui leur est accordé *au titre des successions*, avait-il besoin d'ajouter qu'il en serait de même de leurs descendants ? Evidemment non ; car ils étaient expressément rappelés dans l'art. 760 faisant partie du titre des successions. Ce pléonasme, ou cette répétition, eût été un vice de langage que tout Législateur doit éviter.

Pourquoi viser ensuite l'art. 902 qui porte que toutes personnes peuvent disposer et recevoir, soit par donation entre vifs, soit par testament, *excepté celles que la loi en déclare incapables?* Mais d'abord, les enfants naturels et leurs descendants ne sont point incapables de recevoir dans la mesure établie par les art. 757 et suivants. Mais ils deviennent incapables de recevoir au-delà de cette mesure, par les dispositions de ces articles combinés avec l'art. 908, ou pour mieux dire, il ne s'agit pas pour eux d'incapacité à éluder, mais d'excès à éviter dans les dispositions permises en leur faveur. Il en est à leur égard, comme il en est à l'égard des enfants légitimes pour les libéralités restreintes permises par les art. 913 et suivants. L'art. 914 défend de dépasser, en faveur de leurs descendants, les limites tracées pour eux-mêmes, et l'on ne voudrait pas qu'il en fût ainsi pour les descendants des enfants naturels !...

Jusqu'à ce que la Cour de Cassation ait autrement établi sa Jurisprudence, nous nous permettrons de persister dans notre opinion opposée au seul arrêt qu'elle ait encore rendu sur cette question.

323. — La Cour de *Nîmes* a encore jugé, le 13 juillet 1824 (1), que la reconnaissance d'un enfant adultérin est nulle à son égard ; mais elle a décidé de plus qu'elle n'était pas nulle à l'égard de la mère qui a fait la reconnaissance, en ce sens qu'elle ne peut pas recueillir la succession de son enfant déclaré être le fruit de l'adultère.

Nicolas Lantheaume, engagé dans les liens du mariage depuis 1776, et Marie-Anne Sauvage, se pré-

_____

(1) Sirey, tom. 25, 2e part. pag. 318.

sentent, le 1er ventôse an 9 (21 février 1801), devant le Juge-de-Paix de Saint *Peroy*, et y font la décla- tion suivante :

« Est comparu *M. A. Sauvage*, fille à Antoine, cardeur de laine, du lieu de Sausse, commune dudit Saint *Peroy*, laquelle, au moyen du serment qu'elle a prêté entre nos mains, a déclaré être enceinte des œuvres du sieur *N. Lantheaume*, propriétaire du lieu de Lutiers, dite commune, depuis environ 6 mois, et n'a su signer, de ce requise. Ledit Lantheaume assistant ladite *Sauvage*, et ayant entendu la déclaration de grossesse qu'elle vient de faire, convient qu'elle est enceinte de sa propre œuvre, et qu'il reconnaîtra comme il reconnaît, dès à présent, l'enfant qu'elle mettra au monde à l'époque de sa couche, le tout en conformité de la loi, et a signé *N. Lantheaume*. »

12 messidor an 9 (1er juillet 1801), acte de naissance de *N. Lantheaume*, né le 10 du courant, dans lequel les père et mère le reconnaissent pour leur enfant, comme ils l'avaient déjà reconnu devant le Juge-de-Paix.

5 septembre 1817, mort de Lantheaume père, et 10 octobre 1819, décès de *Lantheaume* fils. La régie demande à être envoyée en possession des biens de ce dernier, par voie de deshérence, soutenant que sa mère n'avait pu lui succéder, puisqu'il ne pouvait être que son enfant adultérin : le Tribunal civil de *Tournon* attribue la succession de l'enfant à sa mère, attendu la nullité de sa recon-

naissauce, aux termes de l'art. 335. Mais la Cour
de *Nîmes*, par son arrêt précité, l'attribue au contraire à la régie. Son principal motif est pris de
ce que les art. 335 et 342 ne disposent que relativement à l'enfant adultérin lui-même ; que l'appliquer à une mère qui réclame la succession de son
fils, après l'avoir déclaré adultérin, ce serait étendre
la disposition de la loi à un cas non prévu, pour lui
faire produire un effet diamétralement contraire au
sentiment d'honnêteté publique qui l'a dicté.

Nous ne saurions approuver cette décision, parce
qu'elle tend à la divisibilité de l'état des hommes. En
effet, si l'enfant reconnu a le droit de repousser le
vice d'adultérinité, il reste donc dans la classe des
enfans naturels simples. Après sa mort, sa mère qui
veut le représenter, comme héritière, a donc le
droit de repousser en son nom le même vice. La
déclaration d'adultérinité s'effacera sur sa demande,
comme elle se serait effacée sur la demande de l'enfant lui-même. Comment cette déclaration, nulle
dans l'intérêt de l'enfant, serait-elle valable par cela
seul que c'est sa mère qui réclame ? S'il en était
ainsi, le bénéfice que la loi accorde à l'enfant ne du-
rerait que pendant sa vie. Ainsi, après avoir vécu
enfant naturel simple, il mourrait adultérin ; personne ne pourrait venger sa mémoire de la tache
qu'on voudrait lui imprimer. Ce système nous paraît à la fois contraire à la raison et à l'équité. Il
vaut bien mieux pour la morale publique que l'en-

fant naturel reste sans père connu, et que sa mère
seule soit apparente pour lui succéder ; d'ailleurs,
fiscus post omnes (1).

324. — En somme : la reconnaissance authentique d'un enfant adultérin ou incestueux ne peut lui
procurer aucun droit réel sur les biens ou sur les
successions de ses père et mère, mais elle lui donne
celle de réclamer des aliments. La reconnaissance
sous seing-privé ne peut pas lui conférer ce dernier
droit. Comme aussi l'enfant peut repousser la reconnaissance qui lui donne la qualité d'adultérin.
On ne peut pas faire annuler des libéralités qui lui
sont faites sur le fondement d'une pareille reconnaissance, à moins qu'elles n'aient eu pour cause la
filiation adultérine de l'enfant. Hors ce cas, la disposition de l'art. 335 est absolue et ne souffre d'autre exception que pour la cause des aliments.

L'arrêt du 6 mai 1820 que nous avons rappelé,
est le seul que l'on doive suivre pour la forme de la
reconnaissance des enfants adultérins ou incestueux.
Dans l'espèce de celui du 28 prairial an 13, le testament olographe portant reconnaissance était du

(1) Voyez cependant un arrêt rendu par la Cour royale de Paris, le
31 août 1827, rapporté dans le *Courrier des Tribunaux*, du 2 septembre suivant. Cet arrêt a jugé que le père d'un enfant adultérin et qui
s'était lui-même reconnu tel ne pouvait recueillir la succession testamentaire de la mère de cet enfant dont il était présumé personne interposée.
Les principes consacrés par cet arrêt peuvent être vrais sans que les nô-
tres soient erronés. On s'en convaincra facilement, pour peu qu'on fasse
attention à la différence des espèces.

15 brumaire an 2, c'est-à-dire, avant même que la loi du 12 du même mois ne fût exécutoire dans les départements. Or, on sait qu'avant cette loi, la recherche de la paternité était permise. D'ailleurs, comme le dit ce dernier arrêt, la coutume de Paris permettait entre toutes personnes les testaments olographes qu'elle réputait *solennels*. Ces deux principes n'existant plus aujourd'hui, la reconnaissance sous seing-privé des enfants adultérins ou incestueux serait donc sous le Code civil, aussi inefficace que celle d'un enfant né de personnes libres. Donc il n'aurait aucun droit à des aliments.

Toutefois, il faut dire que les enfants légitimes qui ont consenti à admettre un enfant adultérin au partage des biens du père commun, en connaissance du vice d'adultérinité, ne peuvent revenir contre ce partage, et forcer l'enfant adultérin à restituer la portion qu'il a recueillie. Ils n'auraient pas ce droit, alors même qu'ils seraient demeurés dans l'ignorance de leurs droits, s'il s'est écoulé dix ans depuis l'époque où ils en ont connu l'étendue. Mais ils ont le droit d'empêcher l'enfant adultérin de porter le nom de famille, et de faire rectifier les actes sur lesquels ce nom lui serait attribué. Ainsi l'a jugé la Cour royale d'Aix, le 12 décembre 1839 (1) ; ainsi l'avait jugé la Cour de Cassation, le 22 juin 1819.

Nous avons vu plus haut que, bien que la recon-

---

(1) *Journal du Palais*, tom. 1, de 1840, pag. 349.

naissance d'un enfant adultérin soit nulle et ne puisse l'empêcher de recueillir un legs ou de recevoir une donation qui lui serait faite par son prétendu père, néanmoins la libéralité ne peut lui profiter si elle est contenue dans l'acte même de reconnaissance.

Il faut rendre la même décision, par les mêmes motifs, pour un legs qui serait fait à un enfant naturel simple reconnu par le testament olographe de son père. Ce legs, s'il a évidemment pour cause cette qualité d'enfant naturel du testateur, doit être, non pas déclaré nul pour le tout, mais réductible à la quotité dont il est permis de disposer en faveur d'un enfant naturel, et annulé pour le surplus.

Vainement dirait-on que la reconnaissance d'un enfant naturel ne pouvant être valablement faite par un testament olographe qui n'a pas le caractère d'authenticité exigé par la loi, on ne doit tenir aucun compte de celle que renferme ce testament ; que par suite le legs fait à l'enfant doit recevoir son exécution comme s'il était fait à un étranger.

Vainement encore ajouterait-on que la reconnaissance étant illégale, on ne peut, sans se livrer à la recherche de la paternité, si formellement prohibée, partager la conviction que le testateur peut avoir eue de cette paternité, pour annuler le legs comme étant le fruit d'une cause illicite.

Il faut répondre que l'on doit penser que le testateur n'aurait pas gratifié le légataire, s'il ne l'avait pas cru son fils naturel ; que cette croyance a donc été la cause déterminante du legs ; qu'on ne peut donc lui donner une plus grande étendue que ne le comportait la cause qui a déterminé le testateur ; qu'autrement ce serait un moyen trop facile d'éluder la loi qui défend de donner à un enfant naturel au-delà de la portion qu'elle a fixée pour lui.

C'est ainsi que l'a pensé et jugé la Cour royale de Nîmes, le 2 mai 1837, en la cause des héritiers *Bernard* contre l'enfant naturel *Benoît*. Le pourvoi contre cet arrêt a été rejeté par la Chambre civile de la Cour de Cassation, le 7 décembre 1840 (1).

L'opinion de M. Merlin est conforme à cette décision (2).

---

(1) Sirey, tom. 41, 1, 140.
(2) Répert. , v⁰ Filiation, n⁰ 20.

CHAPITRE X.

—

Recherche de Maternité.

—

SOMMAIRE.

325. — La mère est toujours certaine, avons-
nous dit précédemment ; mais la preuve de la maternité peut quelquefois ne l'être pas. C'est pour cela
que l'art. 341 du Code permet de la rechercher.

326. — Pour empêcher qu'on ne donnât à cet article une extension qui serait une source de scandale et de trouble, et pour avertir en même temps que les articles relatifs à la reconnaissance d'un enfant naturel étaient, quant à l'effet, applicables à la preuve résultante de la recherche de la maternité, un membre du Tribunat proposa, et la section adopta la rédaction suivante :

« La recherche de la maternité est admise dans le
» cas où, aux termes de l'art. 335, la reconnais-
» sance peut avoir lieu ; elle n'est point admise lors-
» que la mère est, au moment de la demande, en-
» gagée dans les liens du mariage. L'effet de la preuve
» résultant de cette recherche sera le même que ce-
» lui de la reconnaissance (1). »

La première disposition de l'article proposé n'était qu'une répétition de ce qui avait été dit dans les articles précédents, notamment dans l'art. 335, et surtout dans l'art. 342. Ainsi, cette répétition était inutile, et elle était vicieuse pour une loi ; cependant nous la rappelons nous-même, afin de montrer constamment cette vérité morale, que la mère, pas plus que le père, ne peut reconnaître valablement un enfant adultérin ou incestueux, pour lui conférer du moins des droits successifs.

Quant à la seconde disposition du même article proposée par le Tribunat, elle était injuste. Eh quoi !

---

(1) Conférences du Code.

parce qu'une mère aura été assez dénaturée pour ou-
blier, pour méconnaître un enfant qu'elle a eu à une
époque où elle était libre, elle empêchera cet enfant
de la réclamer, sous prétexte qu'au moment de la
réclamation elle est engagée dans les liens du mariage ! N'a-t-elle pas aussi des devoirs à remplir
envers lui, et ces devoirs n'existaient-ils pas avant
l'union que cette femme a contractée? Répétons-le
avec *M. Duveyrier* : « Il serait barbare autant qu'im-
politique de refuser à l'enfant le droit de réclamer sa
mère, qui se cache, mais que la nature ne refuse
jamais de découvrir (1). »

M. Locré qui rapporte toutes les opinions qui furent émises au Conseil-d'Etat pour et contre le projet,
nous apprend que *M. Tronchet*, dans la séance du
26 brumaire an 10, observa en faveur de l'enfant,
que les preuves de la maternité pourraient dépérir
si l'enfant n'était admis à les faire valoir qu'à l'ouverture de la succession de sa mère ; qu'ainsi l'art.
13 proposé n'assurait pas ses droits : « Le Conseil-
d'Etat décida donc, ajoute M. Locré, que les enfants
nés avant le mariage de leur mère peuvent réclamer
après le mariage qu'elle a contracté avec un autre
individu que leur père. En conséquence, dans l'art.

(1) Tel est aussi le sentiment de M. Toullier, qui dit, nº 947 : « Au
» reste, les enfants naturels nés avant le mariage de leur mère, peuvent
» la réclamer, même après le mariage qu'elle a contracté avec un autre
» individu que leur père, comme le décida le Conseil-d'Etat, dans la
» séance du 26 brumaire an 10. On ne peut admettre une exception ou
» limitation qui n'existe point dans le Code civil. »

341, on n'a fait aucune distinction (1). » Voyez aussi M. Merlin, *Répertoire*, 5e édit., tom. 10, pag. 807, n° 7.

La troisième disposition de l'article proposé était aussi inutile que la première ; car si la loi permet la recherche de la maternité, c'est qu'il n'existe pas de reconnaissance de la part de la mère. Or, la recherche admise, suivie de la découverte, devait nécessairement produire le même effet que la reconnaissance. Il était donc tout-à-fait oiseux de le répéter.

L'article resta donc tel qu'il avait été présenté au Tribunat.

La Cour de Cassation a jugé, le 13 février 1839 (2), que la reconnaissance faite par un tiers d'un enfant inscrit d'abord sur les registres de l'Etat civil comme né de père et mère inconnus, ne fait pas obstacle à ce que cet enfant puisse prouver qu'il est né de telle mère, pour arriver par là à se dire enfant légitime, si sa mère était alors engagée dans les liens du mariage ; elle a décidé que la fin de non-recevoir tirée de l'art. 322 portant que nul ne peut réclamer un état contraire à celui que lui donnent son titre de naissance et la possession conforme à ce titre, n'est pas applicable à la filiation des enfants naturels ; que cette filiation ne tombe pas non plus sous

---

(1) Esprit du Code civil, édit. in-4o, tom. 4, pag. 217 et 220.
(2) *Journal du Palais*, tom. 1er, de 1840, pag. 84.

l'application de l'art. 342, parce qu'aux termes de l'art. 312, lorsque la preuve de la maternité est acquise, l'enfant à qui elle profite est présumé né dans le mariage par la force de la loi, et cette présomption subsiste contre le mari jusqu'à preuve contraire de sa part. Il semblerait, au premier abord, que la même Cour aurait rendu une décision contraire par son arrêt postérieur du 22 janvier 1840 (1).

Mais il faut remarquer, comme le fait l'arrêtiste, que, dans l'espèce du dernier arrêt, l'enfant naturel avait été reconnu *dans son acte de naissance, et avait une possession conforme à son titre*. Son état était donc fixé. Tandis que dans l'espèce du premier arrêt, l'enfant naturel avait été inscrit sur le registre de l'Etat civil comme né de *père et mère inconnus*, et n'avait été reconnu que postérieurement par un acte qui fut annulé. Par où l'on voit que dans un cas l'enfant, découvrant sa mère, devenait légitime, et que dans l'autre il n'aurait pu être qu'enfant adultérin.

Toutefois, il faut bien le reconnaître, dès l'instant que la Cour suprême s'est déterminée par la différence des espèces, il est étonnant que, lors de son premier arrêt, elle ait dit d'une manière absolue *que l'art. 322 du Code civil, inscrit au chapitre des preuves de filiation des enfants légitimes, ne peut pas s'appliquer à la filiation des enfants naturels ;* car, par son second

_____

(1) Même volume, pag. 86.

arrêt, elle en a fait une rigoureuse application à ces derniers. Mais nous pensons que dans les deux hypothèses qui lui ont été présentées, la Cour de Cassation a relativement bien jugé. Pour la première, on doit dire qu'un enfant né dans le mariage, par cela seul qu'il a été clandestinement placé dans un hospice par des parents intéressés à lui enlever son nom, ne peut pas souffrir d'une telle fraude, et est toujours admissible à réclamer son état. Pour la seconde, on doit dire que l'enfant naturel reconnu par un tiers lors de sa naissance, et dont la reconnaissance n'est pas contestée, ne peut s'attribuer pour mère une femme mariée à un autre que son père, puisque ce n'est point la qualité d'enfant légitime qu'il réclame, mais bien le titre honteux d'enfant adultérin. La morale et la loi civile (art. 342) repoussent donc sa réclamation. — Voir l'espèce du 1er arrêt, *sup.* tit. 2, chap. 5. Il n'est pas sans intérêt de connaître l'espèce du second.

En 1796, le sieur *Deschamps* épousa la demoiselle *Assire*. En l'an 7, la dame Deschamps, déjà mère de plusieurs enfants, obtint sa séparation de biens, qui bientôt fut suivie d'une séparation d'habitation. Deschamps continua de résider à Louviers ; sa femme vint se fixer à Paris dans le même domicile que le sieur *Grossourdy-de-Saint-Pierre*.

En 1814 et 1816, deux filles furent inscrites à Paris sur les registres de l'Etat civil. La première, Marie-Victorine-Charlotte, à la date du 12 mai

1814, comme fille naturelle d'Armand-Etienne-Charles Grossourdy-de-Saint-Pierre et de *Victoire Raynaud*, rentière, âgée de 29 ans, née à Louviers ; la seconde, *Caroline-Eliza-Victoire-Estelle*, à la date du 9 décembre 1816, comme fille naturelle du sieur Grossourdy-de-Saint-Pierre et d'une mère inconnue.

Ces deux filles furent élevées par la dame Deschamps. De son côté le chevalier De Saint-Pierre reconnut toujours ces enfants pour les siens, et dans son testament écrit quelques jours avant sa mort, il les recommandait à sa mère, en exprimant en même temps le désir qu'elles restassent, jusqu'à leur majorité, en la puissance de la dame Deschamps.

Depuis, les deux sœurs furent mariées comme filles du Chevalier De Saint-Pierre. Une dot de 110.000 fr. fut constituée à chacune d'elles, mais la main qui donnait voulut rester inconnue. La plus jeune, *Caroline-Eliza-Victoire-Estelle* épousa le sieur Delair.

La dame Deschamps mourut à Paris, le 14 juin 1836. Le 16 du même mois, le sieur Deschamps, son mari, passa devant Notaire une déclaration par laquelle il reconnut pour sa fille légitime la dame Delair, née de son mariage avec la feue Dame Assire, et faussement déclarée à la Municipalité sous le nom de Grossourdy-de-Saint-Pierre, ajoutant que la naissance de cet enfant lui avait été cachée par sa femme.

Ce fut alors que la dame Delair prétendit se faire

déclarer fille légitime des époux Deschamps, et, comme telle, prendre part dans la succession de sa mère.

Opposition de la part des enfants Deschamps.

4 avril 1838, jugement du Tribunal de Louviers, qui déclare la dame Delair fille de la dame Deschamps, et, par application de la maxime *is pater est*, fille du mari de cette dernière. Ordonne en conséquence la rectification de l'acte de naissance du 9 décembre 1816, et admet la demanderesse au partage de la succession de la dame Deschamps.

Sur l'appel, arrêt de la Cour royale de Rennes, du 26 juillet 1838, qui réforme par les motifs : 1º que la réclamation de la dame Delair est contraire à son acte de naissance et à la possession conforme à ce titre, art. 325 du Code civil ; 2º que la déclaration de reconnaissance de légitimité donnée par le sieur Deschamps, *et arrachée à ce vieillard plus décripit par les mauvaises passions que par l'âge*, porte avec elle le germe de sa destruction, puisqu'il y est dit que la dame Deschamps a caché à son mari la naissance de la dame Delair, que cette reconnaissance est l'œuvre manifeste de la collusion, de la fraude et de la cupidité, pour envahir une riche succession ; 3º que d'après la combinaison des art. 335 et 342, la recherche de la maternité n'est pas admise dans le cas où la reconnaissance ne l'est pas elle-même, c'est-à-dire, au profit des enfants adultérins ou incestueux.

Pourvoi en Cassation pour fausse application de

l'art. 322, et violation des art. 323, 312, 325, 313, 335, 336, 339 et 342 du Code civil.

La Cour :

Sur la première partie du moyen :

« Attendu, en Droit, que du rapprochement des art. 158, 334, 339, 376, 377 et suivants du Code civil, il résulte que les enfants naturels légalement reconnus ont un état ; que cet état, quoique essentiellement distinct de celui des enfants légitimes, et régi aussi par des lois essentiellement différentes, confère néanmoins des droits et impose des devoirs ; que cet état est fixé par la reconnaissance faite dans l'acte de naissance ; que cette reconnaissance acquiert encore plus de force si la possession d'état de l'enfant reconnu lui est conforme ; qu'enfin, si cette reconnaissance peut être contestée par tous ceux qui y ont intérêt, c'est aux Juges d'apprécier la nature de cette contestation, et de décider si elle est bien ou mal fondée ;

» Et attendu qu'il est constant et reconnu, en fait, par l'arrêt attaqué : 1º que, suivant l'acte de naissance du 9 septembre 1816, Estelle, femme Delair, est *née fille naturelle* d'Armand Grossourdy-de-Saint-Pierre et *d'une mère inconnue ;* 2º que la possession d'état d'Estelle, fondée sur les trois principaux éléments qui la forment, *nomen, tractatus et fama,* a toujours été complétement conforme à son acte de naissance ; 3º enfin, que rien n'était allégué par les demandeurs en Cassation qui pût porter atteinte, soit à la reconnaissance faite par le père naturel dans l'acte de naissance, soit à la possession d'état conforme à cet acte ;

» En effet, l'arrêt attaqué constate d'abord que les mêmes noms et les mêmes qualités ont été donnés à Estelle dans son acte de baptême ; que dans tous les écrits, elle n'a jamais stipulé ni signé que du nom d'Estelle De Saint-Pierre ; qu'elle a porté ce nom sans interruption, pendant vingt ans ; que c'est sous ces noms qu'elle a contracté mariage avec Delair, de l'avis du conseil de famille, dans la délibération duquel ils sont encore écrits ; que ces noms se retrouvent dans l'acte de baptême de l'enfant premier né de ce mariage, comme dans tous les actes qui ont précédé et suivi sa célébration, et notamment dans le contrat d'une acquisition faite conjointement par les mariés Delair ;

» Que l'arrêt attaqué déclare en outre que Grossourdy-de-Saint-Pierre a donné à Estelle les marques les plus notables et les plus constantes de sa tendresse paternelle ; qu'il l'a comblée de bontés et de soins prévoyants, et que, dans son testament même il l'a recommandée, comme son propre enfant, à la marquise De Saint-Pierre, sa mère ;

» Enfin, l'arrêt attaqué reconnaît que, comme la déclaration faite par Louis Deschamps, le 16 juin 1836, ne peut balancer le poids des actes graves et concordants qui proclament la paternité de Grossourdy-de-Saint-Pierre, de même, les faits allégués par les demandeurs en Cassation ne peuvent altérer la possession d'état publique et constante qui les confirme ;

» Que dans ces circonstances, et d'après cet ensemble de faits, d'autant plus concluants qu'ils prennent leur source au moment même de l'entrée d'Estelle dans le monde, et qu'ils se succèdent jusqu'au moment même de l'introduction du procès, en décidant qu'Estelle est née fille naturelle de Grossourdy-de-Saint-Pierre, l'arrêt attaqué a fait une juste application des lois de la matière :

» Sur la 2ᵉ partie du moyen ;

» Attendu, en Droit, que de la combinaison des art. 342 et 335 du Code civil, il résulte qu'un enfant n'est jamais admis à la recherche de la maternité dans les cas où la reconnaissance de cette maternité n'aurait lieu à son profit qu'en révélant l'adultère ou l'inceste de sa mère ;

» Et attendu, en fait, que, pour obtenir, avec des enfants légitimes, le partage de la succession de Marie Assire, femme légitime de Louis Deschamps, décédée le 14 juin 1836, Estelle Delair alléguait que la défunte Marie Assire était sa mère véritable, et demandait en conséquence à être admise à faire la preuve de cette maternité ;

» Attendu que si, admise à cette preuve, Estelle y avait réussi, la reconnaissance de la maternité aurait eu lieu au profit d'un enfant né d'un commerce adultérin, puisqu'Estelle serait née de Marie Assire,

femme légitime de Louis Deschamps, et de Grossourdy-de-Saint-Pierre, dont la même Estelle était
la fille naturelle légalement reconnue ;

» Que dans ces circonstances, et d'après ces faits,
en déclarant Estelle Delair non-recevable dans sa demande en preuve de la maternité dont il s'agit, l'ar-
rèt attaqué, loin de violer les art. 342 et 335 du
Code civil, en a fait la plus juste application. — Rejette ;

» Sur le pourvoi de Deschamps :

» Attendu, en droit, que le dol et la fraude font
exception à toutes les lois ;

» Et attendu, en fait, que le fondement de l'intervention en cause et de la demande en rectification
de l'Etat civil formées par Louis Deschamps, était la
déclaration de paternité par lui émise, le 16 juin
1836, surlendemain du décès de Marie Assire, sa
femme ;

» Attendu que l'arrêt attaqué porte que cette déclaration artificieuse était l'œuvre manifeste de la collusion, de la fraude et de la cupidité ; que, d'après
cela, en considérant une pareille déclaration comme
nulle et non-avenue, et en décidant, en conséquence,
que Louis Deschamps était non-recevable dans son
antion, l'arrêt attaqué a fait une juste application de
la loi. — Rejette ; Chamb. des req. »

Cet arrêt établit la différence que l'on doit faire
dans une action en recherche de maternité, entre
l'enfant né *avant* le mariage de sa mère qui le mé-

connaît, et l'enfant né *pendant* le mariage. C'est du premier que nous parlons ici.

De ce même arrêt comparé avec celui du 13 février 1839 que nous avons rapporté tout au long, *sup.*, résulte la nécessité d'examiner avec soin l'acte de naissance de l'enfant. S'il a été inscrit sur les registres de l'Etat civil, comme étant né d'un homme autre que le mari de sa mère qui n'est point elle-même nommée, il n'appartient pas au mariage. *Secus*, si la mère mariée est nommée, sauf le désaveu du mari. Dans tous les cas, il faut consulter la possession d'état de l'enfant, et savoir si elle est ou non conforme au titre qui existe contre ou en faveur de son action.

Enfin, l'arrêt du 22 janvier 1840 juge, comme l'avait déjà fait celui de *Pagèze-de-Saint-Lieux*, que les enfants légitimes ont des droits propres et particuliers qui ne peuvent être détruits ni modifiés par les déclarations de leur père.

327. — Ce n'est pas tout qu'un enfant réclame une telle femme pour sa mère ; la justice et la morale veulent qu'il soit prouvé que cette femme est réellement accouchée ; car on sent parfaitement quel danger il y aurait autrement à admettre la recherche de la maternité. Elle pourrait porter sur une fille dont la conduite aurait toujours été régulière et donner ainsi une atteinte mortelle à son honneur (1).

_____

(1) *Vid.* l'arrêt Plageyroles, rapporté sous l'art. 322, *sup.*

L'enfant doit donc commencer par prouver l'accouchement de celle à qui il attribue son existence. Il peut faire cette preuve par témoins. Il lui serait même difficile de la faire d'une autre manière.

328. — Mais ce n'est pas tout encore. L'accouchement prouvé, il faut de plus que l'enfant établisse qu'il est identiquement le même que celui dont sa prétendue mère est accouchée. L'on conçoit aisément que, sans cela, un enfant étranger pourrait trop facilement usurper une filiation qui ne lui appartiendrait pas.

329. — Dans quel cas et de quelle manière un enfant pourra-t-il prouver par témoins les deux faits d'accouchement et d'identité? C'est seulement lorsqu'il aura déjà un commencement de preuve par écrit, dit l'art. 341.

330. — Or, qu'est-ce qu'un commencement de preuve par écrit, dans le cas et dans le sens de cet article? Peut-on appeler ainsi l'acte de naissance de l'enfant, contenant l'indication de sa mère, et rédigé sur la déclaration des personnes désignées par l'art. 56 du Code civil?

Il faut répondre négativement avec la Cour de Cassation, dans son fameux arrêt du 28 mai 1810, rendu en la cause de la demoiselle *Hamelin*, femme

Coron, et du mineur *Abel*. Cette Cour a décidé, en effet (1) :

1° Que les présomptions graves qui, selon l'art. 323, rendent admissible la preuve testimoniale, au cas de recherche de maternité *légitime*, n'ont pas le même effet au cas de recherche de maternité *naturelle*, autorisée par l'art. 341 ;

2° Que le commencement de preuve par écrit doit porter sur le fait de l'accouchement ;

3° Que ce commencement de preuve par écrit ne peut résulter de l'acte de naissance.

Voici les motifs de cet arrêt, que nous croyons devoir rapporter ici :

« Attendu : 1° que, suivant l'art. 341 du Code civil, l'enfant naturel ne peut être reçu à prouver par témoins qu'il est le même que l'enfant dont la mère qu'il réclame est accouchée, s'il n'a déjà un commencement de preuve par écrit de cette identité ;

» Attendu : 2° qu'un acte de naissance ne forme point ce commencement de preuve, puisqu'il peut être applicable à un autre individu que le réclamant :

» Que ce principe est d'autant plus constant qu'il a été reconnu au Conseil-d'Etat lors de la discussion du projet du Code civil, en écartant l'article qui disposait que le registre de l'Etat civil constatant la naissance d'un enfant né de la mère réclamée et du-

(1) Sirey, tom. 10, 1ʳᵉ part. pag. 193.

quel le décès ne serait pas prouvé, pourrait servir de commencement de preuve par écrit ;

» Attendu : 3° que ce n'est que dans le cas de la *filiation légitime* que l'art. 323 du même Code permet de recevoir la preuve par témoins, lorsque les présomptions et indices résultant de faits dès lors constants sont assez graves pour déterminer l'admission ; qu'aucun article du Code n'étend cette faculté au cas de la filiation naturelle ;

» D'où il résulte que, en admettant la preuve testimoniale, sur le seul fondement de l'acte de naissance du 30 germinal an 5, et de présomptions et indices résultant du procès, l'arrêt a violé l'art. 341, et faussement appliqué l'art. 323 du Code (1).

331. — Cet arrêt nous fait voir que l'art. 341 ne parle que de la recherche de la maternité naturelle, et non de la maternité légitime, dont il est parlé à l'art. 323. Ces deux cas ne sont point régis par les mêmes principes. La disposition de l'art. 323 est placé dans le chapitre qui établit les règles sur la preuve de la filiation des enfants légitimes. La recherche de la maternité naturelle est un cas tout différent et moins favorable. Il résulte, en effet, du discours de *M. Bigot-Préamenu*, orateur du Gouvernement au Corps législatif, que, au Conseil-d'Etat, on

(1) *Vid.* aussi un autre arrêt de la Cour de Cassation, du 12 juin 1823, dans la cause d'Adeline Caron. — Sirey, tom. 23, 1re part. pag. 594.

voulût rendre la recherche de la maternité naturelle
plus *difficile* que la recherche de la maternité légitime. Nous avons déjà fait sentir la nécessité de
cette exigence.

332. — Nous avons dit plus haut que la preuve
de l'accouchement pouvait se faire par témoins,
comme celle de l'identité, lorsqu'il existait un commencement de preuve par écrit.

Telle n'est pas pourtant l'opinion de M. Toullier,
nᵒ 942. Cette disposition, dit-il (celle de l'art. 341),
paraît supposer que, pour admettre la recherche de
la maternité, il faut que le fait de l'accouchement
soit déjà constant, de sorte que l'enfant n'ait plus à
prouver que son identité. La maternité résulte de
deux faits qui sont à prouver : l'accouchement de la
mère et l'identité entre le réclamant et l'enfant qui
est né à une telle époque. C'est l'identité seulement
que notre article permet de prouver par témoins,
sous la condition d'un commencement de preuve par
écrit. La disposition finale porte : *Il* (l'enfant naturel) *ne sera reçu à faire cette preuve par témoins,
que lorsqu'il aura déjà un commencement de preuve
par écrit.* La preuve, que cette disposition permet de
faire par témoins, est manifestement celle de l'identité. Cela devient évident en réunissant cette disposition à la précédente, dont elle n'est qu'une seule et
même explication. Mais la preuve de l'accouchement, comment sera-t-elle faite? Notre article garde

le silence sur ce point. Elle doit être faite par écrit.
Car, en matière d'état, la preuve par témoins n'est reçue que dans le cas où la loi le permet par une disposition expresse. Or, notre article ne permet de prouver par témoins que le fait de l'identité, et non celui de l'accouchement. Ce dernier fait ne peut donc
être prouvé par témoins. *Qui dicit de uno negat de
altero.* Il cite, à l'appui de cette doctrine, l'arrêt du **28
mai 1810**, que nous avons rapporté.

M. Merlin, dans le 17e vol. de son Répertoire, au
mot *Maternité*, pag. 138, réfute ainsi *M. Toullier :*

« Les héritiers *Bellengreville* observaient avec raison que cet arrêt ne décide rien de semblable, et
de là, on peut conjecturer, ou que ce savant
professeur ne s'est pas fait une idée nette de
la question, ou du moins qu'il aurait dû être d'un
avis contraire, s'il n'avait pas à tort supposé que
celui pour lequel il se déterminait avait, en sa faveur, l'autorité d'un arrêt de la Cour suprême.

» Mais, d'ailleurs, sur quoi repose le système de
M. Toullier.

» Sur deux arguments dont le premier consiste
à dire que l'art. 341 du Code civil se tait sur le
mode de preuve de l'accouchement, et que de là il
suit nécessairement que la preuve ne peut en être
faite que par écrit ; *parce que, en matière d'état, la
preuve par témoins n'est reçue que dans le cas où la
loi la permet par une disposition expresse.* » Où est-il
donc écrit qu'il faut, en matière d'état, une disposi-

tion expresse de la loi, pour que la preuve par témoins soit reçue, surtout à l'aide d'un commencement de preuve par écrit? Je le dis sans hésiter,
nulle part. Le second argument de M. Toullier est
bien plus étrange encore. L'art. 341, dit ce Jurisconsulte, ne permet de prouver que le fait *d'identité*
et non celui de l'accouchement. Ce dernier fait ne
peut donc être prouvé par témoins *qui de uno dicit,*
etc. Quoi donc! Est-ce que l'art. 341 est conçu en
termes permissifs? Non, il est en termes prohibitifs.
Il ne dit pas : « La preuve de l'identité sera reçue
par témoins lorsqu'il y aura un commencement de
preuve par écrit ; » il dit au contraire : « L'enfant ne
sera reçu à faire cette preuve que lorsqu'il aura déjà
un commencement de preuve par écrit. » Et que
faudrait-il conclure de cette disposition, en la rap-
prochant de l'axiôme *qui de uno dicit de altero negat!*
Rien autre chose, si ce n'est qu'il n'est pas besoin de
commencement de preuve par écrit pour faire recevoir la preuve du fait de l'accouchement. Cette conséquence paraît absurde, sans doute, et cela résulte
assez de ce que j'ai dit plus haut. »

333. — Cependant, si l'on en croit la relation de
M. Sirey, dans l'arrêt du 28 mai 1810, tom. 10, 1ʳᵉ
part. pag. 197, M. Merlin qui avait porté la parole
dans cet arrêt, avait dit : « Pourquoi l'art. 341 ne
demande-t-il pas un commencement de preuve par
écrit de l'accouchement de la mère prétendue? C'est

qu'il suppose qu'on ne recherche la maternité contre telle ou telle personne, *que quand il est déjà constant que cette personne est accouchée* d'un enfant dont le décès n'est pas prouvé, que lorsque la preuve de l'accouchement a été faite dans la forme prescrite pour constater ces sortes de faits, au titre des actes de l'Etat civil. »

On rappela dans ce sens le passage des conclusions de *M. Merlin*, lors de l'arrêt rendu par la même Cour, le 12 juin 1823, dans la cause d'Adeline *Caron* contre la dame *Rieul-Gaudart* et *d'Ault-Dumesnil* (1).

M. Merlin, dans son 17e vol., Loc. cit., assure néanmoins que telle n'était pas à beaucoup près sa pensée ; que cela est sensible pour quiconque lira attentivement ses conclusions. « Si j'y établissais, dit-il, que, dans l'art. 341, le Code civil suppose la preuve de l'accouchement toute faite par l'acte de naissance de l'enfant naturel, dans lequel sa mère était désignée, c'était uniquement pour en tirer la conséquence que, dans l'esprit de cet article, un pareil acte ne peut pas être considéré comme un commencement de preuve par écrit de l'identité ; et bien loin de présenter le fait de l'accouchement comme ne pouvant être prouvé que par les registres de l'Etat civil, je le présentais au contraire comme pou-

(1) Sirey, tom. 23, 1re part. pag. 394.

vant être prouvé par témoins au moyen d'un commencement de preuve par écrit. »

Quoi qu'il en soit de la pensée alors inaperçue de ce savant Magistrat, nous savons positivement aujourd'hui que son opinion est que la preuve testimoniale est admissible, non-seulement pour établir l'identité de l'enfant naturel qui réclame, mais encore le fait d'accouchement de sa mère, pourvu qu'il ait un commencement de preuve par écrit sur les deux faits. Tel est aussi le sentiment que nous avons manifesté dans notre premier ouvrage.

334. — On pourrait, il est vrai, concevoir quelque doute à la vue du motif suivant que l'on trouve dans le second arrêt de la Cour de Cassation, du 12 juin 1823, en la cause d'*Adeline Caron* :

« Attendu, sur le second moyen, que cette preuve testimoniale même n'est admissible, aux termes de l'art. 341, spécial pour la recherche de la maternité, que lorsqu'il y a commencement de preuve par écrit ; que, lors même que la recherche de la maternité pourrait être faite *par tout autre* que par l'enfant qui demande à faire reconnaître sa mère, *lorsque le fait d'accouchement qui devrait être déjà constant, pourrait tomber en preuve*, comme celui de l'identité, la loi impose toujours la condition préalable et nécessaire qu'il existe un commencement de preuve par écrit, avant d'admettre la preuve testimoniale. »

Mais on remarque que la Cour de Cassation ne

paraît préjuger le fait d'accouchement, comme devant déjà être constant, que lorsque la recherche de la maternité est faite par tout autre que l'enfant naturel. Dans ce cas même, elle ne décide pas la question en thèse, puisqu'elle n'en parle que d'une manière hypothétique.

335. — Suivant l'arrêt du 28 juin 1810, l'acte de naissance d'un enfant naturel ne peut être considéré comme commencement de preuve par écrit.

Cependant la Cour royale de Paris, dans un arrêt du 7 juillet 1838, que nous citons plus bas, a jugé que l'acte de naissance d'un enfant naturel, dressé selon les formes prescrites par les art. 55, 56 et 59 du Code civil, fait foi de l'accouchement de la mère ; qu'ainsi l'enfant n'a besoin de commencement de preuve par écrit que pour établir son identité. Nous ne pouvons approuver cette décision ; car il est sensible que l'exigence du commencement de preuve par écrit s'étend aux deux cas, d'après la construction grammaticale de l'art. 341. Telle est, d'ailleurs, comme on vient de le voir, l'opinion de M. Merlin.

Mais alors, quel sera le commencement de preuve par écrit ? La loi ne le définit point dans l'art. 341. Pourrait-on le puiser dans les éléments qui sont indiqués dans l'art. 324 créé pour établir la preuve de la filiation des enfants légitimes ? Nous devons le penser ainsi ; car la loi aurait donné une autre définition du commencement de preuve par écrit pour le cas particulier de la filiation naturelle. On doit donc regarder la disposition de l'art. 324 comme disposition générique pour les deux espèces de filiation. De sorte que l'enfant naturel pourra rechercher la maternité par la preuve vocale, si cette preuve est déjà appuyée sur des titres de famille, sur les registres et papiers domestiques de son père ou de sa mère, sur des actes publics et même privés émanés d'une partie engagée dans la contestation, ou qui y aurait intérêt, si elle était vivante.

Il est bien déjà assez rigoureux que l'enfant naturel soit obligé de produire un commencement de preuve par écrit, pour établir l'accouchement de la mère qu'il réclame, et son identité avec l'enfant dont elle a accouché, c'est-à-dire deux faits qui sont rarement consignés par écrit. Cette obligation est d'autant plus rigoureuse qu'elle est difficile et souvent impossible à remplir, puisque, ainsi que nous l'avons dit, en parlant de la filiation légitime, le commencement de preuve par écrit doit avoir en vue l'enfant même qui réclame, et que les actes publics ou privés qu'il peut opposer à la partie qui conteste son état, doivent émaner de la partie elle-même. Encore même les actes privés, tels que les lettres, doivent-ils avoir été destinés à recevoir une communication publique ou judiciaire ; car, si ce sont des lettres, par exemple, adressées à des tiers, l'arrêt de la Cour de Cassation, rendu dans la cause d'Adeline *Caron*, nous a appris qu'on ne pouvait en

'faire aucun usage, à cause de l'inviolabilité du se-.
cret des correspondances privées. Quoique ce principe de morale et de sécurité sociale n'ait été appliqué qu'en faveur de l'enfant contre qui était faite la
recherche de maternité, nous devons croire qu'il lui
serait également opposable, si cette recherche était
faite par lui-même. Le même motif doit déterminer
la prohibition sous les deux rapports.

Bien que, en règle générale, l'acte de naissance
ne puisse constituer le commencement de preuve
par écrit en matière de filiation naturelle, il en serait différemment, aux termes de l'art. 324, si cet
acte contenait une déclaration favorable, émanée
d'une personne qui, si elle était vivante, aurait intérêt dans la contestation ; c'est ce qu'a jugé la Cour
royale de Rouen, le 20 mai 1829. Dans l'espèce de
cet arrêt, Marie-Anne *Bilbos*, veuve d'Adrien *Buzuel*,
avait figuré dans l'acte de naissance de *Pierre-
Alphonse Buzuel*, pour attester la vérité de la déclaration de la sage-femme, que *Marie-Madeleine Buzuel*, sa fille, était réellement accouchée, le 14 nivôse an 8, d'un enfant du sexe masculin, nommé
Pierre-Alphonse, et que ladite Marie-Madeleine était
célibataire. La Cour de Rouen a eu raison de dire
que la dame veuve Buzuel avait un grand intérêt à
dissimuler la faute de sa fille ; que, par conséquent,
sa déclaration faisait partie d'un acte public émané
d'une personne ayant intérêt à la contestation (1).

(1) *Journal du Palais*, tom. 28, 29, pag. 1041.

La même décision a été portée par la Cour royale de
Paris, le 7 juillet 1838 (1). Cet arrêt a donc également
ment jugé que l'art. 324 du Code civil était applicable à la filiation des enfants naturels.

Quant aux enfants naturels non reconnus, quoiqu'ils ne soient pas avoués par leur famille, pourtant
la société ne les abandonne point ; elle veille sur eux,
elle les protége pendant tout le temps qu'ils ont besoin de surveillance et de protection. C'est pour cela
que, suivant l'art. 159 du Code civil, ils ne peuvent
se marier avant l'âge de vingt-un ans révolus, sans
avoir obtenu le consentement d'un tuteur *ad hoc* qui
leur est nommé.

336. — Mais peut-on être admis contre l'enfant
à la recherche de la maternité, pour faire réduire,
par exemple, une libéralité que sa prétendue mère
lui aurait faite ? Et particulièrement, ce droit
appartient-il aux héritiers collatéraux de cette dernière ?

On a vu, par le motif que nous avons ci-dessus
rapporté, que, dans l'arrêt du 12 juin 1823, la Cour
de Cassation n'a fait que manifester un doute sur
cette question, et pourtant il aurait été bien intéressant qu'elle l'eût examinée et jugée.

Le doute vient de la manière dont est conçu l'art.
341 du Code. Après avoir dit que la recherche de la

(1) Tom. 2 de 1838.

maternité est admise, il ajoute de suite que L'ENFANT *qui réclamera sa mère, sera tenu de prouver, etc.* ; d'où il semblerait que ce n'est qu'à l'enfant seul que la loi entend accorder la recherche de la maternité. La Cour d'Amiens, dans son arrêt du 9 août 1821, sur le pourvoi duquel la Cour suprême avait à statuer, ajoutait que, dans l'intérêt de la morale et de l'ordre social, le Législateur n'avait pu permettre que des héritiers collatéraux flétrissent la mémoire d'une sœur pour s'emparer de ses biens, et qu'ils contestassent à un enfant ses parents légitimes, pour lui attribuer une mère qui n'a pu l'être que par un commerce honteux ; que si le Législateur a permis la recherche de la maternité, ce n'est qu'en faveur de l'enfant qui a l'intérêt le plus grand et le plus sacré de connaître sa mère ; qu'aussi, dans l'article précité et dans tous ceux qui sont relatifs à la reconnaissance des enfants, le Législateur ne parle de la réclamation d'état que par rapport à l'enfant et à ses héritiers ; qu'il détermine les conditions qui peuvent la faire admettre ; qu'il ne parle jamais de la recherche que pourraient faire des personnes étrangères à l'enfant ; d'où suit la conséquence que cette faculté ne leur est point accordée.

M. Merlin (1), qui s'étonne de cette décision, répond aux considérations purement morales qui lui

_____

(1) Répertoire, 5ᵉ édit., tom. 10, pag. 801.

ont servi de base, en disant qu'il y a une opposition parfaite entre l'art. 340 et l'art. 341 du Code civil ; que l'art. 340 dit, en termes absolus, *que la recherche de la paternité est interdite* hors le cas de rapt ; et que c'est aussi en termes absolus que l'art. 341 ajoute que la recherche de la maternité est admise. Or, ajoute-t-il, il est très constant que la prohibition de l'art. 340 porte contre les héritiers *ab intestat* du prétendu père, ni plus ni moins que contre le prétendu enfant naturel ; il n'y a donc aucune raison pour ne pas appliquer aux uns tout aussi bien qu'à l'autre la permission de l'art. 341. *M. Merlin* pense que, si la Cour de Cassation avait eu à se prononcer sur cette question, il est vraisemblable qu'elle aurait accueilli ces moyens. Nous le pensons d'autant plus nous-même, qu'il est aussi moral que légal qu'un enfant naturel ne puisse prendre, dans la succession de sa mère, par une voie oblique et frauduleuse, une portion plus forte que celle qui lui est attribuée. Il y aurait autrement une scandaleuse facilité à éviter l'application des art. 756 et 757 du Code civil.

337. — L'arrêt de la Cour d'Amiens donne lieu à examiner la question de savoir si les héritiers ou successeurs de l'enfant naturel, peuvent, après sa mort, rechercher la maternité de la femme qui lui a donné le jour, pour recueillir la part que la loi lui attribue dans la succession de cette dernière, alors que lui-

même n'a fait ou pu faire, de son vivant, aucune dé=
marche pour cet objet.

On peut dire, sur cette question comme sur la
précédente, que, par la manière dont a été rédigé
l'art. 341, ce n'est qu'à l'enfant seul que la loi entend accorder la recherche de la maternité. On peut
ajouter que, si elle l'avait entendu autrement, elle
aurait fait, dans l'art. 341 pour les enfants naturels,
ce qu'elle a fait dans les art. 329 et 330 pour l'action en réclamation d'état accordée aux enfants légitimes ; elle aurait donné la même faculté aux héritiers pour l'exercer dans certains délais et sous certaines conditions ; ce qu'elle n'a point fait.

On peut répondre ce que répondaient les héritiers
Bellengreville dans la cause d'Adeline Caron ; que
l'art. 341 ne se prête pas, autant qu'on le suppose,
à l'interprétation restrictive qu'on lui donne. Il se
divise en trois paragraphes. Dans le premier, il est
dit : *La recherche de la maternité est admise.* Voilà
le principe posé en termes absolus. Si ensuite les
deux autres paragraphes offrent une locution moins
générale, et qui semble ne se référer qu'à la recherche faite par l'enfant ; cela s'explique tout naturellement par cette considération, sans laquelle la volonté
du Législateur serait si souvent méconnue, qu'il a
dû, en exprimant sa pensée, être préoccupé du cas
qui pouvait le plus fréquemment arriver.

Cependant la question ayant été portée à la Cour
royale de Paris, elle a été résolue contre les succes-

seurs ou ayant-cause de l'enfant naturel, par arrêt du 13 mars 1837 (1).

Le 18 mars 1833, *Elizabeth Punch* accoucha à l'hospice de la maternité, d'un enfant mâle qui, sur la déclaration d'abandon faite par la mère, fut transféré aux enfants trouvés, et inscrit sur les registres de la Mairie du 12e arrondissement, sous le nom de *Joseph*, fils d'Elizabeth Punch. Quelques jours après, le 26 mars, décès d'Elizabeth Punch. L'enfant survécut peu à sa mère. Il mourut le 4 avril suivant.

La succession d'Elizabeth Punch se composait notamment d'une créance de 13.000 fr. sur un sieur *Roguin*. Un débat s'engagea, à l'occasion de cette somme, entre le domaine de l'Etat appelé à recueillir les successions vacantes, et l'administration des hospices de la ville de Paris, auxquels appartiennent les biens des enfants qui y sont décédés avant leur majorité ou leur émancipation, pourvu qu'aucun héritier ne se présente. — Loi du 15 pluviôse an 13.

28 janvier 1836, jugement du Tribunal civil de la Seine qui donne gain de cause à l'administration des hospices. Mais, sur l'appel, arrêt qui réforme par les motifs suivants :

« Considérant que le Code qui prévoit, art. 1166, l'existence de droits exclusivement attachés à la personne, n'ayant point déterminé par des dispositions expresses quels étaient ces droits purement person-

(1) *Journal du Palais*, tom. 1er de 1840, pag. 265.

nels, en a nécessairement laissé l'appréciation à la prudence des Tribunaux ; d'où il suit qu'on ne peut se prévaloir uniquement du silence de l'art. 341, pour prétendre que l'action de l'enfant naturel, afin de recherche de la maternité, puisse être transmise à ses successeurs ou ayant-cause, quand il ne l'a pas exercée de son vivant ;

» Considérant que cette action, par sa nature ou ses conséquences, doit évidemment être exclusivement attachée à la personne de l'enfant ; que si, à l'égard des enfants légitimes, les art. 329 et 330 n'ont autorisé, en faveur de leurs successeurs, la recherche de la maternité que sous des conditions restrictives, à plus forte raison la loi aurait imposé aussi des limites à l'action des successeurs de l'enfant naturel, si elle n'avait pas voulu considérer l'action comme exclusivement attachée à la personne de l'enfant ;

» Considérant que l'administration des hospices n'aurait pu exercer de droits dans la succession d'Elizabeth Punch, au nom de son prétendu enfant naturel, qu'autant qu'elle aurait fait déclarer légalement ou recherché la maternité avant son décès, ou qu'autant qu'elle l'aurait reconnu par acte authentique ;

» Considérant qu'il n'est émané de la part de la prétendu mère aucune reconnaissance authentique ; qu'elle est restée étrangère aux procès-verbaux,

actes et certificats dressés dans les hospices. — In-
firme, etc. »

Nous ne saurions adopter les principes consacrés
par cet arrêt ; nous donnons sans hésiter la préférence à ceux qui ont déterminé le jugement du Tribunal civil de la Seine et qui ont été si bien développés dans les motifs suivants. Le lecteur comparera
et jugera :

« Attendu qu'aux termes de l'art. 8 de la loi du
15 pluviôse an 13, l'administration des hospices, à
défaut d'héritiers, est déclarée propriétaire des biens
de l'enfant qui décède avant sa sortie de l'hospice,
son émancipation ou sa majorité ;

» Attendu que l'administration des hospices, appelée ainsi à la propriété des biens, est, à l'égard de
la succession, dans la position d'un héritier irrégulier ; qu'en cette qualité, l'administration succède à
tous les droits et actions ;

» Attendu que l'enfant naturel aurait eu le droit
de rechercher la maternité ; que tous les droits et
actions du défunt passent à ses successibles, *à moins
de prohibition ou d'exception* ; que le droit de rechercher la maternité n'a pas été déclaré personnel à
l'enfant ; qu'il en résulte qu'il appartient à ses héritiers ; que si la loi garde le silence sur le droit de
recherche de la maternité quant aux héritiers de
l'enfant naturel, et si, au contraire, elle s'occupe du
droit des héritiers de l'enfant légitime quant à la réclamation d'état, on ne peut en conclure qu'elle ait

voulu prohiber l'action dans un cas, et la permettre
dans l'autre; qu'en effet, si le Législateur s'est occupé de ce droit, relativement aux héritiers de l'enfant légitime, c'est dans la nécessité d'y apporter certaines restrictions et conditions qui étaient comman-
dées par la gravité même de l'action et l'importance
de ses suites;

» Attendu qu'à l'égard des enfants naturels, ces
mêmes motifs n'existaient pas, et qu'il n'était pas
nécessaire de déroger au Droit commun, ce qui explique pourquoi, dans ce cas, le Législateur a gardé
le silence;

» Attendu que, si le droit de rechercher la maternité appartient aux héritiers de l'enfant, et, en cette
qualité, à l'administration des hospices, comme héritier irrégulier, il est évident que cette administration peut également s'emparer de la preuve acquise
de la maternité, et, se fondant sur cette preuve, revendiquer du chef de l'enfant la succession de sa
mère;

» Attendu que, dans le concours des circonstances de la cause, l'accouchement de la demoiselle
Punch dans l'établissement de la maternité, et l'i-
dentité entre l'enfant dont elle est accouchée et la
personne de Joseph Punch, ne peuvent raisonnablement être mis en doute, et sont au contraire démon-
trés jusqu'à l'évidence;

» Attendu que, le fait de la maternité reconnu,
les effets en demeurent acquis à l'enfant ou à ses

héritiers, sans distinction entre la reconnaissance forcée et la reconnaissance volontaire, puisque les droits découlent du fait même de la maternité, et non de la forme dans laquelle ce fait est reconnu. »

Ce dernier motif est par nous développé sur la question que nous traitons plus bas et qui consiste à savoir si l'enfant naturel, dont la filiation est déclarée en jugement dans les cas des art. 340 et 341, peut exercer, comme l'enfant naturel volontairement reconnu par acte authentique, les droits fixés par les art. 756 et suiv. du Code civil. Nous nous prononçons pour l'affirmative contre l'opinion de M. Merlin. Or, si cela doit être ainsi, il en résulte qu'il n'est pas exact de dire, comme l'a fait la Cour royale de Paris, que l'action en réclamation de maternité est personnelle à l'enfant naturel, que son droit s'éteint avec lui, puisque, suivant l'art. 759, en cas de prédécès de l'enfant naturel, ses enfants ou descendants peuvent réclamer les droits fixés par les articles précédents. Et comme la loi ne dit pas : *En cas de prédécès de l'enfant naturel* RECONNU, il s'ensuit que, s'il vient à mourir avant sa reconnaissance, elle peut être réclamée et poursuivie par ses héritiers, pour obtenir la délivrance de ses droits ; car qui veut la fin veut les moyens.

Et comment pourrait-il en être autrement, lorsque, comme dans l'espèce de l'arrêt précité, l'enfant meurt seize jours après sa naissance et huit jours après sa mère, s'étant par conséquent trouvé dans l'impossibilité physique et légale d'exercer de son chef l'action en réclamation de maternité? La loi, en assurant un droit à l'enfant naturel, n'a pas entendu sans doute lui faire une promesse vaine et illusoire. La loi est toujours sincère et ne trompe jamais.

Nous pensons donc que la recherche de la maternité appartient aux héritiers ou ayant-cause de l'enfant naturel qui ne l'a pas exercée, ou qui n'a pas pu l'exercer lui-même de son vivant.

337 *bis*. — Mais la possession d'état suffit-elle à l'enfant naturel, sans les autres conditions exigées, pour prouver sa filiation maternelle? L'art. 320 du Code civil porte que, à défaut d'acte de naissance, la possession constante de l'état d'enfant légitime suffit, mais cet article n'est placé que dans le chapitre des preuves de la filiation des enfants légitimes. Peut-il s'appliquer également aux enfants naturels non reconnus?

M. Toullier (1) pense que la possession d'état, loin d'être une preuve complète de filiation, ne peut pas même être présentée par l'enfant naturel, comme un commencement de preuve; car, dit-il, la possession, même constante, ne peut être prouvée que par témoins.

Cette opinion est combattue avec beaucoup de

(1) Tom. 2, no 970.

forcé par MM. Duranton (1), Proudhon (2), Delvincourt (3), et Dalloz (4). Ces auteurs se fondent sur les faits suivants :

La Commission de rédaction avait d'abord inséré dans l'art. 36 du projet de loi, la disposition suivante :

« Que la preuve testimoniale serait admise lorsque l'enfant aurait une possession constante de fils naturel de la mère qu'il réclame. »

M. Portalis s'exprima en ces termes sur cette proposition :

« Toutes les fois qu'on jouit de son état constamment, publiquement et sans trouble, on a le plus puissant de tous les titres. Il serait donc absurde de présenter la possession constante comme un simple commencement de preuve, puisque cette sorte de possession est la plus complète de toutes les preuves. Des faits de possession isolés, passagers et purement indicatifs, peuvent n'être qu'un commencement de preuve ; mais encore une fois, il y a preuve entière lorsqu'il y a possession constante. »

Et M. Locré dit (5) que sur cette observation, la rédaction fut changée.

Nous ajouterons que c'est aussi dans ce sens et

(1) Tom. 3, n° 238.
(2) Tom. 2, pag. 100.
(3) Tom. 1, not. 10, sur la pag. 93.
(4) Jurisprudence générale, v° Filiation, pag. 667.
(5) Tom. 4 pag. 221.

par ces motifs que la question a été jugée par la
Cour royale de Bastia, le 17 décembre 1834 (1).

M. Toullier observe que le Code n'a point appliqué la disposition de l'art. 320 aux enfants naturels.
Il soutient de plus que la proposition de la commission tendant à admettre la preuve testimoniale pour
le cas de la possession d'état, fut retranchée du Code.
Cela est vrai, mais pourquoi? Par les motifs donnés
par M. Portalis qui rendent inutile toute preuve en
présence de la possession constante ; nous adoptons
donc sans hésiter les conséquences qui découlent de
ce rejet. C'est vainement que M. Toullier dit que l'art.
341 n'admet l'enfant naturel à la preuve testimoniale que lorsqu'il a déjà un commencement de
preuve par écrit. Mais il a bien plus que cela, puisque, avec la possession constante de son état, il a une
preuve complète, pour nous servir des paroles éner-
giques de M. Portalis.

M. Toullier paraît avoir confondu le retranchement qui fut fait sur ce point avec celui qui fut également opéré de cette autre disposition proposée par
la même commission :

(1) Sirey, tom. 35, 2e part. pag. 525. Mais le contraire a été jugé, le
2 mai 1837, par la Cour royale de Bourges. Cet arrêt a même jugé,
comme l'avait fait celui de la Cour de Cassation, du 28 mai 1810, que
l'acte de naissance d'un enfant naturel indiquant pour mère une femme
désignée, ne peut lui servir de commencement de preuve par écrit pour
être admis à la recherche de la maternité. — *Journal du Palais*,
tom. 1er, de 1838, pag. 193. Cette dernière décision est conforme aux
discussions qui ont eu lieu au Conseil-d'Etat. Mais la première est contraire à l'esprit du Législateur.

« Que le registre de l'État civil qui constate la naissance d'un enfant né de la mère réclamée et duquel le décès n'est pas prouvé, pourrait servir de commencement de preuve par écrit. »

Oui, cette disposition fut également rejetée, mais par les motifs suivants que donna le Ministre de la Justice dans la séance du 26 brumaire an 10 :

« Le principe de cet article, dit-il, entraînerait de grands inconvénients, s'il donnait trop de facilité pour prouver la filiation contre une mère de famille ou contre une fille honnête dont la faiblesse serait ignorée. On a donc eu raison d'en circonscrire l'application, de manière qu'elle ne dépendît pas de preuves arbitraires. Les conditions dont on la fait dépendre sont bien choisies ; mais on les affaiblit, si l'on décide que le registre qui constatera la naissance d'un enfant né de la mère réclamée, et duquel le décès ne sera pas prouvé, pourra servir de commencement de preuve par écrit.

» Voici l'abus qui peut résulter de cette disposition. Un aventurier qui trouvera sur les registres l'inscription d'un enfant dont le décès ne sera pas prouvé, prétendra qu'il est cet enfant, et à l'aide de quelques témoins subornés, il réussira dans sa demande.

» Il est difficile de concevoir jusqu'à quel point la preuve testimoniale doit être suspecte, quand elle porte sur l'identité. Il existe maintenant un procès dans lequel une femme (1) prétend qu'on a faussement répandu le bruit de sa mort et de ses funérailles. Des témoins ont été entendus ; beaucoup la reconnaissent et beaucoup ne la reconnaissent pas.

» Indépendamment de ces considérations, on peut aussi faire valoir des moyens de Droit.

» Il n'y a véritablement commencement de preuve par écrit, que lorsqu'il est direct et relatif à la personne, et non lorsqu'il peut s'appliquer à plusieurs. Ici la question sera de savoir si le registre s'applique à l'enfant, et cependant ce sera du registre même qu'on prétendra tirer les premiers traits de lumière sur cette application ; on tombe donc dans un cercle vicieux. Il faut laisser au réclamant la faculté d'argumenter du registre, et non en faire un commencement de preuve par écrit (2). »

Aussi M. Locré prend-il soin de dire que les deux dispositions que nous venons de rappeler ont été retranchées *par des motifs* qui jettent beaucoup de jour *sur la manière d'entendre et d'appliquer* l'art. 341.

De tout cela il doit résulter que, en combinant les art. 323, 324 et 341 du Code civil, ce n'est que lorsque l'enfant naturel n'a point la possession constante de sa filiation, qu'il ne peut être admis à la recherche de la maternité qu'à l'aide d'un commencement de preuve par écrit, portant à la fois et sur

(1) La fausse marquise de *Douault*.
(2) Locré, loc. cit.

l'accouchement de la mère qu'il réclame, et sur son identité.

Que si l'enfant a cette possession, il n'a plus rien à prouver, car elle porte avec elle et la preuve de l'accouchement et la preuve de l'identité ; il n'a rien à *rechercher*. Ce n'est plus l'enfant dont parle l'art. 341, puisqu'il possède son état.

338. — Mais l'enfant naturel qui n'a ni possession, ni titre, ni commencement de preuve par écrit, a-t-il le droit de déférer à la personne qu'il prétend être sa mère, le serment décisoire ?

D'après l'art. 1358 du Code civil, le serment décisoire peut être déféré *sur quelque espèce de contestation que ce soit*. Il ne peut être déféré, suivant l'art. 1359, que sur un fait personnel à la partie à laquelle on le défère. Enfin, l'art. 1360 ajoute qu'il peut être déféré en tout état de cause, et encore qu'il n'existe *aucun commencement de preuve* de la demande ou de l'exception sur laquelle il est provoqué.

Il semblerait donc résulter de ces dispositions générales et non restrictives que le serment décisoire peut toujours et dans tous les cas être déféré pour l'objet proposé.

Mais une première difficulté se présente. Il était de maxime, dans l'ancien Droit, qu'on ne pouvait obliger quelqu'un à avouer sa turpitude. Il est vrai que cette maxime n'a pas été positivement reproduite dans notre Code. Mais il est des lois de pudeur et de morale publique qui n'ont pas besoin, pour exister, d'être écrites dans les lois civiles, parce qu'elles sont gravées dans tous les cœurs.

Cependant, par arrêt du 16 décembre 1836, la Cour royale de Rennes a jugé que le serment pouvait être déféré (1). Elle s'est fondée sur la généralité des art. 1358 et 1360 ; elle a dit encore que la maxime invoquée n'est admissible qu'en matière criminelle, en ce sens que l'aveu de l'accusé est sans force, mais qu'elle ne peut au civil priver celui auquel la loi accorde un droit, de la faculté d'en assurer l'existence par la confession de la partie adverse.

Mais une difficulté plus grave se présente. Les art. 1358 et 1360 sont placés dans la section 5 du chapitre 6 qui n'a pour objet que la *preuve des obligations et celle du paiement.* Peut-on raisonnablement et même légalement appliquer ces dispositions à la preuve de *l'état des hommes?*

Une autre difficulté plus sérieuse encore. Le serment décisoire est un genre de *preuve ;* cela est incontestable, puisqu'il est classé comme tel dans le Code. Or, l'art. 341 ne permet à l'enfant, qui réclamera sa mère, de *prouver,* par ce moyen ou par tout autre, qu'il est identiquement le même que l'enfant dont elle est accouchée, que sous une condition :

(1) Dalloz, année 1836, 2, 96.

c'est qu'il aura déjà un commencement de preuve par écrit. Or, comment pouvoir l'admettre sans cette condition, à prouver, par le serment décisoire, son état d'enfant naturel de la mère qu'il réclame ?

Toutes ces difficultés présenteront encore bien plus de gravité si l'enfant naturel dirige sa réclamation contre une femme engagée dans les liens du mariage.

Ces raisons nous empêchent d'adopter le système consacré par la Cour royale de Rennes.

TITRE 5ᵉ.

DES DROITS DES ENFANTS NATURELS RECONNUS
SUR LES BIENS DE LEUR PÈRE OU MÈRE.

CHAPITRE Iᵉʳ.

Nature des Droits des enfants naturels. — Réserve légale. — Réduction. — Rapport.

SOMMAIRE.

339. — Après nous être occupé de tout ce qui est relatif à la condition, c'est-à-dire à la consistance personnelle des enfants naturels reconnus, dans la famille dont ils sont autorisés à porter le nom, nous devons examiner s'ils ont des droits sur les biens de leur père ou mère, et quelle est la nature et l'étendue de ces droits.

Ce n'est point pour leur procurer le seul et futile avantage d'être connu dans le monde sous le nom de ceux qui leur ont donné le jour, que la loi a permis à ceux-ci de les avouer par une reconnaissance authentique. Elle a dû attacher à leur reconnaissance la double obligation de les nourrir et de leur laisser sur leurs biens de quoi soutenir leur malheureuse existence.

Cette dernière obligation imposée au père ou à la mère de l'enfant naturel reconnu, constitue bien un droit en sa faveur ; mais ce droit ne ressemble, ni par sa dénomination, ni par ses effets, à celui que la loi accorde à l'enfant légitime. L'art. 338 du Code civil commence par nous en prévenir, et l'art. 756 auquel il se réfère, nous l'apprend d'une manière bien plus énergique, en disant que les enfants naturels ne sont point héritiers ; que la loi ne leur accorde de droits sur les biens de leurs père et mère décédés, que lorsqu'ils ont été légalement reconnus ; qu'elle ne leur accorde aucun droit sur les biens des parents de leur père ou mère.

Ainsi, les enfants naturels ne sont point héritiers. L'honneur de représenter leur père ou mère leur est refusé ; la loi ne l'accorde qu'aux enfants légitimes, par respect pour le mariage et en haine de la licence des mœurs.

Les enfants naturels sont si peu héritiers, que, suivant l'art. 724 du Code civil, les héritiers légitimes sont saisis de plein droit des biens, droits et actions du défunt, sous l'obligation d'acquitter toutes les charges de la succession ; les enfants naturels doivent se faire envoyer en possession par Justice dans les formes déterminées par la loi.

340. — Mais si les enfants naturels reconnus sont

réprouvés par la morale, ils appartiennent à l'humanité. La loi civile a dû leur accorder un droit réel ;
quelle est la nature de ce droit?

La première rédaction de l'art. 338 portait :

« L'enfant naturel reconnu ne pourra réclamer
les droits d'enfant légitime, mais seulement une
créance déterminée par la loi sur la succession de
celui qui l'aura reconnu. »

M. Cambacérès dit que quelques personnes trouvaient trop dure la disposition qui exclut l'enfant naturel de la succession de sa mère, lorsqu'elle n'a
pas d'autres enfants.

M. Bigot-Préamenu répondit que c'était pour
maintenir l'honneur du mariage, qu'on avait réduit
les enfants naturels à une simple créance ; qu'on ne
pourrait se relâcher de cette sévérité sans ébranler
ce système.

M. Treilhard observa que l'article appartenait à
la matière des successions : il proposa de l'y renvoyer.

L'article fut adopté tel qu'il existe (1).

Il était donc resté douteux si les droits de l'enfant naturel reconnu étaient une simple créance, ou
bien une portion déterminée dans la succession.
Mais ce doute a été levé par la manière dont a été
construit l'art. 757 postérieurement décrété. Cet article accorde, en effet, à l'enfant naturel un droit *sur*

_____

(1) Conférences du Code civil.

les biens de celui de ses père et mère qui l'a reconnu. Ce n'est donc point une simple créance, mais bien un véritable droit réel. C'est ce que la Cour de Cassation a formellement décidé, par arrêt du 25 août 1813 (1).

341. — Il doit résulter de là que si les enfants naturels ne sont point héritiers, ils sont au moins copartprenants. Leur droit est *non quota hœreditatis, sed quota bonorum.*

342. — De là, encore, cette conséquence que, puisque la loi accorde une portion quelconque aux enfants naturels reconnus, selon le nombre des enfants légitimes, cette portion ne peut varier. Elle ne peut être réduite, elle constitue donc, en faveur des enfants naturels, une véritable réserve légale, qui ne peut être diminuée par des dispositions excessives ; d'où il suit que, pour exécuter la disposition de l'art. 757, qui porte *que le droit de l'enfant naturel sur les biens de ses père et mère décédés est d'un tiers de la portion héréditaire qu'il aurait eue s'il eût été légitime,* il faut admettre l'enfant naturel momentanément au nombre des enfants légitimes, et le faire concourir *fictivement* avec eux, de manière que s'il n'existe qu'un enfant légitime, il doit être procédé comme s'il y en avait deux, et s'il y en a deux,

(1) Sirey, tom. 16, 1re part. pag. 13.

comme s'il y en avait trois, etc. ; car tel serait le
nombre des légitimaires qui auraient concouru à la
fixation de la portion héréditaire, si l'enfant naturel
eût été légitime. Ce serait évidemment y contreve-
nir que d'opérer d'une autre manière. Par l'effet
d'une telle contravention, on porterait une atteinte
manifeste aux droits de l'enfant naturel, puisque, en
diminuant le nombre des enfants légitimes, ou réputés tels, à l'effet de fixer la portion héréditaire, on
diminuerait pareillement la quotité des biens *non*
disponible, sur laquelle doit être prise cette portion
héréditaire dont le tiers appartient à l'enfant naturel. — *Arrêt de la Cour de Cassation, du* 26 *juin*
1809, dans la cause de Picot. Ainsi, au cas d'un enfant légitime, l'enfant naturel a droit à un sixième,
non de la totalité des biens de la succession, mais
des deux tiers des biens indisponibles ou composant
la réserve, c'est-à-dire qu'il a droit à un neuvième
de tout, bien entendu lorsque la quotité disponible a
été donnée par l'auteur commun (1).

343. — Cependant *M. Chabot de l'Allier,* dans
son Commentaire sur les Successions, tom. 2, pag.
44 et suiv., soutient la négative dans une discussion

_____

(1) Sirey, tom. 9, 1re part. pag. 337. — Cet arrêt est remarquable en
ce qu'il a cassé un arrêt de la Cour de *Pau,* qui n'avait accordé qu'un
douzième du tout à l'enfant naturel, ou un sixième de la moitié, parce
qu'elle ne l'avait pas compté *fictivement* au nombre des enfants, pour
la détermination de la réserve.

extrêmement étendue, quoiqu'il convienne que le plus grand nombre des Jurisconsultes n'a point adopté son opinion. Cet auteur recommandable nous semble avoir mis une certaine opiniâtreté qu'on ne rencontre pas ordinairement dans son excellent Ouvrage, si connu en général par la justesse du raisonnement. Nous convenons cependant, avec *M. Toullier*, tom. 4, n° 263, qu'il a soutenu et développé son opinion de la manière la plus séduisante.

344. — *M. Merlin* qui porta la parole sur cette question, lors de l'arrêt Picot, établit : 1° que des art. 757 et 761, éclaircis surtout par les notions de l'ancienne Jurisprudence, et par la connaissance du but d'amélioration que s'étaient proposé les auteurs de la Législation nouvelle, il résultait *positivement* qu'il y avait une réserve pour les enfants naturels ; 2° que cette réserve devait être réglée d'après le nombre des enfants du père (les naturels compris) aux termes des articles combinés 757 et 913.

La Cour de Cassation fut entièrement de l'avis de *M. Merlin;* il est impossible d'en douter en lisant les motifs suivants qui précèdent ceux que nous avons déjà rapportés :

« Vu les art. 757 et 913 du Code civil, et attendu que, par les dispositions combinées de ces deux articles du Code, le Législateur en circonscrivant dans de justes limites les droits de l'enfant naturel sur les

biens de ses père et mère, a voulu leur donner en
même temps *une base assurée qui fût indépendante
de tout arbitraire;* une base de laquelle il pût résulter,
dans tous les cas, une valeur proportionnelle à la quotité disponible ou indisponible des biens délaissés par
les père et mère de l'enfant naturel, de manière que
si, d'un côté, toute prétention exagérée était désormais condamnée au silence, il ne fût pas permis,
d'un autre côté, de méconnaître la juste mesure des
obligations naturelles qu'impose la paternité; que
ces principes sont consacrés de la manière la plus
expresse par la règle tracée par l'art. 757... »

On ne peut voir rien de plus précis, de plus positif que cette décision; comment peut-on soutenir,
d'après cela, comme le fait *M. Chabot,* que l'enfant
naturel légalement reconnu n'a aucun droit de réserve sur les biens de son père ou de sa mère, *et
qu'il peut être privé par des dispositions universelles,
soit entre vifs, soit testamentaires, de la totalité des
droits qui lui sont attribués par les art. 756, 757
et 758* (1)?

---

(1) Nous avons été fort étonné que, dans un arrêt assez récent, la
Cour de Cassation ait, pour la première fois, mis en doute la réserve des
enfants naturels reconnus. « Attendu, a-t-elle dit, que l'arrêt attaqué n'a
» jugé ni expressément ni implicitement que l'enfant naturel eût droit,
» comme l'enfant légitime, *à une réserve* sur la succession de sa mère ;
» qu'il décide seulement que l'enfant naturel sera admis au partage de la
» succession de sa mère, ce qui est une conséquence nécessaire de la
» disposition de la loi, qui accorde à l'enfant naturel *une portion ali-*
» *quote* des successions de ses père et mère. » Arrêt du 21 avril 1840,
entre les héritiers de *Conférand* et *César Martin.* Sirey, tom. 40, 1,

Voici quelle était l'espèce de cet arrêt :

27 floréal an 2, testament de Léon-François *Picot*. Il institue, pour son héritier général et universel, Jean-Pierre-Léon *Picot*, son seul fils légitime. Venant ensuite au sort d'un enfant naturel, Jean-Baptiste *Picot*, déjà reconnu par lui, il le désavoue, et charge son héritier de lui contester son état ; puis, prévoyant le cas d'une reconnaissance judiciaire, et voulant réduire l'enfant à la moindre quotité possible, il ajoute :

« Et dans le cas où mon héritier, chargé expressément de résister à une action et demande de la part de Jean-Baptiste *Picot*, en la qualité par lui prétendue de fils naturel du testateur, succomberait dans sa résistance, celui-ci veut et entend, audit cas, réduire ledit Jean-Baptiste, pour les droits qui lui seraient adjugés, au *minimum* possible fixé par la loi. »

Jean-Baptiste *Picot* réclamant le sixième de la succession de son père, parce qu'il voulait que son droit fût fixé, comme si ce dernier fût mort *ab intestat*, se fondait sur l'art. 757 du Code civil.

Le fils légitime, au contraire, soutenait que l'art. 757 était modifié par l'art. 761, au cas de réduction par testament, comme au cas *de don reçu du vivant du père*. Il soutenait de plus qu'il devait seul

---

873. — Réserve ou portion aliquote, n'est-ce pas tout un, quant à la nature et à l'étendue des droits des enfants naturels ? Et alors, à quoi bon changer le mot pour exprimer la même chose ?

compter pour la fixation de la quotité de l'enfant naturel, et que par conséquent celui-ci devait être réduit au douzième. Tous les deux avaient évidemment
tort. L'enfant naturel ; car il est absurde de penser
qu'un père puisse donner la portion préciputaire lorsqu'il n'a que des enfants légitimes, et qu'il ne le
puisse pas s'il a des enfants naturels. Le fils légitime : car, d'un côté, réduire un enfant naturel au
minimum possible fixé par la loi, ce n'est pas déterminer sa portion, et, d'un autre côté, en ne comp-
tant point l'enfant naturel fictivement au nombre des
héritiers, on pourrait le priver de tout, si, par exemple, on n'avait ni enfants légitimes ou descendants
d'eux, ni ascendants.

La Cour de Pau avait accueilli le système de l'enfant légitime, mais on a vu comment son arrêt fut
cassé par la Cour suprême.

345. — La grande raison de ceux qui prétendent
que l'enfant naturel reconnu n'a aucune réserve légale, est pris dans les art. 913 et 916 du Code civil. Il résulte, en effet, de la combinaison de ces deux
articles que, lorsque le défunt ne laisse à son décès
ni enfants *légitimes*, ni ascendants, il peut disposer
de la *totalité* de ses biens. Mais on n'a pas fait attention que ces deux articles sont sous le titre des donations entre vifs et des testaments, tandis que les
art. 757 et 758 qui fixent une réserve à l'enfant naturel, sont sous le titre des successions *ab intestat,*

tant régulières qu'irrégulières ; que lorsque l'art. 916 a permis de disposer de la totalité, il a nécessairement subordonné sa disposition aux restrictions des art. 757 et 758, autrement il y aurait une antinomie inconcevable que le Législateur n'a certainement pas voulu laisser subsister. Aussi la Cour de Cassation a-t-elle de nouveau consacré le principe de l'arrêt Picot par un autre arrêt du 28 avril 1830, rendu entre les enfants naturels *Maller* et le frère de celui-ci, son légataire universel (1).

M. Loiseau, pag. 695, n'hésite pas à décider cette question dans le même sens. Voici ses termes :

« Il nous paraît que les héritiers légitimes, quand il existe un enfant naturel, sont tenus de rapporter à la masse tout ce qu'ils ont reçu du défunt, de la même manière que si l'enfant était lui-même héritier légitime.

» En vain objecterait-on que l'enfant naturel n'est pas héritier (756) ; que le rapport n'est dû qu'à l'héritier et non aux légataires et aux créanciers (857) ; qu'en conséquence il n'est pas dû à l'enfant naturel.

» Nous répondons que si le rapport, proprement dit, ne lui est pas dû, il n'en est pas moins vrai qu'il est fondé à demander la réduction des avantages excessifs faits, soit aux héritiers, soit à des tiers,

(1) Sirey, tom. 30, 1, 166.

jusqu'à concurrence de sa réserve ; c'est là une conséquence nécessaire du chapitre précédent.

» Le Code accorde à l'enfant naturel une réserve
dans les biens de ses père et mère. Or, cette disposition de la loi serait absolument illusoire, si l'enfant
naturel dépouillé n'avait pas une action efficace pour
faire réduire la libéralité excessive de ses parents. »

346. — D'après l'opinion de *M. Chabot*, il s'en-
suivrait que l'enfant naturel pourrait être réduit à
rien, qu'il ne pourrait même pas réclamer les aliments que lui assurait pourtant l'ancienne Jurisprudence, tandis qu'il est bien certain que la Législation nouvelle a voulu non-seulement lui assurer un
droit, mais encore augmenter la quotité de ce droit.
Cependant M. Chabot convient qu'il avait été trop
loin en refusant les aliments à l'enfant naturel reconnu, parce que c'est une dette de la nature à laquelle les père et mère ne peuvent se soustraire.

Une troisième opinion s'est formée. Suivant elle,
les droits de l'enfant naturel reconnu pourraient
être réduits, mais non pas entièrement anéantis par
des dispositions à titre gratuit, et cet enfant pourrait toujours réclamer, à titre de réserve, une portion des biens de son père ou de sa mère, en faisant
réduire, soit les dispositions entre vifs, soit les dispositions testamentaires.

Enfin, suivant une quatrième opinion, l'enfant naturel légalement reconnu n'aurait le droit de réserve

et de réduction qu'à l'égard des dispositions testamentaires, mais non pas à l'égard des dispositions entre vifs. On dit que cette conséquence résulte des termes de l'art. 757, suivant lesquels la loi n'accorde aux enfants naturels reconnus qu'un droit sur les biens de leurs père et mère décédés, c'est-à-dire, sur les biens dont le père et la mère étaient encore saisis à l'époque du décès ; et la Cour de Lyon, par arrêt du 16 juillet 1828, se trouve avoir partagé cette opinion (1).

Mais s'il en était ainsi, un père qui aurait des regrets d'avoir reconnu son enfant naturel, n'aurait qu'à faire une donation entre vifs, universelle, en faveur de son enfant légitime ou d'un étranger. Ou bien, comme dans l'espèce de l'arrêt de la Cour de Lyon, il n'aurait qu'à faire des ventes simulées de son bien, soit en faveur de son enfant légitime, ou en faveur d'un étranger. Croit-on que si la chose eût été possible, Léon-François *Picot*, dont l'intention était bien connue et bien manifestée, n'aurait pas choisi cette voie, au lieu de chercher à déshériter son enfant naturel par un simple testament? D'ailleurs, remarquons que, dans cet arrêt *Picot*, la Cour de Cassation n'a voulu nullement admettre cette distinction, puisque sa décision repose sur la combinaison de l'art. 913 avec l'art. 757. Or, l'art. 913 permet de donner par donation entre vifs, comme par

(1) Sirey, tom. 29, 2e part. pag. 109.

testament. Donc, la réserve qu'elle a dit appartenir
à l'enfant naturel, peut être exercée tant sur les
biens donnés entre vifs que sur ceux donnés à cause
de mort.

347. — M. Toullier, tom. 2, pag. 273, convient
que, dans la première édition de son Ouvrage, il
avait trop légèrement embrassé l'opinion de plusieurs savants auteurs, qui soutiennent que la réserve des enfants naturels ne s'étendait pas sur les
biens donnés entre vifs par les père ou mère, et
qu'elle ne pouvait s'exercer que sur les biens donnés
par testament. Il convient que cette distinction entre
les biens donnés entre vifs et les biens donnés par
testament, lui paraît *aujourd'hui* sans fondement ;
qu'il lui est démontré qu'il y a contradiction évidente
à soutenir que les enfants naturels ont une réserve
sur les biens donnés par testament, et qu'ils n'en ont
pas sur les biens donnés entre vifs. Il reconnaît que
l'enfant naturel peut demander la réduction de ces
donations. Cette opinion est partagée par *M. Chabot*,
5e édition, tom. 2, pag. 92, par *M. Merlin*, dans
son Répertoire, v° *Réserve*, section 4, n° 4, et par
M. Grenier (1).

De cette nouvelle opinion qu'il a embrassée,

(1) L'enfant naturel reconnu peut aussi demander la réduction des dispositions testamentaires par suite desquelles il se trouverait privé de
tout ou partie de la quotité qui lui est accordée par la loi. Arrêt de la
Cour de Cassation, du 27 avril 1830. Sirey, tom. 30, 1re part. pag. 166.

M. Chabot devait conclure, comme il l'a fait, tom. 2, pag. 210 et suiv., que l'enfant naturel reconnu peut exiger que ses héritiers légitimes rapportent à la masse de la succession les biens que le défunt leur avait donnés, *sans dispense de rapport;* qu'il a le droit de réclamer une quote part sur les biens rapportés comme sur les autres biens de la succession. La raison en est que, suivant l'arrêt *Picot,* le droit de l'enfant naturel reconnu sur les biens de ses père ou mère, *n'est pas une simple créance, mais une portion déterminée dans la succession indivise du défunt.* Ainsi l'a encore jugé la Cour d'Amiens par arrêt du 26 novembre 1811, dans la cause de la demoiselle *Lefebvre* contre la dame *Dufour* (1). Ainsi l'a également ment jugé la Cour de Cassation, le 28 juin 1831; elle a même décidé en principe que l'enfant naturel peut prendre sa réserve légale sur les biens donnés, comme sur les biens non donnés; qu'il a droit d'exiger le rapport de ce qui excède la quotité disponible, et même de demander que les aliénations de biens faites à l'un des successibles en ligne directe à charge de rente viagère, soient imputées sur la quotité disponible, et assujetties au rapport pour ce qui excède cette quotité. Elle a fondé sa décision sur ce que, bien que l'enfant naturel ne soit pas qualifié *héritier,* il est néanmoins *successible* (2).

---

(1) Sirey, tom. 12, 2ᵉ part. pag. 411.
(2) Sirey, tom. 31, 1ʳᵉ part. pag. 279.

Il ne faut pas se méprendre sur l'opinion contraire que M. Toullier a manifestée, tom. 4, pag. 258, n° 258 ; car cette opinion était fondée sur ce que *M. Toullier* avait pensé dans la première édition de son Ouvrage, que la réserve de l'enfant naturel ne pouvait porter sur les biens donnés entre vifs, tandis que plus tard, même volume, pag. 273, on a vu que ce savant Jurisconsulte a avoué qu'il avait trop légèrement embrassé cette dernière opinion. M. Toullier a conservé, dans sa dernière édition, une partie de ce qu'il avait dit dans la première, en y ajoutant les rectifications qu'il a cru devoir faire. C'est une observation qu'on ne doit jamais perdre de vue en lisant son immortel Ouvrage, pour s'empêcher d'être étonné des sentiments opposés qu'on y rencontre.

348. — Mais nous adoptons, sans hésiter, la distinction que fait M. Toullier, pag. 274, entre les biens donnés entre vifs avant ou après la reconnaissance de l'enfant naturel. Il est évident, en effet, qu'avant d'être reconnu, l'enfant naturel n'a aucun droit sur les biens de son père ou de sa mère ; qu'il ne peut donc pas demander le rapport des biens donnés à cette époque, parce que la reconnaissance comme la légitimation ne peut avoir d'effet rétroactif. D'ailleurs la donation entre vifs dessaisissant *actuellement* le donateur, il est censé, vis-à-vis l'enfant naturel postérieurement reconnu, n'avoir jamais été propriétaire des biens ainsi donnés.

349. — Nous ferons nous-même à cet égard une autre distinction. Si les héritiers légitimes, pensant n'être pas assez opportionnés par les biens qui leur ont été donnés en avancement d'hoirie, les rapportent en nature pour venir à partage, l'enfant naturel, quoique reconnu postérieurement à ces dons, pourra faire fixer sa portion sur ces biens comme sur les autres, parce qu'ils seront censés, par le rapport volontaire qui en sera fait, n'avoir jamais cessé d'appartenir au père ou à la mère, puisqu'ils doivent être confondus dans la masse héréditaire à partager. Il ne faut pas raisonner de ce cas comme de celui où le cohéritier préciputaire voudrait, pour la composition de son préciput, réunir les dons faits précédemment à ses cohéritiers en avancement d'hoirie, aux autres biens existant au moment du décès. Ces deux cas ne se ressemblent pas du tout. Le légataire ou donataire préciputaire ne tient son avantage que de la disposition de l'homme qui n'a pu le lui fixer que sur les biens qui lui appartenaient alors ; tandis que l'enfant naturel reconnu tient son droit de la loi même qui le lui accorde sur les biens héréditaires. Or, les dons qui sont volontairement rapportés, font partie de l'hérédité lors de l'ouverture de laquelle l'enfant naturel se trouve reconnu. D'ailleurs, ce n'est point à titre de préciput, mais à titre de réserve légale que l'enfant naturel exerce son droit.

Ajoutons que l'art. 865 du Code civil dit positi-

vement que, lorsque le rapport se fait en nature, les
biens se *réunissent* à la masse de la succession, francs
et quittes de toutes charges créées par le donataire.
Seulement les créanciers ayant hypothèque peuvent
intervenir au partage, pour s'opposer à ce que le
rapport se fasse en fraude de leurs droits. Cette disposition lèverait tous les doutes, s'il en existait.

Il en serait peut-être différemment si le cohéritier légitime, donataire, ne voulait rapporter que fictivement, en moins prenant, les biens à lui donnés,
et ne se présentait au partage que pour réclamer ce
qui lui manquerait pour compléter sa portion suc-
cessive, ainsi que l'art. 858 du Code lui en donne
la faculté. Dans ce cas, la donation à lui consentie
antérieurement à la reconnaissance de l'enfant naturel, resterait debout, puisqu'elle serait par lui exécutée ; à la différence du rapport en nature qui anéantit la donation et l'a fait considérer comme n'ayant
jamais existé. Le donataire ne se présenterait donc
au partage que pour demander un supplément ; et
alors on ne saurait comprendre comment et à quel
titre l'enfant naturel pourrait demander le rapport de
la valeur des biens donnés, et irrévocablement donnés à une époque où ses droits n'étaient pas encore
ouverts.

Dira-t-on que, s'il en est ainsi, le père de famille
pourra donc, avant la reconnaissance, épuiser sa
fortune par des donations entre vifs en faveur de

ses enfants ou autres héritiers légitimes, et réduire à néant les droits de son enfant naturel ?

Pourquoi n'aurait-il pas cette faculté ? Deux motifs également péremptoires la lui accordent.

Le premier se prend de ce que la reconnaissance d'un enfant naturel ne peut, comme nous l'avons déjà dit, avoir d'effet rétroactif. A la différence des enfants légitimes dont la naissance, quoique postérieure à la donation de l'universalité des biens de leurs père et mère, leur assure une action en retranchement ou en réduction sur les biens donnés pour se faire délivrer leur réserve légale, art. 920 et suiv. du Code civil. D'ailleurs, suivant l'art. 953 de ce Code, la donation entre vifs est révoquée pour cause de survenance d'enfant ; et l'art. 960 explique positivement que ce ne sont que les enfants légitimes ou légitimés par mariage subséquent et nés depuis la donation, qui peuvent en opérer la révocation.

Le second motif se tire de ce que, si l'enfant naturel a été reconnu, c'est parce que son père ou sa mère a bien voulu le reconnaître. Il ne pouvait les y contraindre ; tandis que l'enfant né dans le mariage, est forcément légitime, et a des droits incontestables sur les biens de ses père et mère, à moins qu'une action en désaveu, reconnue fondée, ne le fasse déclarer bâtard ou adultérin.

350. — Mais l'enfant naturel reconnu peut-il demander le rapport *en nature* des biens donnés à l'enfant légitime par le père commun postérieurement à la reconnaissance, ou bien n'a-t-il droit qu'au rapport *fictif?* La Cour royale de Paris a décidé, le 5 juin 1826, qu'il n'avait droit qu'au rapport fictif et que ce rapport ne devait avoir lieu que selon la valeur des biens à l'époque de l'ouverture de la succession (1). Il semblerait d'abord que, puisque le donataire vient à partage, les biens donnés rentrant dans la masse générale, il ne peut exister aucune raison pour en priver l'enfant naturel qui a droit sur tous les biens de la succession, ainsi que nous l'avons dit dans le numéro précédent.

Mais il faut considérer que l'enfant légitime, donataire, ayant le droit de ne rapporter que fictivement les biens donnés, aux termes de l'art. 858 du Code civil, l'enfant naturel, pas plus que les cohéritiers, ne peut le forcer au rapport en nature. Seulement, nous pensons que, si ce dernier rapport est fait, l'enfant naturel doit en profiter comme les héritiers réguliers. Nous ne concevrions pas le motif légal qui pût autoriser entre eux une différence.

(1) Sirey, tom. 29, 2e part. pag. 229.

Vainement on dirait que, suivant l'art. 857, le rapport n'est dû que par le *cohéritier* à son *cohéritier*; qu'il n'est pas dû aux légataires ni aux *créanciers* de la succession. Sans doute l'enfant naturel n'est pas héritier; mais il est copartageant; et nous avons prouvé plus haut, au commencement de ce chapitre, que ce n'est point une simple créance, mais un droit réel, une véritable réserve, que la loi lui accorde sur les biens de ses père et mère qui l'ont reconnu.

Il suit de là que, si le cohéritier légitime qui fait le rapport en nature de l'immeuble à lui donné, y a commis des dégradations et détériorations qui en ont diminué la valeur, par son fait ou par sa faute et négligence, il doit, aux termes de l'art. 863 du Code civil, en tenir compte tant à l'enfant naturel qu'à ses cohéritiers, de même que, suivant les art. 861 et 862, ceux-ci doivent lui tenir compte des impenses qui ont amélioré l'immeuble, eu égard à ce dont sa valeur se trouve augmentée au temps du partage, ainsi que des impenses nécessaires qu'il a faites pour la conservation de la chose, encore qu'elles n'aient point amélioré le fonds. Ce n'est que dans le cas du rapport fictif qui se fait en moins prenant, que l'art. 860 décide que ce rapport n'est dû que de la valeur de l'immeuble à l'époque de l'ouverture de la succession. Cette dernière disposition n'est pas particulièrement établie contre l'enfant naturel reconnu; elle comprend aussi tous les cohéritiers légitimes du donataire qui rapporte.

Nous devons ajouter que, aux termes de l'art. 856 du même Code, les fruits et les intérêts des choses sujettes à rapport ne sont dus qu'à compter du jour de l'ouverture de la succession. L'enfant naturel ne peut avoir à cet égard plus de droit que les cohéritiers légitimes.

CHAPITRE II.

—

Ventes par l'héritier légitime apparent peuvent être attaquées par l'enfant naturel reconnu, comme par le cohéritier légitime.

—

SOMMAIRE.

351. — *Le droit accordé à l'enfant naturel reconnu de demander le rapport et la réduction, lui donne aussi le droit de demander la nullité des ventes consenties même de bonne foi par l'héritier légitime apparent. — Opinion de M. Loiseau. — Décision contraire de la Cour de Paris. — Induction à tirer d'un autre arrêt de la Cour de Paris, en faveur de l'enfant naturel.*

352. — *Opinion contraire de M. Chabot de l'Allier.*

353. — *Opinion différente de M. Loiseau.*

354. — *Raisons qui doivent faire admettre l'opinion de M. Loiseau.*

355. — *Opinion conforme de M. Toullier.*

356. — *Le cohéritier légitime a-t-il le même droit pour les ventes faites par le cohéritier apparent?*

357. — *Arrêt de la Cour de Cassation, qui juge la négative.*

— Cette différence n'est point admise par M. Troplong.

351. — Puisque l'enfant naturel reconnu a droit de demander le rapport comme la réduction, il doit s'ensuivre qu'il peut attaquer les aliénations faites même de bonne foi, par l'héritier légitime des biens de la succession, avant qu'il ait fait connaître son état et réclamé ses droits. C'est ainsi que le pense *M. Loiseau, Traité des Enfants naturels,* pag. 203, contre l'opinion de *M. Chabot de l'Allier.* Cependant, la Cour de Paris a décidé différemment la question, par arrêt du 12 avril 1823 (1). Nous n'hésitons pas à donner la préférence à l'opinion de *M. Loiseau,* parce que nous ne pouvons apercevoir aucune différence à cet égard entre l'enfant naturel et l'enfant légitime, d'après ce que nous avons dit plus haut. Or, on ne peut pas contester que, malgré la bonne foi du vendeur et de l'acquéreur, l'enfant légitime n'ait bien le droit de faire annuler les aliénations faites à son préjudice par son cohéritier, comme portant sur la chose d'autrui, ainsi que la Cour de Cassation l'a décidé, même en matière d'échange, avant partage de la succession.

Si le droit des enfants naturels n'était qu'une simple créance payable en argent, nous nous rendrions

---

(1) Sirey, tom. 24, 2e part. pag. 49.

à l'arrêt de la Cour de Paris. Mais on a vu comment la Cour de Cassation a qualifié ce droit. La Cour de Paris elle-même, dans un précédent arrêt, du 22 mai 1813 (1), décida que : « La loi qui règle les droits des enfants naturels reconnus sur les biens de leurs père et mère, sous la dénomination de succession irrégulière, les reconnaît comme *succédant*, quoique non héritiers ; que l'art. 757 du Code civil fixe les droits des enfants naturels à une certaine quotité de la portion héréditaire qu'ils auraient eue s'ils eussent été légitimes ; que des expressions et de l'ensemble des dispositions de la loi, il résulte que les droits des enfants naturels reconnus ne se réduisent pas à une simple créance sur la succession, mais doivent leur être délivrés dans la même nature de biens que l'aurait été leur portion héréditaire, s'ils eussent été légitimes, *c'est-à-dire, en corps héréditaire même*. » Il doit donc s'ensuivre que l'héritier qui s'est mis en possession de toute la succession n'est point propriétaire des *entiers biens*, qu'il n'est que le possesseur provisoire et précaire, disons le mot, le dépositaire de la portion que la loi attribue à l'enfant naturel reconnu, que par conséquent il ne peut pas vendre valablement cette portion.

Il n'y aurait qu'un cas où l'acquéreur serait à l'abri de toute action en délaissement de la part de l'enfant naturel reconnu, ce serait celui où dix ou

(1) Sirey, tom. 3, 2e part. pag. 323.

vingt ans se seraient écoulés depuis son acquisition avec titre et bonne foi, conformément à l'art. 2265 du Code civil.

Au surplus, nous donnons cette opinion comme nous paraissant raisonnable et juste, et comme conséquence de la nature du droit de l'enfant naturel reconnu ; et pour prouver de plus en plus que c'est toujours l'amour de la vérité qui nous guide, nous rapporterons ici les sentiments opposés de M. *Chabot de l'Allier* et de M. *Loiseau*. Voici comment s'exprime le premier, que la Cour de Paris a cru devoir suivre :

352. — « Lorsque l'héritier légitime a vendu tout ou partie de la succession, avant que l'enfant naturel reconnu eût fait connaître son état et réclamé ses droits, cet enfant peut-il être ensuite fondé, lorsqu'il a obtenu un jugement qui ordonne la délivrance de sa portion, à provoquer la nullité des ventes, et à exercer l'action en revendication contre les tiers-acquéreurs?

» Sans doute, il y serait fondé si les acquéreurs avaient connu, lors des ventes, l'existence, l'état et les droits de l'enfant naturel. Les acquéreurs étant instruits que les héritiers légitimes n'avaient pas le droit de vendre ce qui appartenait à l'enfant naturel, auraient acquis de mauvaise foi ;

» Mais s'ils ignoraient l'existence, l'état et les droits de l'enfant naturel, ou s'il n'était pas possible de prouver qu'ils en eussent eu connaissance, comme ils auraient été de bonne foi en achetant, ou que, à défaut de preuve contraire, ils devraient être considérés comme ayant acquis d'un héritier légitime qui paraissait être seul propriétaire de la succession, ils ne pourraient être évincés par l'enfant naturel.

» Il faut appliquer à l'enfant naturel qui ne s'est pas fait connaître et n'a réclamé ses droits qu'après la vente consentie par l'héritier, le principe qui veut que l'héritier légitime lui-même qui ne se fait connaître et qui ne se présente qu'après qu'un autre héritier apparent a vendu, transigé ou plaidé, soit tenu d'exécuter les ventes que celui-ci a consenties, les transactions qu'il a signées, les jugements qui ont été rendus contre lui, et qu'en conséquence il ne soit pas admis à faire prononcer la nullité de ces actes contre les tiers qui ont été de bonne foi.

» Ce principe fut consacré par plusieurs arrêts du Parlement de Paris ; il a été de nouveau proclamé par un arrêt de la Cour de Cassation, du 11 frimaire an 9, et l'application en a été faite aux enfants naturels par un arrêt de la Cour royale de Paris, du 14 fructidor an 12.

» Il suffirait même que les acquéreurs eussent été seuls de bonne foi, pour que la revendication ne pût avoir lieu contre eux, quoique l'héritier qui leur a consenti les ventes fût instruit de l'existence et de l'état de l'enfant naturel ; la mauvaise foi du ven-

deur ne peut nuire aux acquéreurs, ils ne doivent
pas être punis de la faute d'autrui. »

353. — Voici comment s'exprime *M. Loiseau* :
« Suivant l'art. 757 du Code civil, l'enfant naturel
n'a pas la qualité d'héritier, il n'est saisi par la loi
d'aucune portion de bien : il est tenu de demander
la délivrance de sa part aux héritiers légitimes. Sous
ce rapport, il est plutôt créancier de ses héritiers ; il
est autorisé, non à partager leur succession, mais à
exercer contre eux les droits que la loi lui destine.

» Mais cette créance est d'une nature particulière
qui ne permet pas de la confondre avec les créances
ordinaires. «Le droit de l'enfant naturel, dit *M. Bigot-
Préamenu* (exposé des motifs du titre des donations),
est, sous le rapport de créance, une participation à la
succession ; ce droit est d'un quart, d'un tiers, d'une
moitié, etc., des biens paternels *à prélever après le
paiement des dettes.* »

» Cette créance n'est pas purement personnelle
contre l'héritier pour la somme à laquelle monte la
valeur de cette portion de la succession ; elle est
créance de la portion même, créance mixte ou *personnelle réelle*, savoir : *personnelle*, en ce qu'elle est
dirigée contre la personne de l'héritier ; *réelle*, en ce
que l'enfant naturel a droit à réclamer en nature la
portion des biens que lui adjuge la loi.

» On voit par là que l'héritier légitime, quoique
saisi de la succession, ne possède la part de l'enfant

naturel qu'à charge de la lui remettre. Sous ce rapport, il n'est que fiduciaire de la loi, l'exécuteur de
sa volonté suprême. En conséquence, lorsque l'héritier aliène la part advenant à cet enfant, même
avant qu'elle ait été demandée par ce dernier, cette
vente n'a point transporté la propriété de la chose à
l'acquéreur : *Quia nemo plus juris ad alium transferre potest quam ipse habet.* L'enfant naturel a les
mêmes avantages que le légataire à titre universel,
et doit être traité aussi favorablement. Il ne peut pas
plus être dépouillé de la part que la loi lui assigne,
que ceux-ci de leurs legs ; dans l'un et l'autre cas,
l'héritier légitime n'est réellement propriétaire de
l'hoirie, que d'éduction faite du legs et de la portion
afférente à l'enfant naturel ; ainsi, lorsque les différents biens ont été aliénés, la vente n'est point un
obstacle à la répétition de l'enfant naturel.

» Telle est l'opinion de *M. Merlin* dans le nouveau
Répertoire de Jurisprudence, au mot *Bâtard,* § 4. »

354. — Il nous semble maintenant que, connais-
sant la nature du droit de l'enfant naturel reconnu,
sachant que c'est une créance payable *en biens fonds
héréditaires,* délivrable *par l'héritier légitime,* prélè-
vement fait des dettes, ce droit est en tout assimilé à
l'ancienne légitime de l'enfant du mariage ; alors on
devrait décider, comme on décidait autrefois pour
elle, que si l'enfant naturel trouve dans l'hoirie, malgré les ventes faites, des biens fonds d'égale nature

et valeur pour le remplir de son droit, il doit respecter ces aliénations. Que si tout a été vendu, il peut
évincer les acquéreurs, jusqu'à concurrence de sa légitime; dans cette dernière hypothèse, les acquéreurs de pareils biens, malgré leur bonne foi, ne peuvent pas jouir de plus de faveur que ceux qui auraient acheté des biens d'un individu, qui n'en était
nullement propriétaire, quoiqu'ils le crussent tel. Or,
sans une possession de dix ou vingt ans, ceux-ci ne
seraient certainement pas à l'abri d'une action en revendication de la part du propriétaire véritable. Pourquoi les premiers le seraient-ils davantage de la part
de l'enfant naturel reconnu, dont on aurait vendu les
droits réels?

355. — Notre opinion est encore fondée sur celle
de M. Toullier, tom. 4, pag. 296 et 297. « Si la
vente, dit ce savant Jurisconsulte, avait été faite de
bonne foi avant que l'enfant naturel eût fait connaître son état et réclamé ses droits, elle devrait être
maintenue, et il ne pourrait exercer son droit que
sur le prix de la vente, parce que l'héritier légitime,
ayant la saisine légale des biens de la succession, a
pu valablement disposer de ses biens, et l'enfant naturel qui réclame postérieurement, n'ayant point été
saisi de plein droit, doit prendre les choses dans l'é-
tat où elles se trouvent, sans le recours contre l'héritier; cependant, si celui-ci était insolvable, l'enfant
naturel, après discussion préalable, pourrait revendi-

quer les biens vendus contre les acquéreurs. C'est ainsi que l'héritier légitime, en formant l'action en réduction contre les donataires entre vifs, qui ont vendu les immeubles compris dans la donation, peut revendiquer ces biens contre les tiers-détenteurs, après la discussion préalable des biens du donataire vendeur, et en suivant l'ordre de date des aliénations, en commençant par la plus récente. Il est vrai, ajoute M. Toullier, que l'enfant naturel n'est pas héritier comme légitimaire ; mais il est, dès l'instant de la mort de ses père ou mère, propriétaire de la portion de bien que la loi lui attribue : il a sur ces biens un droit réel, *jus in re ;* le légitimaire n'était pas héritier dans le Droit romain, et cependant il pouvait revendiquer contre les tiers-acquéreurs les biens qui composaient sa légitime, et que l'héritier s'était permis d'aliéner. »

356. — Nous avons dit plus haut que le droit de l'enfant naturel reconnu nous paraissait en tout semblable à l'ancienne légitime ; et nous en avons indiqué les raisons. M. Toullier le pense bien comme nous, puisqu'il dit (1) que l'action qui appartient à l'enfant naturel pour obtenir ses droits, n'est pas une action de partage proprement dite, *actio familiæ erciscundæ,* mais une demande en délivrance de la

(1) Tom. 4, pag. 291 et suiv.

portion que la loi lui assigne, et qui doit lui être délivrée par l'héritier. Les enfants naturels, ajoute-t-il,
ont le droit, sans doute, d'assister *à leurs frais* aux
opérations préliminaires du partage, à la levée des
scellés, à l'inventaire et à l'estimation des biens, et
même à la mise des biens en loties, pour veiller à ce
qu'il ne soit rien fait à leur préjudice ni en fraude
de leurs droits. Ils ont même le droit, comme le légataire universel, de provoquer et de hâter les opérations du partage, auquel ils doivent assister pour
veiller à leurs droits, dont l'héritier légitime ne peut
retarder la délivrance, en ajournant ou retardant le
partage. Rien de plus juste. Mais, décide M. Toullier,
après les loties faites par les experts, elles ne doivent
pas être tirées au sort. L'héritier a le droit de désigner
celles qu'il veut donner aux enfants naturels, suivant la maxime, *electio debitoris est,* comme il a le
droit de les désigner aux légataires à titre universel.

M. Chabot (1) ne va pas si loin. Il convient bien
que les enfants naturels n'ont pas l'action *familiæ
erciscundæ,* qu'ils doivent demander la délivrance de
leurs droits à l'héritier légitime par l'action *communi
dividundo,* mais que l'héritier légitime n'a pas le
droit de leur désigner les loties, et qu'elles doivent
être tirées au sort.

Nous ne pouvons adopter ni l'une ni l'autre de ces

(1) Tom. 2, pag. 207, 5ᵉ édition.

opinions. Nous pensons que, à l'instar de l'ancienne légitime, la portion de l'enfant naturel doit lui être délivrée par attribution, *deducto œre alieno*, en composant sa lotie des trois qualités des biens héréditaires, bons, médiocres et mauvais. Nous disons *deducto œre alieno*, car, suivant l'art. 724 du Code civil, les héritiers légitimes sont saisis de plein droit des biens, droits et actions du défunt, *sous l'obligation d'acquitter toutes les charges de la succession*, et les enfants naturels doivent se faire envoyer en possession. On a vu, d'ailleurs, que c'est dans ce sens que s'est exprimé l'orateur du Gouvernement.

357.— Nous avons dit précédemment qu'on ne pouvait pas contester que, malgré la bonne foi du vendeur et de l'acquéreur, l'enfant légitime n'eût bien le droit de faire annuler les aliénations faites à son préjudice par son cohéritier, comme portant sur la chose d'autrui ; nous avons énoncé cette proposition comme un principe incontestable dérivant des simples notions de l'équité.

Cependant, après un examen plus approfondi et de nouvelles recherches, nous nous sommes convaincu que jamais question de Droit n'a été plus difficile et plus controversée que celle-là. Cette question rentre beaucoup, comme l'on voit, dans celle que nous venons d'examiner concernant les enfants naturels.

358. — La Cour de Cassation a décidé, le 3 août

1815, que les ventes volontaires, faites sans nécessité, par l'héritier apparent, ne peuvent être attaquées par le véritable héritier qui se présente, si les acquéreurs sont de bonne foi ; que ce principe était vrai, avant, comme depuis le Code civil.

359. — Suivant M. Chabot, la même Cour avait rendu la même décision, le 11 frimaire an 9 ; et c'est en appliquant ces deux préjugés que la Cour de Paris a rendus communs aux enfants naturels reconnus, que M. Chabot a émis l'opinion que nous avons rapportée. Le même auteur invoque un arrêt du Parlement de Paris que rapporte *Cochin*, tom. 4, pag. 326, un autre arrêt de la même Cour, du 19 février 1782, et un troisième du même Parlement, du 19 juin 1739.

360. — Nous avons vérifié l'arrêt rapporté par *Cochin* dans le cinquième volume de ses œuvres, pag. 642, de l'édit. 1822. Voici l'espèce de cet arrêt, telle qu'on la trouve dans le Mémoire de ce célèbre Jurisconsulte qui perdit son procès :

« Les héritiers collatéraux, ou se croyant tels, de M. le Président *Ferrant*, vendirent en 1729 à *M. Saviard*, Procureur, une maison dépendante de la succession qu'ils avaient recueillie.

Ce ne fut qu'en 1735 que la demoiselle *Ferrant* réclama le titre et la qualité d'héritière de M. le Président *Ferrant*, son père, et en 1738, elle fut maintenue dans toutes les prérogations de sa naissance.

Alors, elle attaqua en revendication M. *Saviard*, acquéreur de la maison ; elle fut déboutée par arrêt du 19 juin 1744, quoique la prescription vicennale, la seule qui pût lui être opposée, ne fût point acquise contre elle. Mais nous ignorons quel fut le motif déterminant de l'arrêt ; car on sait que les anciens Tribunaux n'étaient point obligés de motiver leurs jugements.

Mais nous remarquons que lors de la vente qui était de 1729, la demoiselle *Ferrant* n'avait point encore de droit acquis et déclarés dans la succession de son père, puisque ce ne fut qu'en 1738 que cette qualité fut reconnue. D'après cela, cet arrêt peut-il bien s'appliquer à un cohéritier qui, quoiqu'il ne se présente pas lors de l'ouverture de la succession, n'en existe pas moins *avec sa qualité* avant les ventes qu'il plaît à l'héritier apparent de consentir en son absence ? Peut-il s'appliquer à un enfant naturel dont la reconnaissance est aussi antérieure aux aliénations de l'héritier légitime ?

Cochin, qui écrivait pour la demoiselle *Ferrant*, soutint que la seule prescription décennale ou vicennale pouvait repousser son action en revendication, n'importait la bonne foi de l'acquéreur. Il invoqua l'art. 113 de la coutume de Paris, portant *que si chacun a joui et possédé l'héritage à juste titre et bonne foi par dix ans entre présents, et vingt ans*

entre absents âgés et non privilégiés, il acquiert pres-
cription dudit héritage. Ainsi, dit-il, quand l'héritier
apparent vend un bien de la succession, il ne trans-
fère pas à l'acquéreur une propriété incommutable.
Il peut lui fournir un juste titre, un titre coloré au
moyen duquel l'acquéreur étant de bonne foi, puisse
prescrire par dix ans entre présents et par vingt ans
entre absents; mais de prétendre que la vente faite
par l'héritier apparent ne laisse aucune ressource au
véritable héritier qui réclame ses droits dans les dix
ans, ou dans les vingt ans, c'est ce qui choque directement les principes que l'on vient d'établir, et qui
n'ont jamais souffert d'exception, dans le cas d'une
succession recueillie par celui qui se croyait l'héritier
et qui ne l'était pas. — La loi 25, au dig. *de Petitione*
hæreditatis, ajoute-t-il, ne décide autre chose, sinon
que le véritable héritier agissant contre celui qui s'é-
tait mis de bonne foi en possession de la succession,
et qui en a vendu les biens, ne peut pas lui demander la restitution des fruits qu'il a consommés sans
en devenir plus riche; que le possesseur de bonne
foi ne doit rendre que le prix qu'il a retiré de sa vente, ce qui s'entend toujours, quand il n'a pas vendu
à vil prix. Mais cette décision ne s'applique qu'à l'action personnelle de l'héritier légitime contre celui
qui avait cru l'être. Il en est autrement de l'action
réelle que le véritable héritier a contre l'acquéreur.
La même loi décide expressément que cet acquéreur
peut être évincé s'il n'a pas prescrit. Ce Jurisconsulte

demande : *an singulas res si nundùm usu captæ sint, vindicare petitur ab emptore possit?* Et il répond : *Puto possi res vindicari.* »

361. — Lors de l'apparition de l'arrêt de la Cour de Cassation, du 3 août 1815, *M. Sirey* inséra, dans le 11ᵉ cahier de son Recueil général de cette année, une savante dissertation de *M. Toullier*, contenant la réfutation des motifs de cet arrêt. Mais avant d'en parler, il faut connaître l'espèce jugée.

Le 8 germinal an 8, mourut le sieur *Famesson ;* la veuve *Barberie* se présente pour héritière dans la ligne paternelle, et le sieur *Domerat* dans la ligne maternelle. Ils firent inventaire et partagèrent la succession. *Domerat* vendit ensuite une pièce de terre qui était entrée dans son lot. Trente mois après l'ouverture de la succession, les sieurs *Duguay* et *Prépetil*, parents plus proches, formèrent contre le sieur *Domerat* une pétition d'hérédité qui fut accueillie. Ensuite, ils cédèrent tous leurs droits au sieur *Prépetil*, Notaire à *Condé*, qui revendiqua la pièce de terre vendue par *Domerat*. Sa revendication, admise par les premiers Juges, fut rejetée le 21 février 1814 par la Cour de *Caen*, dont le motif déterminant fut qu'il était constant en droit que, suivant l'ancienne Jurisprudence attestée par les auteurs Normands et précisée dans l'arrêt *Malandié*, celui qui a acquis de l'héritier apparent, doit être maintenu dans son acquisition, quand elle est faite de bonne foi.

Prépetit se pourvut en Cassation, mais son pourvoi fut rejeté le 3 août 1815 par le motif : « Que l'arrêt dénoncé est fondé sur une ancienne Jurisprudence conforme au Droit romain et soutenu par les motifs les plus puissants d'ordre et d'intérêt public ; qu'il se concilie avec les articles du Code qui n'ont statué qu'en principe et règle générale. »

M. Toullier critique fortement cet arrêt. Voici succinctement son système :

1º Le parent le plus proche est héritier même à son insu. Il est saisi de l'hérédité jusqu'à renonciation, art. 724 du Code civil ;

2º Toutes les actions de l'hérédité reposent sur sa tête, art. 784 ;

3º Après les quarante jours que la loi accorde, il peut être poursuivi par les créanciers, s'il n'a pas renoncé ; s'il renonce pendant l'instance, il n'en supporte pas moins les frais de poursuite, art. 799 ;

4º C'est par la renonciation que la succession est dévolue au degré subséquent, art. 786 ;

5º Les parents les plus éloignés peuvent bien prendre possession en cas d'absence du parent le plus proche, mais sans préjudice de la pétition d'hérédité et autres droits de l'absent, art. 137 ; donc ils ne sont que fiduciaires chargés de remettre, et sous cette condition ;

6º Ceux qui acquièrent de l'héritier apparent devraient s'assurer de ses droits et qualités ; ils savent d'ailleurs qu'il ne peut leur transmettre plus de droits

qu'il n'en a lui-même. L. 54, au dig. de R. J. —
art. 2125 et 2182 du Code civil ;

7° L'action en pétition d'hérédité que l'art. 137
réserve au véritable héritier absent, comprend tous
les droits réels et personnels qu'il peut exercer contre
celui qui s'est emparé de l'hérédité (1); mais l'art. 137
lui-même réserve d'autres droits qu'il peut exercer
contre des tiers, tels que la revendication des immeubles vendus, et ce, pendant son absence ;

8° Venant à l'ancienne Jurisprudence invoquée,
M. Toullier rapporte ce que dit à ce sujet le Président *Bouhier*, dans ses observations sur la coutume
de Bourgogne, titre 13, n° 49 et 50. « Pour donner
aux choses jugées cette autorité qui approche de la
Législation, il ne suffit pas d'un ou de deux arrêts
rendus, souvent sur des circonstances particulières,
ou dans des causes *mal plaidées ou mal défendues...*
C'est le sens de notre proverbe coutumier, *une fois
n'est pas coutume* (2), aussi est-il certain que, pour
former une Jurisprudence sur une matière, il faut
une longue suite *d'arrêts conformes.* Les lois romaines semblaient même exiger quelque chose de plus ;
elles demandaient une suite de choses *perpétuellement*
jugées de la même manière. *Rerum perpetuo similiter
judicaturum auctoritatem* (3). Mais on a cru que cela

(1) Pothier, *Traité de la Propriété*, n° 398.
(2) *Loisel*, liv. 5, tit. 7, reg. 11.
(3) *Liv.* 38, au *digest. de Legibus.*

devait être entendu sainement, et qu'il suffirait que pendant longtemps la Jurisprudence eût été uniforme..... Telle est la règle que nous devons suivre, et de laquelle il serait dangereux de s'écarter. »

9º Or, dit *M. Toullier*, il n'existe qu'un seul arrêt sur la question, c'est celui que la Cour de *Caen* appelle l'arrêt *Melandin*, qui dut être rendu par le Parlement de *Rouen*, le 19 juin 1739, et qui est rapporté dans la dernière édition de *Basnage*, par son éditeur, qui n'en donne ni l'espèce ni les motifs; c'est cet arrêt solitaire qui a fait dire à la Cour de *Caen* qu'il est certain que, suivant l'ancienne Jurisprudence, attestée par les auteurs Normands, et puisée dans l'arrêt *Melandin*, les ventes faites par l'héritier apparent doivent être maintenues au préjudice du véritable héritier.

10º Or, il est certain que dans les autres Parlements, on enseignait une doctrine contraire, et que leur doctrine était fondée sur le texte même des coutumes. *Vid.* art. 301 de la coutume du *Poitou*. *Lebrun, Traité des Successions*, L. 3 et 4, nº 57, dit : « Il est certain que l'héritier plus éloigné n'aurait pu » aliéner pendant sa jouissance au préjudice du plus » proche héritier. »

11º L'art. 930 du Code civil autorise l'héritier légitime en prenant l'action en réduction des donations excessives, à former l'action en revendication contre les détenteurs qui ont acquis de bonne foi les immeubles compris dans la donation, après avoir

préalablement discuté les biens du donataire vendeur ;

12° Mais, dit-on, les lois romaines le décident
ainsi. Cette assertion, répond *M. Toullier*, n'est appuyée par la citation d'aucune loi, d'aucun auteur,
et après les recherches les plus exactes, nous n'a-
vons trouvé dans la Législation romaine que des
dispositions contraires. Il invoque, en effet, la loi 3,
§ 2 et 3, au Code *communa de Legatis*, chap. 43,
qui décide que si l'héritier aliène les biens légués,
avant que les légataires particuliers se soient présentés pour une demande en délivrance, la vente
est nulle, et les légataires peuvent revendiquer les
biens contre les tiers-acquéreurs. Il ajoute que l'on
trouve dans le digeste, au titre *de Hœreditate vin-
ditâ*, liv. 18, tit. 14 des textes qui décident que celui
qui avait vendu l'hérédité qu'il croyait lui appartenir,
était tenu de garantir l'acquéreur *en cas d'éviction*.
Il cite *Voët*, sur le tit. n° 4, *du Parc-Poulain* dans
ses principes, tom. 8, pag. 81 et 82, et un arrêt du
Parlement de Bretagne.

362. — Cette théorie si bien développée, a été
pourtant fortement attaquée par *M. Merlin*, dans ses
questions de Droit, tom. 6, v° *Héritier*, pag. 326. Son
plus fort argument est puisé dans la loi 25, au digeste *de Petitione hœreditatis*. Il convient pourtant
que le § 17 dont il s'étaie, est assez obscur, *diffici-
lis est*, comme dit *Barthole*, dans une note qu'il y a

mise ; il dit que *Paul De Castre*, dans son Commentaire, le trouve très clair, quoique l'explication qu'il
en donne ne soit pas absolument satisfaisante (1).

Voici, en somme, le système de M. Merlin. Il est
d'avis que la vente de *l'hérédité* est toujours attaqua-
ble contre les tiers par les héritiers véritables. Mais,
à l'égard d'un objet singulier de l'hérédité, il pense
que la vente doit être maintenue dans un cas à raison de la bonne foi du vendeur : c'est lorsque le
vendeur a consommé le prix sans devenir plus riche. Alors, dit M. Merlin, on ne peut actionner les
tiers-détenteurs ; car, si on les actionnait, ils auraient
leur recours contre le vendeur, et l'action en délaissement retomberait en définitive sur ce dernier.

---

(1) Voici comment il est conçu, d'après la traduction de feu *M. Henri
Hulot* :

« Si le possesseur a vendu de bonne foi une succession sans que le prix
l'ait rendu plus riche, le demandeur pourra-t-il revendiquer chaque effet
de la succession en particulier sur l'acquéreur, en supposant qu'ils ne
soient pas encore prescrits ? Et en cas qu'il intentât son action en revendication, l'acquéreur ne pourrait-il pas lui opposer avec avantage une
fin de non-recevoir, en disant que la succession ne doit point souffrir de
préjudice entre le demandeur en hérédité et le vendeur, parce que le
prix de ces effets n'entre point dans la demande en hérédité, quoique, si
les acquéreurs succombent, ils doivent avoir recours contre leur vendeur.
Je pense que chaque effet peut être revendiqué en particulier, à moins
que l'acheteur ne doive avoir son recours contre le vendeur. Que doit-on
cependant décider, si le vendeur est prêt à défendre contre la demande
en hérédité, comme s'il possédait encore ? Les acheteurs peuvent faire
valoir la fin de non-recevoir. De même, si les effets ont été vendus à vil
prix, et que le demandeur ait eu du possesseur ce prix, quel qu'il soit,
les acheteurs pourront, à plus forte raison, l'éloigner par la même fin de
non-recevoir ; car *Julien* écrit, au liv. 4 du dig., que les débiteurs de la
succession sont libérés et même de plein droit, si le possesseur a donné
au demandeur les sommes qu'il a retirées d'eux, soit qu'il s'agisse du possesseur de bonne foi ou du possesseur de mauvaise foi. »

Cependant il ne peut pas être tenu de ce dont il ne s'est pas enrichi. Donc les acquéreurs sont à l'abri de toute attaque, par l'exception tirée *ex personâ venditoris* (1).

Nous n'entrerons point dans les grands développements où M. Merlin est entré lui-même pour soutenir son opinion. Nous nous contenterons d'y renvoyer les lecteurs, qui seront de plus en plus édifiés de la profonde science et du grand talent de ce célèbre Jurisconsulte ; mais nous ne pouvons nous empêcher de rapporter le sentiment de Cochin sur l'intelligence de la loi romaine dont le § 17 est si obscur. C'est toujours dans la cause de la demoiselle *Ferrant*, à la suite du passage que nous avons déjà cité.

363. — « On ne peut voir rien de plus décisif sur la question, ni de plus conforme aux principes que l'on vient d'établir. L'acquéreur ne peut pas opposer son contrat de vente au véritable héritier, il ne peut conserver la propriété des fonds, ni éviter l'éviction, à moins qu'il n'ait prescrit par dix ans entre présents ou par vingt ans entre absents, *puto posse res vindicari.*

» Il est vrai que la loi ajoute, *nisi emptoris re-*

(1) M. Malpel adopte, avec quelques modifications, l'opinion de M. Merlin, dans son Traité des Successions, et il cite à l'appui de sa doctrine, quatre arrêts du Parlement de Toulouse, rendus en 1773, 1779, 1780 et 1788.

gressum ad bonæ fidei possessorem habent; ce qui fait une disposition louche et obscure, qui ne peut venir sans doute que de quelque altération dans le texte, comme le fait sentir *Godefroy*, dans sa note, sur la dernière partie de cette loi : *is casus,* dit-il, *penè intelligi aut certè nunquàm accidere potest, cùm perpetuo fit, iniquum emptori in venditorum regressum negari.* Il ne faut donc pas s'arrêter à ces derniers termes de la loi qui ne présentent qu'une idée qu'on n'entend point, et qu'on ne peut concilier avec les règles, et il faut se renfermer dans la décision qui est claire et simple par elle-même.

» En effet, *Mornac,* dans son commentaire sur cette loi, nous en donne la véritable intelligence. Ces termes renferment en peu de mots la décision de la question qui se présente. *Si quis putans hæreditatem ad se pertinere, eam adierit bonâ fide, et corpora quædam hæreditaria vendiderit, quæ emptor posteà per decem fortè annos inter presentes, aut viginti inter absentes, bonâ etiam fide possiderit, tunc ut res ampliùs auferri emptori non potest, quippè usu capta, ità nec hæres iste qui vendidit restituere petitori hæreditatis, nihil aliud quàm pretium rei venditæ cogendum est, quod et judicat semper de more ordo amplissimus.*

» Tout est renfermé dans cette décision, si l'héritier apparent a vendu de bonne foi un immeuble de la succession, et que l'acquéreur eût prescrit par dix ans entre présents et vingt ans entre absents, alors, *comme on ne peut plus l'évincer*, et qu'il est à couvert par la prescription, *ut res ampliùs emptor auferri non potest, quippè usu capta*. On ne peut demander à l'héritier qui a vendu, que le prix qu'il en a retiré ; donc, si l'acquéreur n'a pas prescrit, il ne peut conserver son acquisition.

» L'autorité de *Cujas* n'a rien de contraire à ces principes, il ne parle que des fruits consommés par l'héritier de bonne foi ; il décide avec raison qu'il ne doit pas les restituer, par le principe constant qui *bonæ fidei possessor facit fructus suos*, mais il ne s'agit point ici de fruits, il ne s'agit que de fonds ; la demande en désistement n'est pas formée contre l'héritier qui a vendu, mais contre l'acquéreur qui, n'ayant point un titre valable, ne peut jamais retenir la propriété contre le véritable héritier. Ainsi, tout ce qu'on a rapporté de Cujas, porte à faux et ne peut recevoir ici aucune application.

» L'arrêt de 1741 ne juge point une question assez semblable. Il est intervenu sur une espèce toute différente. La succession du sieur *Ravigny* étant abandonnée, il fut créé un curateur, et par plusieurs actes, la terre de Bonneval fut adjugée sur ce curateur. Ainsi, l'acquéreur avait pour titre un contrat judiciaire. Il avait acquis *auctore prætore*, et cela avait été confirmé depuis par de nouveaux arrêts ; dans la suite, des héritiers se présentent, ils attaquent les arrêts, mais ils étaient sans moyens dans la forme et sans prétexte au fond : on les déclara non-receva-

bles. Quel parallèle peut-on faire entre une pareille
espèce et celle qui se présente ? »

364. — La réfutation de *M. Merlin* n'a point resté
sans réponse. M. Toullier a donné une seconde dissertation infiniment plus étendue que la première, à
la fin du tom. 9 de son Droit civil. C'est un traité
complet sur la matière ; il faut le lire, le relire et le
lire encore. Nous ne croyons pas qu'il soit possible
de faire rien de plus fort en raisonnement. La première idée que nous avons émise sur la question soulevée indique assez notre tendance à adopter l'o-
pinion du *Pothier* moderne (1). Mais, comme cette
opinion a été si savamment combattue par le moderne
Cujas, nous sommes tenté de nous abstenir de rien
prononcer et d'attendre que la Cour suprême ait décidé ce grand débat. Nous témoignerons seulement
notre étonnement de ce que, dans le grand nombre
des autorités citées par *M. Toullier*, il n'a pas cru
devoir comprendre celle de *Cochin*, réputé le plus
savant et le plus judicieux Jurisconsulte de son
époque. Qu'il veuille bien nous pardonner cette réflexion.

(1) *Pothier* avait professé la même opinion que M. Toullier, dans son
Ouvrage *de la Propriété*, n° 429. Il disait qu'il était très difficile de
faire dans la pratique l'application du principe de la loi romaine, n'étant
guère possible de connaître si le possesseur de bonne foi, qui a reçu des
sommes d'argent des débiteurs de la succession et du prix de la vente des
effets, et qui les a employées, se trouve plus riche au moment de la demande en pétition d'hérédité. — *Lebrun*, Traité des Successions, liv. 3,
chap. 4, n° 57, enseignait la même doctrine, en parlant des ventes faites
par l'héritier bénéficiaire au préjudice de l'héritier pur et simple, à
moins que le prix n'en eût été employé au paiement des créanciers.

365. — A l'autorité imposante de *M. Toullier,*
est venue se joindre celle non moins importante du
savant premier président de la Cour royale de *Riom.*
M. Grenier avait émis la même opinion que *M. Toul-*
lier, dans son Traité des Donations, t. 1er, pag. 534,
n° 306. Depuis, s'est engagée la célèbre lutte de ce
dernier avec *M. Merlin. M. Grenier,* Traité des Hypothèques, t. 1er, pag. 101 et suiv., observe avec raison que, si la vente, dans le cas proposé, est nulle,
il devrait en être de même de l'hypothèque que l'héritier apparent imprimerait sur l'immeuble dont il serait en possession. Abordant la question, il ajoute :

« Qu'il serait parfaitement inutile qu'il entreprît
de réfuter *M. Merlin;* qu'il ne doit pas refaire ce
que M. Toullier a si bien fait ; qu'il n'y avait qu'un
chemin pour aller droit au but, et qu'il le suivait d'un
pas ferme et vigoureux ; que la force de la vérité
que *M. Merlin* recherchait aussi a obtenu de la rec-
titude de son jugement des concessions, que ni la
fécondité de son imagination, ni la ressource de son
esprit n'ont pu détruire ; que ce qu'il présentait
comme principes positifs tirés du Droit romain s'est
réduit à des obscurités, à des incertitudes dans lesquelles il est impossible de retrouver les caractères
d'une législation, mais que l'opinion de M. Merlin
ne pouvait pas plus se soutenir dans les principes du
Droit français que dans ceux du Droit romain. »

M. Grenier dit que toutes les opinions, toutes les
incertitudes doivent être soumises aux dispositions du

Code civil ; qu'on ne peut en voir de plus précises sur la question que celles des art. 136, 137, 138, 1599 et 2182, qui ont été parfaitement développées par *M. Toullier*.

Venant, enfin, à l'arrêt 1815, rendu par la Cour de Cassation, il s'exprime dans les termes suivants :

« Il est sans doute pénible de s'élever contre une décision d'une Cour aussi imposante par son amour pour la justice et par ses lumières, que la Cour de Cassation. Quels sont les Magistrats et les Jurisconsultes qui ignorent tout le bien que la société reçoit de la sagesse de ses arrêts? Cette idée serait contraire au respect qu'elle mérite à tant de titres. Il s'agit ici du droit de propriété ; et peut-on être blâmé de manifester la crainte qu'on ne s'accoutume à faire dépendre un droit aussi sacré de la bonne ou de la mauvaise foi qu'on pourra, ou non, reconnaître, soit dans un vendeur, soit dans un acquéreur? Qu'il me soit permis de rappeler l'une des plus belles maximes qu'on puisse trouver dans le Droit romain. *Meliùs intacta jura servari, quàm post causam vulneratam, remedium quœrere. L. dernier au Code in quibus caus. in integr. restitut. necessaria non est.* »

M. Grenier décide donc, en attendant qu'une Jurisprudence devienne certaine sur cette importante question, qu'une hypothèque qui serait imprimée sur l'immeuble d'une succession par l'héritier apparent, serait nulle respectivement au véritable héritier qui réclamerait dans la suite sa propriété ; qu'il en serait

- de même de l'hypothèque qui aurait été imposée par l'héritier sur un immeuble qui aurait été légué.

Nous croyons pouvoir nous déterminer en faveur de *MM. Toullier* et *Grenier*, sur la double question de vente et d'hypothèque, non-seulement par les nombreuses raisons tirées du Droit, mais encore et particulièrement par le motif si évident de justice et d'équité.

Au surplus, la Cour royale de Poitiers a rendu, le 10 avril 1832, un arrêt conforme à cette opinion. Elle a décidé, par suite, que l'enfant naturel reconnu pouvait faire annuler les ventes faites par l'héritier apparent, en ce qui touche la portion lui revenant, bien qu'il n'eût pas encore demandé ni obtenu la délivrance de ses droits, par cela seul qu'il a un droit réel de propriété, *jus in re*, qui prend naissance dès l'instant de l'ouverture de la succession. Cet arrêt est plein de cette logique de droit qui ne laisse rien à désirer à l'esprit le plus exigeant. Il est fondé, entre autres motifs, sur le silence gardé par le Législateur au moment où il déterminait, dans l'art. 2265 du Code civil, les droits des tiers-acquéreurs de bonne foi, en les plaçant tous dans la même catégorie, sans distinction entre les acquéreurs qui ne deviennent propriétaires définitifs qu'après 10 ou 20 ans de possession utile, et ceux qui sont propriétaires irrévocables du jour même de leur acquisition (1).

_____

(1) Sirey, tom. 32, 2ᵉ part. pag. 379.

La Cour royale de Bordeaux a de même jugé, le
14 avril 1832 (1), que les ventes consenties par un
enfant naturel *se qualifiant d'enfant légitime et de
seul héritier*, ne peuvent, quelle que soit la bonne
foi des acquéreurs, être opposées aux véritables héritiers ; que c'est aux acquéreurs à s'enquérir de la
qualité réelle de leur vendeur. Certes, on peut opposer la même objection à l'acquéreur de tout héritier apparent.

L'opinion de MM. Toullier et Grenier est au surplus partagée par M. Duranton dans son Cours de
Droit, tom. 6, pag. 521.

Après MM. Toullier, Grenier et Duranton, est venu M. Troplong. Ce grand Magistrat n'a pas hésité
à adopter leur opinion qu'il a par deux fois développée (2) avec cette profondeur de science, cette logique serrée et ce style clair et nerveux qui l'ont mis
tout d'abord au premier rang des Jurisconsultes de
notre époque. Nous ne pourrions analyser, qu'en les
décolorant, les nombreux et solides motifs qu'il donne
à l'appui de la doctrine qu'il a embrassée. Nous renvoyons le lecteur aux Ouvrages mêmes.

Il nous paraît difficile, sous le Code, de détruire
les conséquences suivantes qui soutiennent cette opinion, et que MM. Toullier et Troplong ont si bien développées :

(1) Sirey, tom. 32, 2e part. page 501.
(2) Commentaire du titre de la Vente, tom. 2, no 60, et Commentaire
des priviléges et hypothèques, tom. 2, no 468.

1º Ce n'est que par dix ou vingt ans qu'un acquéreur, avec titre et bonne foi, peut prescrire la propriété d'un héritage qui lui a été vendu par celui qui
n'en était point le véritable propriétaire. L'art. 2265
du Code civil qui le décide ainsi, ne fait aucune distinction pour le cas où la vente émane de l'héritier
apparent ;

2º Il n'est point exact de dire que, dans notre
nouveau Droit, il n'y a point d'héritier nécessaire.
Le plus proche, habile à succéder, est nécessairement
héritier, puisqu'il est saisi de plein droit de l'hérédité, art. 724. Il l'est jusqu'à renonciation expresse,
et cette renonciation ne se présume pas, art. 784.
Celui qui vient au degré subséquent, n'est donc héritier que *sous condition*. Il ne peut donc vendre que
conditionnellement ;

3º On ne peut transmettre à autrui plus de droit
qu'on n'en a soi-même. *Nemo plus juris in alium
transferre potest, etc.*, art. 2125. Et l'art. 2182 ajoute
que le vendeur ne transmet à l'acquéreur que la
propriété et les droits qu'il avait lui-même sur la
chose vendue ;

4º Enfin l'art. 136 dit bien que, s'il s'ouvre une
succession à laquelle soit appelé un individu dont
l'existence n'est pas reconnue, elle sera dévolue exclusivement à ceux avec lesquels il aurait eu droit de
concourir, ou qui l'auraient recueillie à son défaut ;
mais l'art. 137 ajoute que c'est sans préjudice des
actions en pétition d'hérédité, et *d'autres droits*, les-

quels compéteront à l'absent, *et ne s'éteindront que par le laps de temps, établi pour la prescription.* Ces *autres droits,* quoi qu'en dise M. Merlin, ne peuvent raisonnablement s'entendre que de ceux qui donnent l'action en nullité des ventes et en revendication des biens vendus, et qui sont la conséquence, naturelle et directe, de l'action en pétition d'hérédité. Au moins, l'action en nullité des ventes est-elle comprise dans la généralité *des autres droits,* dont parle cet article, puisqu'elle n'en est pas nommément exceptée.

366.—Au demeurant, suivant M. Merlin lui-même, c'est la bonne foi de l'héritier putatif, vendeur, et non celle de l'acquéreur, qui doit faire maintenir les ventes, contrairement à l'art. 2265. Cependant, c'est la supposition inverse qui paraît avoir servi de base aux arrêts par lui cités. La bonne foi de l'acquéreur ne peut avoir d'autre effet que de lui faire gagner les fruits, comme l'a jugé l'arrêt de la Cour de Poitiers que nous venons de rappeler. Cela est conforme aux art. 54 et 1378 du Code civil.

367.—Il ne faut pas, au surplus, confondre la vente que l'héritier apparent ferait isolément d'un immeuble de la succession, avec la vente du titre même d'héritier et des droits qui en dérivent. Cette dernière aliénation serait nulle à l'égard du véritable héritier et devrait être annulée sur sa demande. La raison en est que, suivant l'art. 1696, une telle vente suppose

nécessairement la réalité du titre d'héritier sur la
tête du vendeur, qui est obligé de le garantir. Ainsi
l'a jugé la Cour de Cassation, par deux arrêts du 26
août 1833 (1). C'est surtout le cas d'appliquer l'art.
2182 du Code civil.

M. Troplong qui ne cite que l'un de ces arrêts (2)
pense que, par cette décision, la Cour suprême a
fait de tels progrès du côté vers lequel il s'est rangé,
qu'il ne lui reste plus qu'un pas à faire encore pour
rompre tout-à-fait avec son ancienne Jurisprudence.
Il soutient, en effet, et il prouve qu'il n'y a aucune
distinction à faire entre la vente d'une hérédité ou
d'une universalité de droits héréditaires, et la vente
d'objets particuliers dépendants d'une succession ; que
toute distinction qu'on voudrait introduire entre ces
deux espèces de vente, est chimérique, contraire à
la raison et de tout point inexplicable ; qu'enfin l'arrêt de 1833 a donné un démenti à celui de 1815.
Nous partageons entièrement son opinion, en nous
fondant principalement sur le motif que dans les deux
cas la vente porte sur la chose d'autrui et qu'elle n'a
pas reçu la sanction de la prescription décennale qui
seule peut la mettre à l'abri de toute atteinte.

368. — En parlant, aux nos *sup.* de la prescripti-
bilité de l'action en réclamation d'état, nous avons
dit que, si les biens revendiqués par l'enfant, avaient

(1) Sirey, tom. 33, 1re part. pag. 738.
(2) De la Vente, Loc. cit.

été vendus auparavant, les acquéreurs en prescrivaient la propriété par dix ou vingt ans, avec titre et bonne foi; et nous venons de voir, dans ce chapitre, qu'il doit en être de même pour les biens vendus par l'héritier apparent.

369. — Nous devons ajouter que la bonne foi n'est exigée qu'au commencement de la possession et non pendant tout le cours de la prescription décennale ou vicennale. C'est une innovation introduite par le Code. L'art. 2265 dit, en effet, que celui qui *acquiert* de bonne foi et par juste titre, etc. La bonne foi n'est donc exigée qu'au moment de l'acquisition.

Il en était de même dans le Droit romain. L'acquéreur ne cessait pas de prescrire, quoiqu'il apprît ensuite que le vendeur n'était pas propriétaire de la chose aliénée (1).

Le Droit canon n'avait point admis ce principe. Le chap. *quoniam extr. de Præscrip.* exigeait la bonne foi dans toutes les prescriptions, et pendant tout le temps de leur durée. La religion, comme le dit M. Vazeille (2) ne pouvait, en effet, autoriser la prescription en faveur de ceux qui retenaient sciemment le bien d'autrui. Avant le Code civil, la

(1) L. 48, § 1, au dig. de Acq. rer. domin. *Si, eo tempore quo res mihi traditur putem vendentes esse, perseverat per longum tempus usu capio.*
(2) Traité des Prescriptions, pag. 396.

Tom 2.　　　　　　　　　　　　30

Jurisprudence sur ce point était conforme aux décré-
tales. On ne croyait pas qu'il pût y avoir des considérations publiques assez grandes pour que la Justice dût jamais protéger la mauvaise foi ; l'art. 113,
tit. 4, de la coutume de Paris, portait : *Si aucun a
joui ou possédé héritage ou rente à juste titre ou de
bonne foi, tant pour lui que pour ses prédécesseurs,
dont il a le droit et cause franchement et sans inquié-
tation par dix ans entre présents, et vingt ans entre
absents, âgés et non privilégiés, il acquiert prescription dudit héritage ou rente.* Aussi, le 25 janvier 1675, intervint, au Parlement de Paris, un arrêt
qui décida que la bonne foi, pour cette sorte de
prescription, devait se rencontrer dans tout son
cours (1).

Mais les auteurs du Code en ont jugé autrement.
Ils ont cru, pour nous servir des expressions de
M. Vazeille, que l'intérêt de la société s'opposait à
ce que la permanence de la bonne foi, requise par
les lois religieuses, continuât d'être règle du Droit
civil ; ils lui ont préféré la disposition du Droit romain. C'est ce dont on est parfaitement convaincu, en
lisant le discours de *M. Bigot-Préamenu*, lorsqu'il
exposa au Corps législatif les raisons de cette innovation, réclamée, dit-il, par la prospérité et la paix
publiques. D'ailleurs, l'art. 2269 est formel. Il porte

(1) *Journal du Palais,* tom. 1er, pag. 224.

qu'il suffit que la bonne foi ait existé au moment de l'acquisition. Comme aussi elle est toujours présumée, suivant l'art. 2268, et c'est à celui qui allègue la mauvaise foi à la prouver.

TABLE

CHAPITRE III.

De la Légitimation.

Suite du Chapitre précédent.

CHAPITRE IV.

De la Légitimation.

Suite du Chapitre précédent.

TITRE 4e.

DE LA RECONNAISSANCE DES ENFANTS NATURELS.

CHAPITRE Ier.

Acte authentique. — Acte sous seing-privé.

CHAPITRE IV.

—

Aliments. — Droits de Famille.

—

CHAPITRE V.

—

Puissance paternelle. — Tutelle.

—

CHAPITRE VI.

—

Reconnaissance du Père seul. — Reconnaissance pendant le Mariage.

—

CHAPITRE VII.

—

*Les Père et Mère de l'enfant naturel reconnu peuvent-ils en-
suite l'adopter?*

—

CHAPITRE VIII.

—

Contestation. — Recherche de Paternité.

—

CHAPITRE IX.

—

Reconnaissance d'Enfant adultérin.

—

CHAPITRE X.

Recherche de Maternité.

TITRE 3ᵉ.

═

DES DROITS DES ENFANTS NATURELS RECONNUS SUR LES BIENS DE LEUR PÈRE OU MÈRE.

═

CHAPITRE Iᵉʳ.

—

Nature des Droits des enfants naturels. — Réserve légale. — Réduction. — Rapport.

—

CHAPITRE II.

—

Ventes par l'héritier légitime apparent peuvent être attaquées par l'enfant naturel reconnu, comme par le cohéritier légitime.

—

FIN DE LA TABLE DU TOME SECOND.

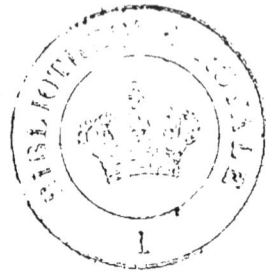

Limoges. — Imprimerie de BLONDEL, rue Consulat, 15.

BIBLIOTHEQUE NATIONALE DE FRANCE

3 7531 01562420 9

www.ingramcontent.com/pod-product-compliance
Lightning Source LLC
Chambersburg PA
CBHW031609210326
41599CB00021B/3110